能源载体时代的能源系统

——后化石燃料时代如何定义、分析和设计能源系统

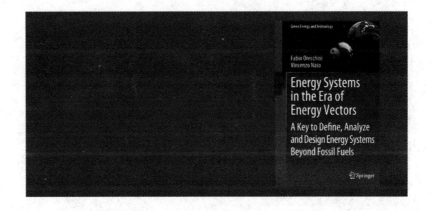

【意大利】 法比奥·奥莱奇尼
文森佐·纳素 著

赵 冰 王 迪 马艳茹 译

经济管理出版社
ECONOMY & MANAGEMENT PUBLISHING HOUSE

北京市版权局著作权合同登记：图字：01-2013-4776

Energy Systems in the Era of Energy Vectors：A Key to Define，Analyze and Design Energy Systems Beyond Fossil Fuels By Fabio Orecchini and Vincenzo Naso ⓒ Fabio Orecchini and Vincenzo Naso 2012

First Published 2012 by Springer Science & Business Media BV

Chinese Translation Copyright ⓒ 2014 by Economy & Management Publishing House

This Translation of Energy Systems in the Era of Energy Vectors：A Key to Define，Analyze and Design Energy Systems Beyond Fossil Fuels，The Edition is Published by Arrangement with Springer Science & Business Media BV

图书在版编目（CIP）数据

能源载体时代的能源系统/(意) 奥莱奇尼（Orecchini，F.），(意) 纳素（Naso，V.）著；赵冰等译. —北京：经济管理出版社，2014.6

ISBN 978-7-5096-3018-1

Ⅰ.①能… Ⅱ.①奥… ②纳… ③赵… Ⅲ.①能源经济—研究—世界 Ⅳ.①F416.2

中国版本图书馆 CIP 数据核字（2014）第 056119 号

组稿编辑：王格格
责任编辑：勇　生　王格格
责任印制：黄章平
责任校对：张　青

出版发行：经济管理出版社
　　　　　（北京市海淀区北蜂窝 8 号中雅大厦 A 座 11 层　　100038）
网　　址：www. E-mp. com. cn
电　　话：(010) 51915602
印　　刷：三河市延风印装厂
经　　销：新华书店
开　　本：720mm×1000mm/16
印　　张：19.5
字　　数：372 千字
版　　次：2014 年 7 月第 1 版　　2014 年 7 月第 1 次印刷
书　　号：ISBN 978-7-5096-3018-1
定　　价：68.00 元

《能源经济经典译丛》专家委员会

序言
Prologue

能源已经成为现代文明社会的血液。随着人类社会进入工业文明，能源的开发利用成为经济活动的重要组成部分，与能源相关的生产、贸易、消费和税收等问题开始成为学者和政策制定者关注的重点。得益于经济学的系统发展和繁荣，对这些问题的认识和分析有了强大的工具。如果从英国经济学家威廉·杰文斯1865年发表的《煤的问题》算起，人们从经济学视角分析能源问题的历史迄今已经有一个多世纪了。

从经济学视角分析能源问题并不等同于能源经济学的产生。实际上，直到20世纪70年代，能源经济学才作为一个独立的分支发展起来。从当时的历史背景来看，70年代的石油危机催生了能源经济学，因为石油危机凸显了能源对于国民经济发展的重要性，从而给研究者和政策制定者以启示——对能源经济问题进行系统研究是十分必要的，而且是紧迫的。一些关心能源问题的专家、学者先后对能源经济问题进行了深入、广泛的研究，并发表了众多有关能源的论文、专著，时至今日，能源经济学已经成为重要的经济学分支。

同其他经济学分支一样，能源经济学以经济学的经典理论为基础，但它的发展却呈现两大特征：一是研究内容和研究领域始终与现实问题紧密结合在一起。经济发展的客观需要促进能源经济学的发展，而能源经济学的逐步成熟又给经济发展以理论指导和概括。例如，20世纪70年代的能源经济研究聚焦于如何解决石油供给短缺和能源安全问题；到90年代，经济自由化和能源市场改革的浪潮席卷全球，关于改进能源市场效率的研究极大地丰富了能源经济学的研究内容和方法，使能源经济学的研究逐步由实证性研究转向规范的理论范式研究；进入

21世纪，气候变化和生态环境退化促使能源经济学对能源利用效率以及能源环境问题开展深入的研究。

需要注意的是，尽管能源经济学将经济理论运用到能源问题研究中，但这不是决定能源经济学成为一门独立经济学分支的理由。能源经济学逐步被认可为一个独立的经济学分支，主要在于其研究对象具有特殊的技术特性，其特有的技术发展规律使其显著区别于其他经济学。例如，电力工业是能源经济学分析的基本对象之一。要分析电力工业的基本经济问题，就需要先了解这些技术经济特征，理解产业运行的流程和方式。比如，若不知道基本的电路定律，恐怕就很难理解电网在现代电力系统中的作用，从而也很难为电网的运行、调度、投资确定合理的模式。再如，热力学第一定律和第二定律决定了能源利用与能源替代的能量与效率损失，而一般商品之间的替代并不存在类似能量损失。能源开发利用特有的技术经济特性是使能源经济学成为独立分支的重要标志。

能源经济学作为一门新兴的学科，目前对其进行的研究还不成熟，但其发展已呈现另一个特征，即与其他学科融合发展，这种融合主要源于能源在经济领域以外的影响和作用。例如，能源与环境、能源与国际政治等。目前，许多能源经济学教科书已把能源环境、能源安全作为重要的研究内容。与其他经济学分支相比，能源经济学的研究内容在一定程度上已超出了传统经济学的研究范畴，它所涉及的问题具有典型的跨学科特征。正因为如此，能源经济学的方法论既有其独立的经济方法，也有其他相关学科的方法学。

能源经济学研究内容的丰富与复杂，难以用一本著作对其包括的所有议题进行深入的论述。从微观到宏观，从理论到政策，从经济到政治，从技术到环境，从国内到国外，从现在到未来，其所关注的视角可谓千差万别，但却有着密切的内在联系，从这套经济管理出版社出版的《能源经济经典译丛》就可见一斑。

这套丛书是从国外优秀能源经济著作中筛选的一小部分，但从这套译著的书名就可看出其涉猎的内容之广。丛书的作者们从不同的角度探索能源及其相关问题，反映出能源经济学的专业性、融合性。本套丛书主要包括：

《能源经济学：概念、观点、市场与治理》(Energy Economics: Concepts, Issues, Markets and Governance) 和《可再生能源：技术、经济和环境》(Renewable Energy: Technology, Economic and Environment) 既可以看做汇聚众多成熟研究成果的出色教材，也可以看做本身就是系统的研究成果，因为书中融合了作者的许多真知灼见。《能源效率：实时能源基础设施的投资与风险管理》(Energy Efficiency: Real Time Energy Infrastructure Investment and Risk Management)、《能源安全：全球和区域性问题、理论展望及关键能源基础设施》(Energy Security: International and Local Issues, Theoretical Perspectives, and Critical Energy Infrastructures）和《能源与环境》（Energy and Environment）均是深入探索经典能源问题的优秀著作。《可再生能源与消费型社会的冲突》（Renewable Energy Cannot Sustain a Consumer Society）与《可再生能源政策与政治：决策指南》（Renewable Energy Policy and Politics：A Handbook for Decision-making）则重点关注可再生能源的政策问题，恰恰顺应了世界范围内可再生能源发展的趋势。《可持续能源消费与社会：个人改变、技术进步还是社会变革？》（Sustainable Energy Consumption and Society：Personal，Technological，or Social Change?）、《能源载体时代的能源系统：后化石燃料时代如何定义、分析和设计能源系统》（Energy Systems in the Era of Energy Vectors：A Key to Define，Analyze and Design Energy Systems Beyond Fossil Fuels）、《能源和国家财富：了解生物物理经济》（Energy and the Wealth of Nations：Understanding the Biophysical Economy）则从更深层次关注了与人类社会深刻相关的能源发展与管理问题。《能源和美国社会：谬误背后的真相》（Energy and American Society：Thirteen Myths）、《欧盟能源政策：以德国生态税改革为例》（Energy Policies in the European Union：Germany's Ecological Tax Reform）、《东非能源资源：机遇与挑战》（Energy Resources in East Africa：Opportunities and Challenges）和《巴西能源：可再生能源主导的能源系统》（Energy in Brazil：Towards a Renewable Energy Dominated Systems）则关注了区域的能源问题。

对中国而言，伴随着经济的快速增长，与能源相关的各种问题开始集中地出现，迫切需要能源经济学对存在的问题进行理论上的解释和分析，提出合乎能源发展规律的政策措施。国内的一些学者对于能源经济学的研究同样也进行了有益的努力和探索。但正如前面所言，能源经济学是一门新兴的学科，中国在能源经济方面的研究起步更晚。他山之石，可以攻玉，我们希望借此套译丛，一方面为中国能源产业的改革和发展提供直接借鉴和比较；另一方面启迪国内研究者的智慧，从而为国内能源经济研究的繁荣做出贡献。相信国内的各类人员，包括能源产业的从业人员、大专院校的师生、科研机构的研究人员和政府部门的决策人员都能在这套译丛中得到启发。

翻译并非易事，且是苦差，从某种意义上讲，翻译人员翻译一本国外著作产生的社会收益要远远大于其个人收益。从事翻译的人，往往需要一些社会责任感。在此，我要对本套丛书的译者致以敬意。当然，更要感谢和钦佩经济管理出版社解淑青博士的精心创意和对国内能源图书出版状况的准确把握。正是所有人的不懈努力，才让这套丛书较快地与读者见面。若读者能从中有所收获，中国的能源和经济发展能从中获益，我想本套丛书译者和出版社都会备受鼓舞。我作为一名多年从事能源经济研究的科研人员，为我们能有更多的学术著作出版而感到欣慰。能源经济的前沿问题层出不穷，研究领域不断拓展，国内外有关能源经济学的专著会不断增加，我们会持续跟踪国内外能源研究领域的最新动态，将国外最前沿、最优秀的成果不断地引入国内，促进国内能源经济学的发展和繁荣。

丛书总编　**史丹**
2014 年 1 月 7 日

目录
—— Contents

第1章　能源系统 ··· 1

1.1　能源循环 ·· 1

1.2　能源闭式循环 ··· 11

1.3　能源系统 ··· 16

第2章　能　源 ·· 21

2.1　能源潜力的定义 ··· 21

2.2　地球能源平衡 ··· 22

2.3　可再生能源 ·· 26

2.4　不可再生能源 ··· 53

第3章　能源载体 ·· 85

3.1　能源运输和储存的需要 ··· 85

3.2　时间和空间上能源运输的观点和应用范围 ····························· 87

3.3　传输的时间和范围 ··· 88

3.4　能源载体的特征 ··· 90

3.5　主要能源载体分析 ··· 92

3.6 能源载体的时代 ……………………………………………… 148

第 4 章 能源转换以及能源转换装置 ……………………………… 155
4.1 概述 …………………………………………………………… 155
4.2 能源转换装置 ………………………………………………… 155
4.3 能源转换厂 …………………………………………………… 240

第 5 章 分布式发电和热电联产 ………………………………… 255
5.1 分布式发电 …………………………………………………… 255
5.2 电能和热能联合生产：热电联产 …………………………… 262

第 6 章 能源效应和最终用途 …………………………………… 281
6.1 引言 …………………………………………………………… 281
6.2 热能终端用途 ………………………………………………… 283
6.3 光能最终用途 ………………………………………………… 293
6.4 机械用途 ……………………………………………………… 301
6.5 电能/电子能的终端使用 …………………………………… 304

第❶章　能源系统

1.1　能源循环

1.1.1　简介

能源循环是指能源从自然界的天然形式到适合最终使用形式的演化过程，最终使用的能源形式需要保证能源的效用，并且需要加工转化天然形式中未开发的部分。

能源学是研究自然界为人类提供的能源形态和数量以及形成最终能源的一次能源的分支学科。能源系统是通过转化流程将能源加工成最终使用形式并达到使用效果的所有设备装置。

如图 1-1 所示，能源循环的通用形式，包括环境与生产废料和污染物的相互作用。

图 1-1 是能源循环参考方案的详细图示。它展示了一次能源（也叫天然能源）和一次能源转换为二次能源的能量流动，通过物理和化学方式转换成电能等最终使用的能源，直到达到有效作用。

图中的箭头方向显示了能量循环可识别的路径，这些路径说明有些一次能源可以直接用于最终用途（例如路径 a：天然气或煤炭用于家庭取暖；古时风能或水能用于磨坊；风能用于航行）。

通常，自然界的一次能源必须经过转化以适应最终用户的需求。通过这种方式，一次能源（例如：液态碳氢化合物潜在的化学能）首先转化为二次能源（例

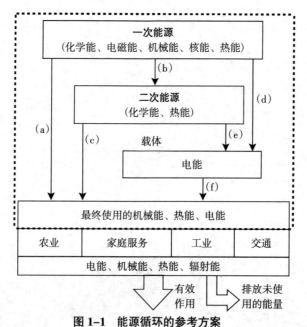

图 1-1　能源循环的参考方案

如路径 b：炼油产品），然后二次能源再用于最终用途（路径 c）。

　　在其他情况下，有些一次能源（路径 d）（如天然气和煤炭）或者二次能源，都可以供应热电设备生成电能（路径 e）。然后，电能再用于最终用户（路径 f）。在循环过程的最终阶段，能量达到有效作用，而部分未使用的能量则释放到环境中。

　　相较于其他形式的能源，电能在整个能源框架中具有特殊性和优先性，因此图 1-1 中特别强调了电能。

　　需要强调的是，本书中介绍的术语及其定义不同于先前其他作者采用的术语。例如，有些作者喜欢将"二次能源"定义为能量可以按需要在空间或时间上随时随地转化的能源类型。而在本书的框架中，"能源载体"这个概念才具备这种功能。

　　例如，氢气燃烧产物是非常好的燃料，但在自然界中无法直接获取。但通过使用热电厂的废热，氢能量的热"积累"发生作用形成了能源回收。实际上，氢能源载体能够收集废弃的热能，否则这些热能都将会流失。这个过程产生的可用氢使能源能够满足随时随地的需求。实际上，经过这个过程，废弃的热能借助氢能源载体被跨时间转化。

　　在本章接下来的段落里，我们先分析了主要的可用天然能源。随后，在能源行业中使用的计量单位将会被做一些处理，因为有些计量单位尽管常用于运营商之间，但并不符合国际单位制。正如我们之后将看到的更多细节，这些特定的计量单位是根据能量的特征和规模所选出的，使其在能量流动分析中便于使用。

本章的最后，我们分析了天然能源，之前普遍认为的全球能量流动，将被看作一个与周围空间相互作用的能源系统。

1.1.2 能量与功率：天然能源

按照最普遍的定义，"能量"是一个可以做功的系统。相对于单位时间而言，"功率"与"能量"的定义相似。"能源问题"包括能源可得地点、可得时间和用户要求的条件，以及完成这些所需的全部时间。能源的数量需求可能每时每刻都有所不同，因此，很难找到一个"能源问题"的统一解决方案。从数量角度和在给定时期内解决能源问题可能是不够的。[1]

按照人类利用的方式，天然能源可以分为不同的构成形式。目前常用的能量形式主要有以下七种：

● 化学能；

● 电能；

● 机械能；

● 动能；

● 势能；

● 核能；

● 热能。

这个分类的重点在于它根据能源的预期用途，给出了能源使用的选择形式。

事实上，根据每种能源转化为有用功进行特定最终用途的特征，可以每次采用最方便的能源形式，即转化过程要最适合实现设定目标。

例如，利用传统的燃烧反应产生的化学能，即通过氧化反应释放热量，必须要有氧气。但在无氧环境中，如太空和海底环境中的应用，就会不太方便。在这种情况下，其他转化过程就可以被应用，也可以使用其他可替代的能源形式。目前受到关注的技术解决方案是利用封闭循环的热力厂供应核能来替代；或者通过特殊的能量转换系统，比如一些所谓的直接转换装置，接下来将会对其进行详细描述。

接下来，简要说明不同形式的天然能源的特征和性质。

1.1.2.1 化学能

化学能来自于某些特定物质在分子和原子水平上存在的化学键强度。它可以被定义为潜在能量，强调内在性质，通过热能形式的化学反应表现出来，也可以被定义为电能。在前一种情况下，放热反应（一般是氧化反应）发生所提供的热量被称为反应能量或反应热；同样，在绝对条件下，与焓变化有关的每一个化学反应也都会产生热量。相反，电能的产生则是由于氧化还原反应中自由能量的变化，或是在既定条件下不同物质浓度的梯度变化（在这种情况下，涉及混合自由能）。主要使用的化学能包含在矿物燃料中。

1.1.2.2 电能

电能与人类社会的发展息息相关，其产生是由于导体中自由电子的移动。

虽然这个定义不是专指"电能"，因为除了电场，还存在磁场，因此"电磁能"的定义应更为适用。但是，这种定义的区分仅仅适用于使用电子特征的能量类型。天然电能（例如雷电现象）在目前的技术水平下是不能直接被利用的，因此有必要进行人为生电，将其他形式的天然能源转化为电能。

1.1.2.3 电磁能

电磁能是一种利用电场与磁场之间的相互作用，不需要任何物理手段进行传递的能量。因此，在真空环境下，它几乎无任何耗散现象。在自然界中，它主要存在于太阳辐射中，为我们的星球提供能量。

1.1.2.4 机械能

在自然界中，机械能有两种形式：势能和动能。

势能

势能源于地球引力，取决于静止物体所在的位置（高度）与参照物的相对位置的势能含量。例如，图1-2中的蓄水盆地相对于参照物（下游涡轮装置），势能与高度（h）成正比。

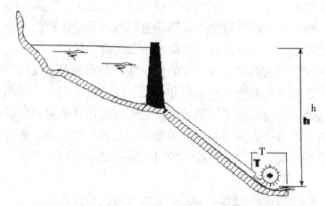

图1-2　山间蓄水盆地的势能与涡轮机 T 的高度差 h 成正比

势能也属于压力能，与相应的位置变量有关。在这种情况下，可以参考液压的例子，因此就压力能的意义而言，在流动的液体中总会存在这种能量形式。

动能

动能与运动物体有关（包括固体、液体和气体），有多种能量形式，例如：风（产生风能）；河流（水力发电）；海洋（波动、潮汐产生能量）等。

1.1.2.5 核能

核能也被（错误地）称为原子能，这是由于它来自原子核的内聚强度。在自然界中，核能是由大原子化学元素（称为放射性同位素[2]）自发释放出辐射或粒子（天然放射性）产生的。

此外，与化学能类似，核能也以潜在的形式存在，通过重原子核裂变（如一些铀的同位素）或者轻原子核聚变（如氢及其同位素）来释放能量。这属于人工放射。

1.1.2.6 热能

热能存在于任何物体之中，由于物体温度高于绝对零度而产生。从微观的角度来说，热能与物质在分子、原子和亚原子层级上存在的运动状态产生的能量（动能和势能）相关。

在热力学中，热能是一种不太"高贵"的能量形式，因为其他形式的能量几乎都可以转化为热能，而逆向的转化过程是不会自然产生的。根据热力学第二定律，不可能存在只将热量转化为其他能量形式的转换过程。

地热能源就是天然热能的一个例子。

1.1.3 能源系统的计量单位

在天然能源和人类创造的基础上，能源学及其相关学科吸收了每一个时代的经济、政治和社会价值观，覆盖了从单纯的工程框架到更广阔的研究领域。

表 1-1 显示了能源领域国际单位制（SI）的基本计量单位，而表 1-2 总结了从国际单位制衍生出的主要计量单位。

表 1-1　国际单位制中能源学的基本计量单位

量　级	计量单位	
	名　称	单位符号
长度	米	m
质量	千克	kg
时间	秒	s
电流强度	安培	A
热力学温度	开尔文	K
物质的数量	摩尔	Mol
光强度	坎德拉	Cd

表 1-2　主要能源计量单位

量　级	计量单位	
	名　称	单位符号
频率	赫兹	Hz
力	牛顿	N
压强	帕斯卡	Pa
能量、功、热量	焦耳	J
功率、能量流	瓦特	W
电量、电荷	库仑	C
电压、电势（电位）、电动势	伏特	V
电阻	欧姆	Ω
电导率	西门子	S
电容	法拉	F
磁通量	韦伯	Wb
磁感应强度	特斯拉	T
电感	亨利	H
光通量	流明	lm
照度	勒克斯	lx
放射性活度	贝克勒尔	Bq
吸收剂量/辐射剂量	戈瑞	Gy
当量剂量	希沃特	Sv

由于其明显的跨学科性，以及能量值包含的广阔范围，国际贸易和信息领域的通用单位违背国际单位制，在经济、商业等领域采用原始计量单位，或者其他没有经过官方标准化体系认证的计量单位，没有正式采用官方标准化体系。

除了一般使用的计量单位（J 焦耳，CAL 卡路里，ERG 功），能源领域最重要的计量单位是吨油当量（TOE），用于在微观层面上计量在工业、交通、居住方面使用的能源消耗。它是按照标准油（通常采用 10000 千卡/千克）的恒定热值[3]计算的换算指标。1 吨油当量的能源量是 10^7 千卡。

有时使用另一个计量单位吨煤当量（TCE），但是在 20 世纪 70 年代之后，由于吨油当量在能源市场中能更好地进行石油的商业推广，因此更有优势。吨煤当量作为计量单位受到限制的原因在于煤矿不同于石油，有一个可变热值，并且由于原产地和矿石燃料成分等因素，碳元素会呈现相应变化。

除了这些计量单位，根据原油价格表明的每桶期油[4]价格以及类似上述计量单位的桶油当量（BOE）也常用来表示石油能源存储量。

千瓦时（kWh）和英热单位（BTU）[5]也是使用广泛的能源计量单位。千瓦时是典型的电学计量单位（1 千瓦时的物理意义是功率为 1 千瓦的电器工作 1 小时所消耗的电能)。英热单位（BTU）则主要用于热力学领域。

使用如此多的计量单位是由于不同的数量单位代表了能源应用的不同种类。表 1-3 显示，计量单位"焦耳"所衡量的关于"地球系统"的所有能源现象需要超过 50 个计量级才能完成。

表 1-3　一些与能源相关的测量结果比较表

单位：焦耳

能源现象	能　量
一个铀 235 原子裂变的能量	1.6×10^{-12}
一吨煤的能量	2.9×10^{10}
一吨石油的能量	4.5×10^{9}
一克物质的能当量	9×10^{13}
全世界的能源消耗（2004）	5.04×10^{20}
每天地球接收的太阳能	1.49×10^{22}
每天排放的太阳能	3×10^{32}

表 1-4 显示了之前介绍的能源计量单位的换算系数。表 1-5 显示了用于测量热值的主要换算系数。表 1-6 显示了根据可再生性标准进行的一次能源分类。

表 1-4　主要能源计量单位的换算系数

	焦耳	卡路里	吨油当量	吨煤当量	桶油当量	瓦小时	英热单位	功	电子伏特
焦耳	1	$2.39 \cdot 10^{-4}$	$0.023 \cdot 10^{-9}$	$0.034 \cdot 10^{-9}$	$0.16 \cdot 10^{-9}$	$2.78 \cdot 10^{-4}$	$0.94 \cdot 10^{-3}$	10^{7}	$6.24 \cdot 10^{18}$
卡路里	$4.186 \cdot 10^{10}$	1	$0.092 \cdot 10^{-6}$	$0.142 \cdot 10^{-6}$	$0.68 \cdot 10^{-6}$	1.16	3.95	$4.186 \cdot 10^{10}$	$2.61 \cdot 10^{22}$
吨油当量	$4.537 \cdot 10^{10}$	10^{7}	1	1.55	7.37	$1.26 \cdot 10^{7}$	$4.28 \cdot 10^{7}$	$4.537 \cdot 10^{16}$	$2.83 \cdot 10^{29}$
吨煤当量	$2.93 \cdot 10^{10}$	$7 \cdot 10^{6}$	0.645	1	4.74	$8.14 \cdot 10^{6}$	$2.76 \cdot 10^{7}$	$2.93 \cdot 10^{17}$	$1.83 \cdot 10^{29}$
桶油当量	$6.17 \cdot 10^{9}$	$1.47 \cdot 10^{6}$	0.135	0.21	1	$1.71 \cdot 10^{6}$	$5.8 \cdot 10^{6}$	$6.17 \cdot 10^{16}$	$3.85 \cdot 10^{28}$
瓦小时	$3.6 \cdot 10^{3}$	0.86	$0.079 \cdot 10^{-6}$	$0.12 \cdot 10^{-6}$	$0.58 \cdot 10^{-6}$	1	3.4	$3.6 \cdot 10^{10}$	$2.24 \cdot 10^{22}$
英热单位	$1.06 \cdot 10^{3}$	0.25	$0.023 \cdot 10^{-6}$	$0.036 \cdot 10^{-6}$	$0.171 \cdot 10^{6}$	0.29	1	$1.06 \cdot 10^{10}$	$6.61 \cdot 10^{21}$
功	10^{-7}	$2.38 \cdot 10^{-11}$	$0.022 \cdot 10^{-16}$	$0.034 \cdot 10^{-16}$	$0.16 \cdot 10^{-16}$	$2.77 \cdot 10^{-1}$	$0.94 \cdot 10^{-10}$	1	$6.24 \cdot 10^{11}$
电子伏特	$1.6 \cdot 10^{-19}$	$3.83 \cdot 10^{-23}$	$3.68 \cdot 10^{-30}$	$5.44 \cdot 10^{-30}$	$2.56 \cdot 10^{-29}$	$4.45 \cdot 10^{-23}$	$1.5 \cdot 10^{-22}$	$1.6 \cdot 10^{-12}$	1

表 1-5　有关热值计量单位的换算

	焦/千克	千卡/千克	英热单位/磅
焦/千克	1	2.39×10^{-4}	4.29×10^{-4}
千卡/千克	4.19×10^{3}	1	1.82
英热单位/磅	2.33×10^{3}	5.5×10^{-1}	1

表 1-6　根据可再生性标准进行的一次能源分类

地球系统的能量流	非可再生能源	可再生能源
太阳辐射	石油 煤炭 天然气 沥青岩 油砂	人类与动物能源 木材/生物质能源 能源作物 太阳能 风能 海浪 海洋热能转换 海洋盐梯度 水力发电
重力势能		潮汐
地球引力能量	天然放射性同位素 铀、钍、锂 氢同位素	地热能源

1.1.4　天然能源

对天然能源的分析是从人类操控的地球系统中的全球能量循环开始的。

桑基图（也叫桑基能量分流图、能量平衡图）展示了由数据和能量流动组成的全球能量平衡（图1-3），这些能量流动在图中以箭头表示，其宽度表示每个单独项目的整体贡献。

很显然，地球上的能量平衡主要来源于太阳的能量流动，占总数的99.98%。

来自太阳的能量流动被称为太阳常数，是指在日地平均距离的条件下，在1秒的时间间隔（单位时间）内，地球大气层外（即没有大气吸收）垂直于太阳光线1平方米（单位面积）的平面上所接受的太阳辐射能量。通过人造卫星测量的太阳常数的数值为1.353千瓦/平方米，由于地球轨道呈椭圆形，变化幅度为±3%。[6] 然而，考虑到大气吸收的影响，平均入射到地球表面的太阳辐射值差不多达到1千瓦/平方米。不管怎样，地球接收的太阳辐射的总平均功率估计有173000·10^{12} 瓦。

除了直接的太阳能，促使地球能源平衡的其他能源还包括来自引力相互作用的能源（涉及地球、太阳和月亮三位一体的地月交互作用），以及地球内部向表面通过传导和对流产生的热能。进一步促使地球能源平衡的是天然放射性同位素（放射性元素），主要表现为地热现象。

桑基图（图1-3）展示了入射太阳能的显著部分（52000·10^{12} 瓦）是如何直接返回到外太空，而剩下的部分是如何通过大气层到达地球表面的。

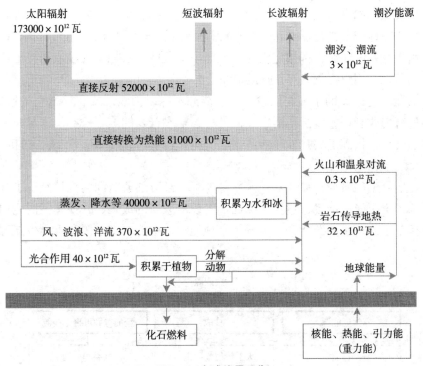

图1-3 全球能量平衡

请注意，能量流动指的是在单位时间内，因此更确切地被称为"功率"（见1.1.2）。在这一点上，它适用于强调能源问题的重要方面：虽然，在任意时刻，天然能源（将会在后文中详细描述）都至少比目前世界总人口对能源的需求高出四个数量级，但是仅仅依靠直接从太阳或其他上述提到的可再生能源来满足每个用户任意时刻的能源需求在技术上或经济上都是不可能的。

因此，满足能源需求是一个关于时间和空间上能源的可获得性而不是数量的问题。需要解决的问题是为个人用户提供他们即时需要的适当数量的能源（以适当的形式）。

下一章将详细分析地球的能量平衡。

1.1.5 能源的分类

在考虑了以何种形式的天然能源以及能源来源来确保地球系统总能量供应的问题之后，需要对能源利用循环进行"可操作的"分类，用于说明哪些能源可满足人类社会的需求，以及每种能源所能做出的贡献。为此，有必要回到图1-1，这是下文中更详细分类的起点。

事实上，如果从全球的角度来看，太阳是地球系统最重要的能量来源，以不同的方式在地球上进行能源存储。这种存储中的新能量形式，连同那些已经在全球平衡中存在的能源，都被定义为一次能源。这些一次能源直接或间接地产生能量，不断地为用户提供最终用途的能量。

然而，为了有助于最终用途，一次能源不能以天然形式和数量直接被使用，而要进行修改和调整以满足需求。此外，运输和开发的成本效益、满足技术和环境的需要、提供满足用户即时能源需求的能源类型和数量都是必须解决的问题。

1.1.5.1　一次能源

在能源学的研究领域，对一次能源的不同细分随着时间的推移经历了几次演化。为了突出能源市场通过技术和商业发展所取得的成果，并强调不同能源形式的使用范围，一次能源通常被细分为常规能源、核能、新能源和可再生能源（图1-4）。

图 1-4　一次能源的分类

常规能源的特点是在能源市场上广泛应用并且具有完善的结构。因此，常规能源也被称为商业能源。

核能是一次能源中需要单独考虑的能源，虽然其在能源市场上具有重要作用，并且具有很大的使用可能性，但是核能不属于常规能源，仍需要单独加以分析。此外，核能作为一次能源的使用实际上是依靠生产电力（核电厂）和海洋领域（包括浅海和深潜）的推进，另外还被应用于太空领域。

新能源[7]是因为该能源在技术实践上实现了新引进（或创新）；可再生能源是因为该能源的再生时间相对较短。

相比于常规能源，新能源和可再生能源具有多种可用形式。

有来自太阳、来自地球内生流体或来自海洋热梯度的直接可用的热能；有木材、生物质能源、能源作物、海洋盐梯度、沥青岩和油砂提供的潜在化学能；其他能源主要包括机械能。

必须特别注意合理利用能源和节约能源，这是能源效率在现代术语里最正确的定义。显然，这些都不是实际的能源形式，但它们被视为虚拟能源，因为可以减少其他形式能源的消耗，获得有益的效果。这个概念强调"测量"节省的能源，用单位"负瓦"表示（没有消耗的能源）。

有些一次能源的进一步分类在某种意义上表示前一级能源的变形，如图 1-4 所示，图中强调这些能源的可再生性，以及在地球系统能量平衡中所占的位置。

1.2　能源闭式循环

这种实现可持续发展能源系统的参考方案被称为"能源闭式循环"。今非昔比，能源系统在不消耗资源的同时又不产生浪费已经成为可以实现的目标。进入 21 世纪，"能源闭式循环"类型的能源系统完全可以通过人类的技术设置并运行。

目标：零能耗、零浪费、高效转化技术、能源终端灵活使用。

1.2.1　可持续发展的量化定义

随着人类社会的长期发展，已经消耗的资源不可再生。人类活动基于"开式循环"，从自然环境平衡的状态开始，最终导致环境失衡。如果基于下面的假设，对可持续发展的挑战性科学技术研究的目的就显得极为清晰：人类可以确定和实施基于能源"闭式循环"的新的社会和经济系统。

闭式循环的挑战在于对可持续发展建立了一个新的定义，不但能够针对可持续发展阐明指导方向，而且能够说明其一般原则。

如果闭式循环能够展现其可行性和理论性，能源部门将会实施可持续发展计划。

能源载体——例如传热液体、电流，或者像氢一样未被广泛运用的其他物质，通过可行的技术方案能够在这一领域使能源闭式循环有效满足零能耗和零废弃这一目标。

1.2.1.1 开式循环、闭式循环和可持续发展的新定义

目前，我们日常生活中的任何产品或服务的技术周期都包括一系列的活动。从广义的角度来看，这些活动包括：

● 资源提取；
● 存储；
● 运输；
● 加工/转换；
● 生产；
● 存储与配送；
● 使用；
● 浪费；
● 部分材料回收和产品再利用；
● 废物处理成水、空气和土地。

这些看似正常且被普遍运用的循环，意味着可持续发展观念的所有限制都已经在我们目前的发展模式中得到了证明。这可能代表着在不久的将来，这将成为导致我们文明社会终结的主要元素。

如果只看产业链的第一道和最后一道环节，它清楚地说明了在自然与环境平衡的条件下，人类是如何将任何事物都转化为无用的废物的。大多数情况下，这一过程甚至危害到了人类、野生动物的生存和整体环境。人类活动消耗了那些无法再生的资源。这就是一个开式循环：从环境平衡状态开始到环境不平衡状态结束。这样的循环既"耗费"资源又"产生"废弃物。

人类社会似乎不可避免地接受了这种循环，主要是因为现在人类的经济发展几乎完全是基于这样一个看似简单和方便的解决方案。在过去的两个世纪中，人类已经建立了以开采原材料为基础的工业进程，通过生产流程、终端产品和废物处理来对环境实施开式循环。他们通常只知道从哪里开始这种循环（通常在矿井里或在水井里），但是大多数时候却不知道该在哪里结束这种循环——水、空气、土地（例如在一个特殊天然储库，例如垃圾填埋厂，或者在地球上随意抛弃不受

管制的废弃物）。

开式循环时代必须终结。这是一个人口飞速发展的时代，因此如果与正在发展的世界人口比例相比，寻找可消耗的资源和可处理废弃物的土地的可能性是非常大的。在过去的十年，这个系统朝着越来越复杂的循环演变，现在包含了回收和再利用过程。以这种方式，主循环通过引入二次循环不断放大，延长了原材料和产品的使用寿命。这种使用寿命的延长是通过消耗能源和逐步降低原材料及产品质量来实现的。这是不错的实践方法，但并不是最终的解决方案：因为它仍然会在消耗中产生浪费。

预想一下，这种类型的循环修正是不足的，完全闭式循环成为挑战。闭式循环是从有用的资源开始，使用后再返回到有用的资源。除了闭合循环，其他方式都无法实现真正的可持续发展：普及、共享以及人类社会在理想上的无穷无尽循环。

大自然的教训是简单明了的：只有处于闭式循环开始阶段的生物才能够成功生存，而那些限制在开式循环之中的生物则会消失。

可持续发展的新定义

可持续发展通常引用若干种定义，其中最广为人知的两个是：

（1）我们不是从祖先那里继承地球，而是从我们的后代那里借用它。

（2）可持续发展只有在现今社会的自身发展不再损害子孙后代发展时才能实现。

许多其他的定义，大部分都表达着相同的概念。可持续发展的科学理论没有成功实现是因为其定义超越了原则，定义中要有追随的指示路径，而不仅仅是需要实现的目标。我们必须以恰当的方式把地球交还给子孙后代——但是如何实现？我们如何测量和评估某种行为是否正确导向了可持续发展？

能源闭式循环方案为可持续发展的定义提供了足够的元素，与以下原则共同阐述：

"可持续发展不是消耗能源，它是永无止境地使用和重复使用能源，同时不会产生环境影响。"

与目前"资源，消耗，浪费"截然相反的"资源，使用，再生"三项模式，能够从概念上实现为子孙后代保护地球的一种发展类型。闭式循环模式是一种基于开式循环的合乎逻辑发展的现代模式，不断地为衡量人类活动的可持续发展提供工具。根据定义，耗费资源的任何事物都是不可持续的。在消耗过程中越多地保护资源，就会越少地产生浪费，因此就会更加接近可持续发展。

可持续发展的挑战在于停止开采、使用再生资源以及消除废物产生。我们的世界越接近闭式循环的理想模式，就越接近实现可持续发展。发展存在于对资源和废物的管理，唯一的例外是熵增加：熵增加是唯一可以接受的"废物"，只有它的增加被看作地球上人类发展的热力学的 "极限趋于无穷大"。

能源系统的应用

远古生物体固定大气中的碳结构，通过数百万年的物理化学反应形成煤炭、石油和天然气，成为当代高速发展的能源密集型社会最为适用的天然能源。

碳化石的形成周期需要上百万年的时间，远远大于其几十年的人类使用和消耗时间。因此，从人类的角度，矿物燃料的循环已经被认为是完全的开式循环。通过使用矿物燃料，我们的社会飞快地消耗大量的能源，而自然界绝对不可能以同样的速度产生新的矿物燃料。

另外，能源消耗需要通过各种化学反应进行，这些反应会释放大量有害人类健康和环境的物质，包括：一氧化碳、硫氧化物、氮氧化物、碳氢化合物（烃）、微粒以及各种其他化合物。其中二氧化碳表现出一种特殊的问题：它通过矿石燃料燃烧，以碳氧重新结合的形式释放到空气中。虽然，二氧化碳对于人类健康不会造成直接的危害，但是，短时间内大量释放在地球大气中的二氧化碳会对气候造成威胁。

矿物能源的开式循环意味着储存在地下深层的煤、石油和天然气中"潜在"的数亿吨二氧化碳会被释放到大气中。科学界几乎一致认为如果目前这种开式循环不发生改变的话，地球气温将会持续升高。

碳氢化合物→二氧化碳

少数科学工作者对于二氧化碳等温室气体排放导致气温增加这一说法表示怀疑，他们的怀疑主要集中在大气中温室气体含量变化对于环境产生的影响，但并不否认温室气体对于自然平衡存在的风险。他们大多反对通过计算和预测得到的环境变化影响，而并不否认这种环境变化本身。并且他们中的大多数人也并不否认环境风险的存在。

因此，学术界对于气候变化原因的主要观点是：

二氧化碳增加→气候不稳定性

然而，少数人同意气候变化的原因但不赞同其结果。他们认为人类排放的二氧化碳只是造成了一种环境风险，但不会必然导致气候变化：

二氧化碳增加→不明风险

现有的共识是至少存在风险，比如环境失衡的风险。

核能的供应链也具有开式循环的特点：

放射性物质→浓缩材料→核能生产→放射性废料处置

并且，核能问题的关键在于核能生产以及废料处理过程中存在的"风险"：

放射性废料→风险

因此，只有能源部门放弃能源开式循环的方案，才能避免环境失衡的风险。

能源闭式循环

虽然，根据物理定律可以从能源闭式循环中获取有效能量，但是，在能源系统中的能源载体整合却是一种浪费能源的循环。热力学第一定律表明，获取能源载体所消耗的能量至少要等于转化后的能量。而热力学第二定律表明，获取能源载体所消耗的能量总是高于热力学第一定律规定的最低能量，也就是说，转换后的能量总是低于消耗的能量。

因此，上述简单的效率分析得出的结论是：应该尽量避免使用能源载体，因为它在一次能源的使用方面总是造成能源的损失，所消耗的能量要高于获取的能量。

这个分析是正确的，尽管它并不全面。

因此，有必要进行以下分析：一次能源中，可再生能源的"使用"和不可再生能源的"消耗"有着完全不同的含义。从这种情况来看，"使用"和"消耗"的概念表现出两者含义的巨大差别。能源系统不会"消耗"那些在一定时间内不可再生的地球资源，并且遵循循环，从理论上可以将资源消耗和废物形成方面的环境影响降低到零。因此，能量在通过能源载体传递的过程中，消耗的能量和获取的能量之差可以被看做是一种可接受的能量消耗成本。

所以，尽管关于能源效率的阐释是正确的，也应该重新考虑让新的"闭式循环"成为可持续发展的能源系统。

可持续发展的定义是基于闭式循环的基本方案，可以从可持续性的角度客观地比较不同的发展方案。事实上，可持续发展方案和不可持续发展方案的区别很明显，只有不消耗资源的发展才能被定义为可持续发展。

能源部门的应用表明，使用入射太阳能可以让人类社会发展有可能不耗尽地球资源。在这种情况下，能源闭式循环就可以遵循"零能耗和零浪费"的原则，并且在技术上已经存在实现的可能性。

通过开发可再生资源和整合能源载体，能源闭式循环将会真正实现。在能量系统链中加入能源载体（由适当的一次能源产生）是这种发展模式的关键概念，一旦大规模应用，它将满足人类社会和经济发展的全部能源终端的使用需求。

1.2.2 作为"开放式"的能源系统，地球可以实现封闭循环

闭式循环的实际操作长期被能源部门认为是不可实现的，因为它不符合热力学第一定律和第二定律。有些人往往混淆了能源闭式循环和封闭能源循环的概

念。后者显而易见是无法实现的，其原因在于在任何能量转换过程中都会存在能量降级，导致熵的增加或能量的减少。

然而，幸运的是，地球特定的环境条件使其能源状态表现为开放的系统，而不是封闭的。因此，针对闭式循环方案的理论能量分析便完全不同了。

地球不断地从太阳获得能量。因此，在能量平衡方面，地球系统不存在均衡状态，而大部分是正向状态。在考虑地球系统问题时不能忽略一个特殊前提：地球系统始终从太阳获得能量，在能量剩余的条件下，额外的能量恒定分布流入地球系统。

这为日常可利用的剩余能量提供了一个极具吸引力的可行方案，即在闭式循环和可再生能源的基础上开发地球能源系统。什么是可再生？事实上，可再生不是通过适合的能源系统探测和开发能源，而是依靠来自太阳到达地球表面的新的能源的循环和重复能源的天然可用性。

人类取之不尽、用之不竭的持续可用性能源允许在能源载体的生产、开发和一次能源补给中消耗必要的能源。

1.3　能源系统

什么是能源系统？

能源系统的标准定义是执行有关能源发展、分析、规划和改进等工作，并且在技术上开发并确定与人类活动相匹配的能源。

通常，能源系统与能量转换系统的定义一致，而与能量转换技术的定义则容易发生混淆，能量转换技术是一种引导液体完成热力循环的传统技术解决方案。因此，可以看出这些定义，即使是针对行业专家，也在能源分析领域受到极度限制。

人类社会所表现出的弹性、灵活性、模块化以及跨领域解决方案的需求，对于部门化是不适宜的。

因此，能源系统需要找到一种方式可以在同一场景中进行不同解决方案的选择、比较和竞争，需要考虑整个能量循环的效率，包括一次能源的有效生产，以及在能源有效作用的过程中，能源供应链的不同组成部分对环境造成的具体影响。

因此，能源系统是一个利用自身能源，通过能量流动产生有效作用的系统。（如图1-5所示）它可以包括机械能、光能、热能和电能。

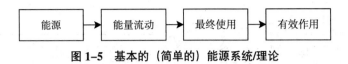

图1-5　基本的（简单的）能源系统/理论

能源系统必须能够从原始资源（能源）中提取能量，使其以最佳形式传递（能量流动），并且通过技术将原始能源转变为可用形式，使其特性能够满足最终使用，达到有效作用。

这一切都自然而然地发生在与自然环境不断的相互作用过程中，并且在所有环节中都涉及废物的产生。

因此，如图1-6所示，一个简单的能源系统方案变得更为复杂。

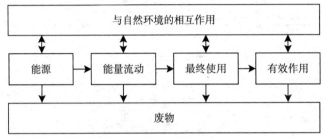

图1-6　简单的能源系统

根据这一定义，能源系统或多或少有些复杂：事实上，通过任何可能的中间"维度"，一个复杂的能源系统可能是整个世界的能源系统，也可能是一个单独的工厂，甚至可能是一个单独的家用电器（一个单独设备包括所用能源、最终使用、有效作用）。一个复杂的能源系统就是这样一组简单的能源系统彼此相互作用。

从广义上来讲，能源系统包括一次能源的转换、转化、运输、储存和使用的过程及其相关技术，以及在上述过程所有阶段中产生的废物和与环境的相互作用。

图1-7显示了一个完整能源系统的基本结构。

在图中的具体表示中，能量系统包括一次能源的转化、运输、储存和使用的过程及其技术，以及在不同阶段产生的废物和与环境的相互作用。

能源系统定义的隐含概念（资源、能量转换、运输、储存和使用的过程和技术）能得到更广泛的应用：它能够对于能源系统立即做出一个简短恰当的介绍。

从一次能源指向能源使用的"路径"，通常需要不同的需求。

一次能源通常不能在使用地点（也叫最终用户）直接使用。实际上在大多数情况下，这归结于运输问题。此外，为了满足随时可变的能源需求，能量存储是必要的。这意味着能量运输或能量储存可以被定义为能源载体（或能力生涯）。

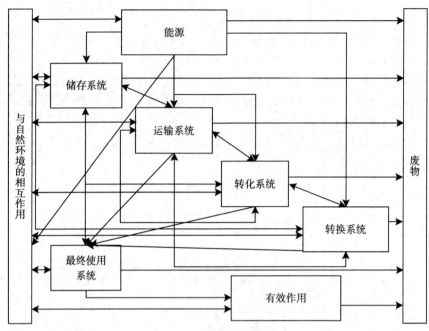

图 1-7　完整的能源系统

　　另外，还需要具备一个能源处理方式，即能够在能源生产到使用的所有步骤中提取到足够特征的能源，我们将其定义为"充分使用"。在运输、分配和使用的最后环节，目前广泛应用的能源形式包括石油提炼的燃料和电力。这些能源都属于二次能源，因为它们都是由一次能源转换而来的。

　　进一步需要注意的是能源和有效作用的概念。事实上，在整个能源系统中提到的这两个概念也通常出现在能源系统的每个子系统中。以热电厂为例，原始能源是燃料（与天然原油相比，燃料属于二次能源），有效作用就是电力流动。而如果是电热水器，电力就是原始能源，产生的热水是有效作用。

　　现在适合提出一个通用定义，在一个完整能源系统（充分使用）的开始和结束过程中：能源表示一次能源（即天然存在的能源），而有效作用表示最终用户所获得的理想效果。

　　以室内供暖为例，空调的有效作用是达到和保持室内所需温度，而不是给定特征的热量（也就是说，给定温度的热流）。同样，移动和运输的有效作用是人或货物从一个地点运动到另一个地点，而不是执行这种运动所需的能量。

　　事实上，根据所使用的技术（空气加热器或散热器；汽车、火车、轮船或飞机）和进行的模式（中央采暖或单独采暖；集中运输或私人运输），能源所获得的有效作用（无论是形式上还是数量上），都是多种多样的。

关于一次能源和二次能源，最终使用能源的形式以及能源载体的定义，需要考虑以下事项：定义不一定是要互斥的（非此即彼）。一次能源有可能是能源载体，能源载体也有可能是二次能源。以石油为例，石油存在于自然界中，因此它是一次能源，同时由于它具有可运输和可储存的特性，它也是一个完整的能源载体。其衍生物也一样（柴油、汽油、燃料油、液化石油气等）：它们是一次能源转换的结果，并且可运输、可储存，因此，它们既是二次能源也是能源载体。电能是一种可以运输但不方便储存的能源形式，它既是二次能源也是能源载体（但并不是"完整"的能源载体，因为它只符合能源载体定义中两个特性的其中之一）：符合的是其运输能力，不符合的是其储存能力。

注释

[1] 这个概念通过一个例子可以更容易理解。我们以电力设施为例：众所周知，电力的储存是困难和昂贵的，公共事业很难为自己获得所有的必要能源。如果按照用户需求供电，就需要按照每时每刻能源需求的精确数量供应电力，也就是说要满足每一秒的供电需求。

[2] 放射性同位素是一些化学元素具有放射性的同位素。"同位素"是具有相同原子序数，即具有相同质子数的同一化学元素的不同原子种类。因此，根据该词源解释，同位素在元素规模上位于同一等级。但是，同位素具有不同的核内中子数，因此具有不同的原子量。大多数元素以固定成分的同位素混合物的形式存在于自然界中。

[3] 低热值是指在燃烧过程中扣除水蒸气以凝结水状态排出所放出的高热值，以及燃料中所包含的潜在湿气所放出的热量。高热值是指1千克燃料完全燃烧后，在恒定压强下，当燃烧产物在0摄氏度1个标准大气压下（760毫米汞柱）所放出的热量。通常，气体燃料的计量单位不是千克（kg），而是标准立方米（Nm³）。

[4] 一桶油相当于158.98升。

[5] 一英热单位相当于一磅纯水（1磅约等于4.44千克）温度升高1华氏度（1华氏度约等于0.55度）所需的热量。

[6] 事实上，太阳常数的变化原因是多方面的：太阳表面的不规则性、星体辐射的差异性、太阳和地球的自转、日地距离的变化等。

[7] 可再生能源是相较于使用周期的持续时间，具有相对较短恢复期的能源（保证它们随着时间的过去有无限的可用性）。相反，非可再生能源的恢复周期的持续时间远远大于使用周期。通常，非可再生能源包括化石燃料，因为化石燃料

形成所需石化周期的持续时间高达数万年（从实用角度来看，这使得这些一次能源可被耗尽或不可再生）。即使是核能燃料，由于其是从天然原料中提取，而目前的工艺流程不能实现再生，因此也被视为非可再生能源。

参考文献

1. Ippolito F. （1976） L'energia: fonti e produzione. Ed. Le Scienza, Milan.

2. Dunn P.D. （1986） Renewable energies: sources, conversion and application. Peter Peregrinus Ltd, London.

3. Makhijani A. （1997） Economic and political weekly. Bombay.

4. UN （2011） Energy Statistics Yearbook and Energy Statistics Nessletter, United Nations, New York, USA.

5. BP Statistical Review of World Energy （2010） London.

6. Key World Energy Statistics （KWES 2010） International Energy Agency, Paris.

第❷章 能 源

2.1 能源潜力的定义

任何长期能源政策都需要对能源可用性进行综合评价。[1] 与最普遍的矿物能源相比，可再生能源的区别在于可再生能源是定期更新的能量流动，而矿物能源则是"固定"的资源。因此对于可再生能源潜力的定义可以做出一些初步评论。（见图 2-1）。

可再生能源潜力   矿物能源潜力

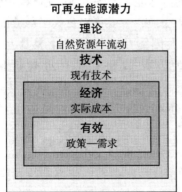

图 2-1 可再生能源和矿物能源的潜力

通过直接分析估计，可再生能源（如太阳、风、生物质、水、地热等）的理论潜力是不涉及技术经济参照的年能量流。这种分析分别考虑了地球上的太阳辐射当量（以年为基础）、风速分布、生物量指标、水容量（降水量和蒸发量之间的差异）、液压头（如大地高度差异）、地热领域等。一些作者还加入了物理和社会经济因素（地面坡度、最终路径、电网、燃气管道、水渠附近的发电站等），因此决定了理论可用潜力。例如矿物能源，无论是确定的还是不确定的、经济的还是不经济的（在这种情况下，可用的能源不考虑技术经济的局限性），"全球埋藏"包括了所有类型的资源。

可再生能源的技术潜力是现有技术允许开采的理论潜力部分。相当于图 2-1 中代表的矿物能源"资源"（无论经济的还是不经济的、确定的还是不确定的，不包括现有技术不允许开采的资源）。

可再生能源的经济潜力是具有开发成本效益的技术潜力部分。相当于图 2-1 中代表的矿物能源"储备"（验证可行的）。可再生能源的有效潜力是考虑了每个国家的能源需求和采取的能源政策而开发出的经济潜力部分。而对于矿物能源，考虑到现有需求和"优惠"政策，有效潜能相当于可证实的储量，即经过有效测量，在现有经济技术条件下可生产的资源。

显然，能源潜力受（环境、技术、经济、社会）多种因素的影响，因此，根据环境变化、科技发展、市场条件和相关政治形势，每个数值都会发生动态变化。

2.2　地球能源平衡

对于天然能源的分析是从人类操作的全球能源循环系统：地球系统开始的。

地球与外界没有物质交换，只有能量交换，主要是来自太阳释放的电磁能量（保持其平均温度不变）。除了直接的太阳能（约占地球上整体可用能源的 99.98%），还有保持地球能量平衡的其他能源，这剩余的 0.02% 包括来自引力相互作用的能量（实际上就是地、月、日三者的组合），以及来自地球内部的热能，通过传导和对流传递到地球表面。最后还有来自天然放射性同位素（放射性元素）的能量。

太阳辐射是来自太阳核聚变反应产生的电磁波所发出的辐射能量。太阳辐射的光谱大约接近于一个温度为 5800 K 的黑体（根据维恩位移定律和普朗克黑体辐射定律，太阳发出的辐射峰值波长为 500 纳米）。大约一半的辐射在电磁波谱上属于可见光短波部分。而另一半的辐射大多是在近红外线部分，还有一些也在紫外线部分。

来自太阳的平均能量流动被称为太阳常数，是指地球在位于日地平均距离时，地球大气层外（没有大气吸收）垂直于太阳光线的单位面积在单位时间内所接受的太阳辐射能量。通过人造卫星测量的太阳常数的数值为 1.353 千瓦/平方米，由于地球轨道呈椭圆形，变化幅度为±3%，考虑到太阳常数和地球表面的平均太阳辐射，地球接受的太阳辐射的总平均功率估计有近 173000×10^{12} 瓦，相当于年入射量 5404×10^{21} 焦/年（1.3×10^8 百万吨油当量/年）。

如图 2-2 所示，近 30% 的入射太阳能以短波辐射的形式被反射回外太空（约 52000×10^{12} 瓦），而剩下的部分穿过大气层朝向地球表面入射。

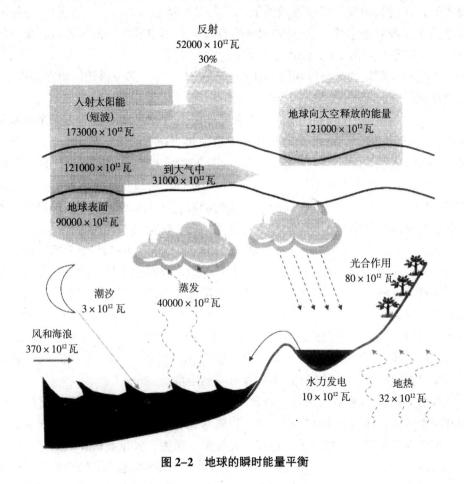

图 2-2　地球的瞬时能量平衡

被大气层、地球表面和海洋吸收的辐射能量约占总量的 47%（约 81000×10^{12} 瓦），但如果考虑到地平面上的全年平均隔热（包括夜晚和多云天气），这个数值则要低得多。例如，在北美，接收辐射能量的范围介于 125 瓦/平方米和 375 瓦/平方米之间（3~9 千瓦时/平方米/天），利用海平面上 1% 的土地（通过下文所提到的光伏发电或太阳能热转换），理论潜力接近 80×10^{12} 瓦，相当于每年能源供应 5.9×10^4 百万吨油当量/年（与国际能源机构 IEA 和 Nakícenovíc 等人所报告的数值近似)。

23%的入射太阳能（约 40000×10^{12} 瓦）用于水循环，即蒸发、降水、径流等水文循环。

蒸发所形成的水蒸气，由于热梯度和压力效应，在水蒸气含量超过饱和点时，冷却并凝结周围的离子或尘埃颗粒，产生云。当水滴的大小达到至少 1 毫米直径时，在适当的温度和压强条件下，发生大气降水（雨、雪、冰雹）。内陆降水量为 740~800 毫米/年，不同的大洲略有差异。其中有两个例外地区，南美洲（1600 毫米/年）和南极洲（165 毫米/年）。

不是所有蒸发的水都以相同的速度返回地球，有一部分仍然停留在高空中，以潜在机械能的形式进行能量积累。

超过 577000 立方千米的水从海洋和陆地表面蒸发，119000 立方千米的水沉淀在土壤中。其中约 2/3 的水被植被和土壤吸收，剩下的 1/3 成为径流。大部分被植被和土壤吸收的水再次蒸发，这一部分达到 72000 立方千米。而剩下的 47000 立方千米原则上可用于能源目的。径流的回旋可以用于水力发电，其能量（理论潜力）约为 5×10^{12} 瓦，每年可提供的能源高达 3.6×10^3 百万吨油当量。大部分径流资源都是用于水力发电站进行电力生产，这也是水力发电术语的由来。

入射太阳能的一小部分，占总量的 0.2%（约 400×10^{12} 瓦），用于形成风、海洋环流和海浪，其中部分以摩擦热的形式分散。风是由不均匀的空气变暖引起的：陆地上比海洋上的空气温度高，由于密度变化，温度高的空气上升，引起气团运动。计算风力涡轮机可以产生的电量必须要考虑一个地区的平均风速和频率分布。可以利用风力资源的地区，其离地面 30 米处的风力密度至少是 400 瓦/平方米。如果我们考虑到风的可开发部分，那么其技术潜力约为 15×10^{12} 瓦，相当于每年可提供的能源达到近 10×10^{13} 百万吨油当量。

入射太阳能的更小一部分，约 80×10^{12} 瓦（占总量的 0.04%），通过植物中的叶绿素转化，在树叶中固定碳元素，以碳水化合物的形式储存能量。同时，这个过程中释放出氧气，通过分解过程消耗能量。然而，大量有机物质储存并积累在泥炭沼泽中，在厌氧环境中无法回到平衡状态。储存在地壳下的动植物残骸是矿物燃料形成的复杂基础，地球吸收的数百万年太阳能最终以这种方式储存。据估计，生物质转换所提供的能源可达 27×10^{12} 瓦（每年 2×10^4 百万吨油当量）。

地月和地日的引力系统是潮汐现象的基础。这两个系统以多变的运动方式相结合。

月球相对于地球发生的运动，实际上是在一个不同于地球赤道平面的轨道，另外，由于轨道离心率，这两个天体的自转周期、相互距离，以及与太阳的距离都不相同。

这两个系统中，地月系统对于潮汐现象的影响更强，因为地球与其卫星相对接近（平均距离为 384.4×10^6 米），尽管地坏质量是月球的 81.3 倍，太阳质量是月球的 2500000 倍以上。至于地日系统，这两个天体的距离更远（约 149×10^9 米），它会产生轻微的潮汐力，但考虑到太阳的巨大质量（比地球大近 333000 倍），不可忽略不计。而包括太阳系在内的其他天体对于潮汐现象则没有任何明显的影响。总的来说，潮汐现象主要是地球与月亮的引力作用，而太阳只是影响潮汐的大小。当月球、地球和太阳三个天体排成一条直线时，此时月球与太阳的引潮力同时作用于同一方向，潮汐力达到最高水平。而当月球处于月相变化中的上弦月和下弦月，即地月中心连接线垂直于地日中心连接线，潮汐力达到最低水平。相对于平均值，大潮和小潮的潮汐力水平相差近 20%。潮汐瞬间可产生的能量估计达到 3×10^{12} 瓦（2×10^{13} 百万吨油当量）。

地热能也叫做"形成"能源：实际上这种能源来自于恒星的形成过程，起源于地球本身。

来自地球内部的热量流，通过地热梯度测量和岩石热导率进行评估。在垂直深入地球内部的第一个千米处，每百米温度平均增加 3℃。然而这种温度增加不是恒定的，因为地核的最高温度约为 4500℃。通过这些测量方法，确定了能量流的平均值为 0.063 瓦/平方米。

考虑到地球表面积近 510×10^{12} 平方米，获得的总功率约为 32×10^{12} 瓦，相当于每年 2.4×10^4 百万吨油当量。然而，热量资源和火山所散发的热量只占其总热量的 1%，因此实际可用功率减少到约 0.3×10^{12} 瓦。

从地球的地核到地壳的热量迁移主要通过两个过程：传导，由于岩石是不良导热体，只传递一小部分的热量；对流，热量则迅速在流动物质中传递。虽然热传播发生在地球的表面，并从地球表面传递到外太空，但是由于辐射和地壳内部放射性同位素的粒子释放，地核内部的温度恒定不变。因此，地热能源主要来源于地球内部放射性物质的衰变，考虑到放射性物质衰变的数量，这意味着地热几乎是取之不尽的能量源泉。

桑基图显示了组成地球能量平衡的能量流和数据，通过指示箭头的宽度表示能量流的各个项目占总量的比例。在这个框架中，还突出了水循环（从我们星球上的生命和能量的视角来说，水循环具有巨大的比例和重要的作用）。

考虑到能源问题的关键：虽然，在任何时刻，大自然可提供的能量——下文将会描述——至少高于全世界人口需求的 4 倍，但是只通过天然太阳能或者上述提到的其他能源提供，都无法在技术和经济上满足每个用户任意时间的能源需求。

因此，满足能源需求不是能源的数量问题，而是用户在空间和时间上所需能源的质量问题（适合的能源形式）。

2.3 可再生能源

2.3.1 太阳能（直接）

一方面，太阳能有几个优点（例如：无污染，具有直接转换成电能的可能性，几乎无限期，全球可供数量远高于人类能源需求）；另一方面，太阳能的广泛使用也必须克服几个问题，包括技术和经济方面，由于其低能量密度和不连续性（日夜交替、季节循环、气象条件变化）而存在问题。很明显，潜在可用性和实际使用可能性之间存在巨大差距。

2.3.1.1 概述

正如本章第 2 节中提到的，地球大气层外垂直于太阳光线的平面上的入射功率略微超过 1300 瓦/平方米，这个数值叫做太阳常数。但是穿过大气层，太阳辐射光谱就会发生定性和定量的变化。更详细来讲，太阳辐射与地球大气层和地球表面的相互作用是由以下 3 组因素主要决定的：

● 地球的几何形状、公转和自转（赤纬、纬度、太阳角）；

● 地形（海拔、地面倾斜方向、阴影）；

● 大气衰减（散射、吸收）通过：

    —气体（空气分子、臭氧、二氧化碳和氧气）；

    —固体和液体颗粒（气溶胶，包括非冷凝水）；

    —云（冷凝水）。

根据太阳在地平线上的位置，第一组因素决定了地球大气圈外的有效辐射，并且可以通过天文公式进行精确计算。

辐射进入地球表面会因地形地貌有所改变，即坡度、倾斜角度等方面，并且受到相邻地形的阴影效应影响。这一组因素可以在高精度上建模。海拔高度决定了由大气厚度造成的辐射衰减。

强烈的太阳辐射穿过地球大气层被各种大气成分所衰减，如气体、液体、固体颗粒和云。

通过地球大气层的路径长度也很重要。由于动态特性和复杂交互作用，大气衰减只有在一定级别的精度上才能建模。

辐射质量，也就是在太阳光谱中的波长分配，会因散射现象发生变化，这种散射现象是由于不同波长的光子以不同角度进行传播造成的。到达地面的辐射与最初从太阳释放的辐射具有不同的成分。

对地面辐射光谱进行量化通常以气团（AM）的概念作为参考：它被定义为太阳光线的真实路径长度和最短路径长度的比率，也就是太阳的最高点。按照惯例，大气层外的太阳光谱有一个气团等于0。在海平面上，在晴朗的夏日，来自最高点的太阳辐射对应的是AM1，而其他位置对应的是1/sin h，h是最高点的角度（图2-3）。作为光伏组件单元格的测量基准，该气团（AM）被定为1.5。

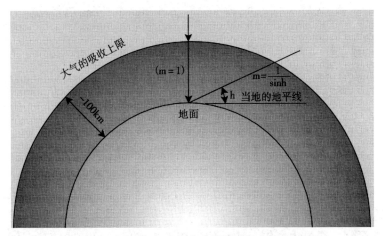

图2-3 大气团（AM）和太阳辐射的入射角图示

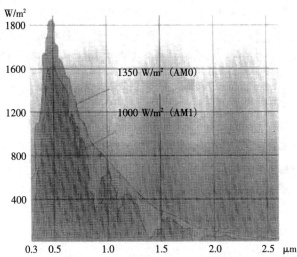

图2-4 大气层外太阳光谱（AM0）和地面上太阳光谱（AM1）的比较

图2-4对比了大气层外太阳光谱（AM0）和大气层内太阳光谱（AM1），突

出显示了两个辐射的定性和定量差异。

如图 2-5 所示，一个给定表面上的辐射效果，称为太阳总辐射，是三个组成部分的总和。

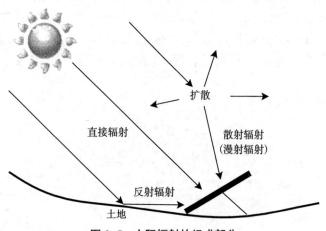

图 2-5　太阳辐射的组成部分

第一部分：既不被大气颗粒物吸收也不被扩散，以一个单一明确的入射角度直接到达该表面，称为直接辐射。

第二部分：通过大气层，由于空气中的水蒸气微粒，向任意方向（散射），但都能成功到达该表面，称为散射辐射。灰色区域，即表面由于存在障碍没有直接辐射，但也不完全是黑暗的，因为还有散射辐射。

第三部分：辐射被地面或其他表面反射后到达该表面，称为反射辐射。入射能量的反射强度主要来自光面（例如冬天白雪覆盖的地面），而暗面（例如耕耘过的土地或草原）则具有很高的吸收强度。

这三个组成部分的相对重要性取决于：

● 气象条件。在多云的日子里，散射辐射胜过直接辐射。

● 收集器表面的倾斜角度。在夏季，水平面上倾斜角度较小的表面，直接辐射较大，而在冬季，情况则相反。

● 时期。垂直放置的收集器表面，在夏季直接辐射较低，而有轻微倾斜的表面则相反。

● 到达地面的全球辐射价值受制于：

——太阳在空中的视运动引起的规律性变化（日和年）。

——气象条件（云量、湿度等）引起的不规则变化。

最大限度收集太阳辐射量的位置是一个指向南方且倾斜角等于该点纬度的表

面。[2] 在整天当中，该方向充分接收太阳辐射，但由于地轴的年振荡，相对于垂直轴确定阳光方向的变化，倾斜角度会减少辐射变化（图 2-6）。

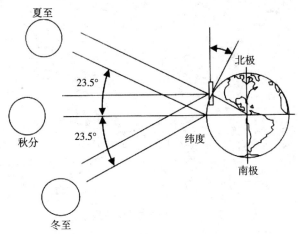

图 2-6 辐射变化取决于地球自转轴的年振荡

2.3.1.2 能源评估

现在，让我们计算一下在地球任意位置表面上的入射太阳辐射量。显然，这就相当于一个安装在给定位置的光伏发电系统的电能生产潜力的评估计算。

估算入射太阳辐射量的主要数据来源是在一定时期地球表面的太阳辐射地图集。太阳辐射地图集主要收集由国家气象机构提供的数据，在特殊情况下，也收集一些大学提供的数据。这些数据通过地图和表格呈现，通常来自于近 10 年的测量。欧洲太阳辐射地图集分为上下两册：上册涉及水平面；下册涉及倾斜面。地图集上册的表格中显示每个地区的平均日辐射值，以瓦时/平方米（或千瓦时/平方米）表示，也就是能量密度。

每个地区以它的坐标（纬度和经度）和海拔高度表示。最关键的数值是每个表的第一行，以字母 G 表示，它表示平均日辐射、月平均值或年平均值。

水平面上的全球入射辐射值对于光伏发电系统的设计和开发有一定限制，为了优化电输出，这些光伏发电系统都安装在有一定倾角的水平面上。因此，测定一个给定角度倾斜表面的入射太阳能变得至关重要。

这个问题可以通过两种不同的方法解决：查阅欧洲太阳辐射地图集第二册，或者用水平面相应数据计算出倾斜面上的辐射值。

第一种方法采用查阅欧洲太阳辐射地图集第二册中关于倾斜面的内容。针对每一个地区，地图集中的图表都显示了该地区每年每月的平均日辐射（包括全球入射辐射和散射辐射），这些地区相当于不同位置的集热器表面。

这个地理位置由两个角度组成（如图2-7所示）：

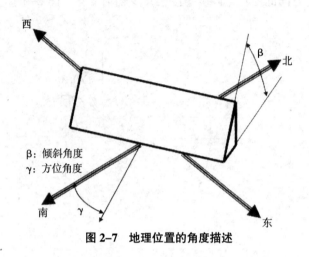

图2-7　地理位置的角度描述

● 倾斜角度（在图中以字母 β 表示）相对于水平面，衡量一个表面的倾斜程度。

● 方位角度（也叫方位角，在图中以字母 γ 表示），是相对于基本方位（零方位向南方向）衡量一个表面的方位；更确切地说，它是北半球向南方向的正常表面在水平面上形成的投影角（或者是南半球向北方向）。

根据地理位置和 iso 辐射地图，可以知道太阳辐射值。太阳辐射值主要取决于地形特征，也在一定程度上受纬度变化的影响。

必须指出，在大多数可借鉴的数据中，直接辐射与散射辐射两部分的辐射值没有区别。

如图 2-8 所示，地图显示了每年不同月份中的日平均辐射分布。地图中的黑色线条是 iso 辐射曲线，该线条是指平均日辐射的恒定值，计量单位为千瓦时/平方米。

欧洲地图集第二册中所示的太阳辐射值是通过假设一个地面反射率的固定值来计算的，该值为 0.2（地面反射 20% 的入射辐射，相当于草原的反射率）。如果某位置具有一个不同的反射率，校正公式应当用于确定反射部分的精确值。然而，通常反射部分提供的全球辐射能量相当有限，只有几个百分点。

测定倾斜表面所接受的太阳辐射值的第二个方法，是对水平表面的数据进行计算。

下文并没有介绍计算过程的细节，而是在这种方法的基础上，对其基本步骤进行简短描述（如图 2-9 所示）。

图 2-8　太阳能地理信息系统

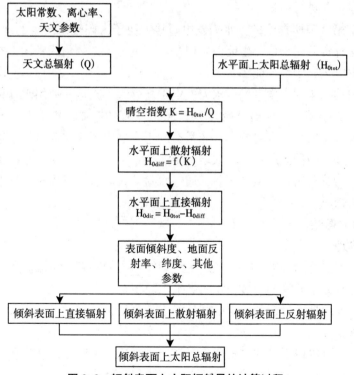

图 2-9　倾斜表面上太阳辐射量的计算过程

第一步是通过一些天文参数（如地球轨道离心率）确定大气层外的天文辐射量。水平面上的太阳入射辐射量与天文辐射量之比称为"晴空指数"。

然后，通过"晴空指数"的复杂函数计算得出散射辐射量（总是在一个水平面上）。直接辐射量是全球总辐射量与散射辐射量之间的差。在这一计算过程中，水平面上太阳辐射的三个组成部分都会考虑到。然后就可以通过复杂的公式计算出给定表面上太阳辐射三个组成部分的辐射值。在这一计算过程中，不同的输入参数很重要，特别是表面倾斜度、地面反射率（对于反射辐射的水平测定）和安装地点的纬度。

2.3.2　水力发电

雨和雪是地球上所流动的水的来源。决定一个河道特征的因素是降水量、地域构造和岩石土壤类型。因此，需要了解"有多少水"落在这一地区，想象和计划使用这个资源对于全人类至关重要。降水量以毫米表示，通过在整个区域适当安装"雨量站"进行测量。

正如本第 2 节所提到的，水力发电直接取决于太阳辐射产生的地球水循环。实际上，这种资源属于可再生能源，但是由于电力生产的集约利用，在传统意义上，水力发电仍属于传统能源。

在过去的几年中，学者们对水力发电重新燃起了兴趣，使用水盆地进行水力发电，可以为小型发电厂提供最大功率 3000 千瓦的燃料。事实上，小型液压能源（这些发电厂的小型水电分支）非常有助于发展中国家实现电气化进程，这些国家存在很多小型独立用户，但缺乏一个连接大型发电厂与这些小型独立用户的配电网。尤为重要的是微型液压厂，通过水盆地或河道可以为超小型发电厂提供数万千瓦的燃料。

2.3.2.1　概述

流域盆地

由于水流受重力的影响，河道总是出现在山谷的底部；河流流过的山谷和它周围的山脉到分水岭峰的区域面积叫做汇水面积。

通过对盆地地面分析和给定区域的降水量测量，可以确定河流的走势和可用的水资源含量。

一条河道可以以不同的方式命名：江河、激流、小溪等；这些名字表明了不同的特征，包括流量的连续性、河道本身的体积和尺寸等。

2.3.2.2　资源评估

水资源研究是一项基础研究，包括水文科学、降雨和河流流量研究、流域以及蒸散量测量和地表地质学。当水从河道 A 点流到 B 点，根据公式（2-1）可以得出水损耗的势能。这些能量通过摩擦可以转化为有用的动能。

$$P=Q \cdot \rho \cdot g \cdot H \tag{2-1}$$

公式（2-1）中，P 是功率（W），Q 是流量（m³/s），ρ 是水的密度（1000 kg/m³），g 是重力加速度（9.81m/s²），H 是总落差（m）（垂直于水平面的有效高度差）。因此，估算水的势能必须要知道全年流量变化和总落差水平。联合国成立了世界气象组织，专门提供水文信息服务，除此以外，还有国家水文服务、流域管理机构等，但它们不会在小型水电发展方案所涉及的河段进行定期测量。因此，通常情况下，通过当地降水数据模型（月降水量）、蒸发量（与温度值相关）、阶段（水位）、含沙量、水质和地下水面积，计算出全年流量变化和总落差。

一般来说，高降水量的山区都会有一些很好的水力发电站（如图 2-10 所示）。

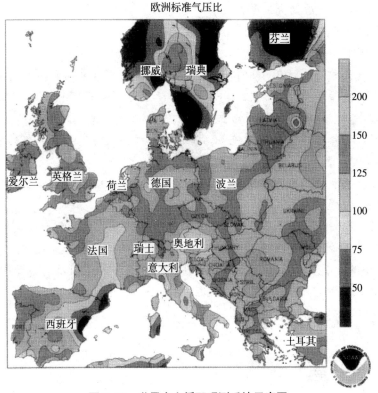

图 2-10 世界水文循环观测系统示意图

评估一个水力发电站的潜力，必须已知其全年流量变化和总落差。最好的情况是，排水系统已经安装了测量站，并且可以将历史污水流量数据收集起来。如果有未知的水文数据，至少需要测量一年的流量。

公式（2-1）清楚显示了通过水的落差（H）和河道流量（Q）可以获得的功率（能量）。

落差是指进水口和出水口之间的高度差（单位为 m）。

根据落差，水力发电站分为：

● 超过 100m 为高落差；

● 30~100m 为中落差；

● 2~30m 为低落差。

流量是指水利发电站在单位时间内接收的水量（单位为 m³/s）。

根据流量，水力发电站分为：

● 小于 10m³/s 为小流量；

● 10~100m³/s 为中流量；

● 100~1000m³/s 为大流量；

● 超过 1000m³/s 为超大流量。

很多方法可用于流量的测量：

● 速度面积法。适用于中到大型河道，包括河道横截面和水介质速度的测量。河道横截面通过地形法检测，而平均速度可以通过不同的工具测量：转（浮）子流量计、涡轮流量计和电磁流量计。

● 通过稀释溶质直接测量流量。适用于小型湍流河道。最简单的方法是在水中稀释食盐，随后测量下游形成的导电溶液。

● 溢流测量。如果河道足够小，它有可能形成一个临时堰，使水流入已知区域（溢出）；通过测量几何形状，可以倒推出流量。

● 坡面积测量。基于水力学原则，此方法适用于高流量河道。

2.3.2.3　净落差（净水头）

水轮机的净落差（净水头）是机器前后两部分的液压负荷差，即流体机械能。根据图 2-11，净落差的计算方法如下：

$$\frac{V_i^2}{2g} + \frac{p_i}{\gamma} + z_i = \frac{V_o^2}{2g} + \frac{p_o}{\gamma} + z_o$$

2.3.3　风能

能量来自于风，所以称为风能。风能自古以来就被人类所利用，使用目的从航海（公元前 2500 年的埃及图像）到风选谷物、风干农渔产品。

风车在欧洲首次出现是在中世纪十字军东征期间。与拥有水平轴轮子的风车

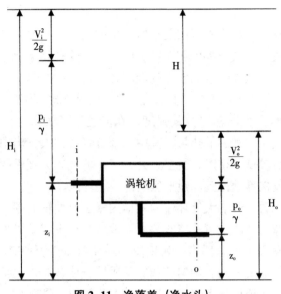

图 2-11　净落差（净水头）

概念截然不同，这些风车规模更大、技术更复杂、产量更高。它们用于研磨谷物、压榨橄榄油、抽水、运作锯木厂、染坊和烟草工厂。

在 20 世纪，多叶片转子冲压空气涡轮广泛普及，随后，在新殖民地区的农场大量使用。

1891~1907 年，丹麦的 Paul La Cour 实现了从风车到现代航空发电机的进一步转变。他发明的转子有四个矩形的弯叶片，是典型的欧洲风力机。

第二次世界大战期间，由于战争经济问题的推动，美国、荷兰和丹麦都先后开展了研究，设计和开发出双叶片和三叶片转子的风力发电机。

1924 年，芬兰工程师 Savonius 尝试创新了垂直轴风力发电机。

另一种类型的转子，达里厄风力发电机，最早是在 20 世纪 30 年代初由法国工程师达里厄发明的。目前，它是唯一可以与 HAWT（横向轴风力涡轮机）抗衡的垂直轴风力发电机。

开发风力资源，使其具有成本竞争优势，或者至少成本可与传统能源相差不多，这在很大程度上 [3] 受到其低能量密度的限制（在多风的地区，有可能达到最大值 400~600 W/m²)，而且风力资源还具有明显的易变性和不确定性，还要考虑到年平均值和季平均值。另外，阵风问题，即突然变高强度的风，会导致风力发电厂的机械阻力问题，可能造成机械破损。

从单纯的操作层面上来讲，有效利用风力资源的基础是选择合适的地点安装转换发电厂，也就是说，要确定一个合适的选择地点。

2.3.3.1 概述

风能是指地球大气层中大气团运动所产生的动能。一般来说，大气团运动与大气压强作用有关，即气压梯度和温度。因此，在这种意义上，空气以与所在气压梯度相应的速度，从高压区向邻近的低压区移动。

风的主要特点是强度和方向，大气环流在当地和全球范围内取决于若干因素。

最重要的因素是太阳辐射及其强度，在赤道地区较高，在接近两极地区较低。地球表面接收来自太阳的热量，其中一部分释放到大气当中；赤道地区的空气较热，因此具有较低的密度，就会上升，产生低气压，吸引两极地区的其他大气团，在全球引发极地地区到赤道地区的冷空气环流。

从全球范围来看，影响大气环流的其他因素，有地轴的倾斜角度和地球围绕太阳的公转。地球公转决定了季节交替，而地球自转决定了昼夜更替，每日交替的太阳辐射，使移动的大气团产生科里奥利加速度（科氏加速度），形成典型的气流螺旋运动；地球表面的非均匀性和非同质性，使其对于太阳辐射具有不同的吸收能力，并且促进地球与大气层之间进行太阳能的热量交换。

图 2-12 显示了由于高低压气流产生的全球大气环流，[4] 所引发的地区性现象。

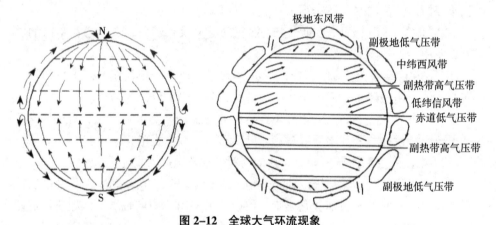

图 2-12 全球大气环流现象

资料来源：意大利国家电力公司埃奈尔 ENEL Spa。

2.3.3.2 资源评估

上文提到，影响大气环流的最后一个因素，是多种多样且分布不均的地壳类型（海洋、山脉、山谷、平原、洼地、冰川等），还有当地范围内的其他因素，如摩擦力和地形。

摩擦力，由于地球表面的粗糙度，决定了气流耗散的能量，以及大气边界层的形成（厚度为 1~1.5 km），风速随着高度的增加以及风向趋势可以通过对数函数表示（如图 2-13 所示）。

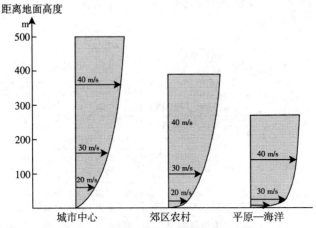

图 2-13 距离地面不同高度的风速变化

对风的量化最直接的方式是测量其速度。为此，发明了叫做风速计的测量设备，图 2-14 是风速计最常见的类型。

图 2-14 风速计

通过蒲福风级表（表 2-1）可以快速获取风速的近似值。

风速达 5m/s（轻风）属于低风（不可感知：因此 1 级风力的地区不适合发展风能）；

风速达 5~15m/s（约 54km/h）属于"正常"风（但只有 4 级以上风力的地区

表 2-1 蒲福风级表

风级	风速 地面上 10 米		名称	陆地物像	海面物像
	英里/小时	海里/小时			
0	0~1	0~1	无风	静，烟直上	水平如镜
1	1~3	1~3	软风	烟示风向，风向标不转动	无浪：波纹柔和，如鳞状，波峰不起白沫
2	4~7	4~6	轻风	人面感觉有风，树叶微响，风向标转动	小浪：小波相隔仍短，但波浪显著；波峰似玻璃，光滑而不破碎
3	8~12	7~10	微风	树叶及小树枝摇动不息，旗展开	小至中浪：小波较大，波峰开始破碎，波峰中有白头浪
4	13~18	11~16	和风	吹起地面灰尘和纸张，小树枝摇动	中浪：小波渐高，形状开始拖长，白头浪颇频密
5	19~24	17~21	轻劲风	有叶的小树，整棵摇摆；内陆水面有波纹	中至大浪：中浪，形状明显拖长，白头浪更多，间中有浪花飞溅
6	25~31	22~27	强风	大树枝摇摆，持伞有困难，电线有呼呼声	大浪：大浪出现，四周都是白头浪，浪花颇大
7	32~38	28~33	疾风	全树摇动，人迎风前行有困难	大浪至非常大浪：海浪突涌堆栈，碎浪之白沫，随风吹成条纹状
8	39~46	34~40	大风	小树枝折断，人向前行阻力甚大	非常大浪至巨浪：接近高浪，浪峰碎成浪花，白沫被风吹成明显条纹状
9	47~54	41~47	烈风	烟囱顶部移动，木屋受损	巨浪：高浪，泡沫浓密；浪峰卷曲倒悬，颇多白沫
10	55~63	48~55	狂风	大树连根拔起，建筑物损毁	非常巨浪：非常高浪。海面变成白茫茫，波涛冲击，能见度下降
11	64~72	56~63	暴风	陆上少见，建筑物普遍损毁	非常巨浪至极巨浪：波涛澎湃，浪高可以遮掩中型船只；白沫被风吹成长片于空中摆动，遍及海面，能见度减低
12	73~83	64~71	飓风或台风	陆上少见，建筑物普遍严重损毁	极巨浪：海面空气中充满浪花及白沫，全海皆白；巨浪如江倾河泻，能见度大为降低

适合使用风力涡轮机技术，2 级和 3 级风力的地区有待未来开发）；

风速超过狂风范围（35m/s，也就是正常风速为 126km/h 的飓风，是极其罕见的）。

在风速计测量的基础上，定义等速曲线。通过使用适当的模型，在合理的假设条件下，将这一地区的测量值扩展到邻近地区（图 2-15）。

评估风能必须进行定量分析，首先是风能所具有的物理和地理价值。

在这一方面，涉及的两个定理分别是：

● 弗劳德定理：螺旋桨盘上的流体速度等于螺旋桨叶在上游和下游流体速度的算术平均数；

被覆盖陆地		裸露陆地		沿海地区		开放海域		丘陵地区	
m/s	W/m²	m/s	W/m²	m/s	W/m²	m/s	W/m²	m/s	W/m²
>6.0	>250	>7.5	>500	>8.5	>700	>9.0	>800	>11.5	>1800
5.0~6.0	150~250	6.5~7.5	300~500	7.0~8.5	400~700	8.0~9.0	600~800	10.0~11.5	1200~1800
4.5~5.0	100~150	5.5~6.5	200~300	6.0~7.0	250~400	7.0~8.0	400~600	8.5~10.0	700~1200
3.5~4.5	50~100	4.5~5.5	100~200	5.0~6.0	150~250	5.5~7.0	200~400	7.0~8.5	400~700
<3.5	<50	<4.5	<100	<5.0	<150	<5.5	<200	<7.0	<400

>7.5

5.5~7.5

<5.5

图 2-15　风速预测图示例

● 贝茨理论：风车的最大风能利用率为 0.59。

弗劳德定理可以通过下列假设证明：

● 由于速度变化有限，流体密度是恒定的；

● 流管内的流量是恒定的；

● 能量交换仅在轴向，即动量变化仅在轴向；

● 螺旋桨具有无限的桨叶。

● 不存在旋转运动。

压力分布的分析表明：

● 流体对风车的作用力是 F；

● 风车对流体的作用力是 –F；

● 流体压力均作用于上游和下游。

这一切决定了：

● （为保持连续性）流管为瓶颈形状；

● 沿着流管，速度变化是连续的。

如图 2-16 所示，应用于风车的脉冲理论。根据连续法，计算如下：

$$A_1 \cdot V_1 = A_2 \cdot V_2 = A \cdot V \cos t \tag{2-2}$$

在图中，1 和 2 部分之间，Ⅰ和Ⅱ部分之间，通过脉冲理论得到：

$$\rho \cdot A \cdot V \cdot (V_2 - V_1) = -F \tag{2-3}$$

$$\rho \cdot A \cdot V \cdot (V - V) = 0 = A \cdot p' - A \cdot p'' - F \tag{2-4}$$

通过公式（2-4）可以很容易得到：

$$F = A \cdot (p' - p'') \tag{2-5}$$

上游桨叶（稳态流）和 s′ 部分之间，下游桨叶（稳态流）和 s″ 部分之间，通过伯努利定理，得到：

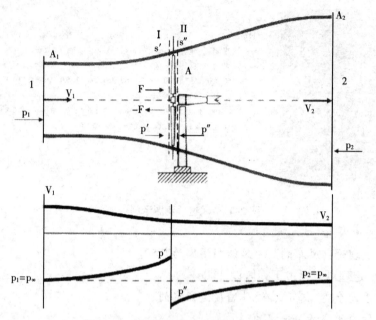

图 2-16 风力发电机中的流管、速度和压力

$$p_1 + \frac{1}{2}\rho V_1^2 = p' + \frac{1}{2}\rho V^2 \tag{2-6}$$

$$p_2 + \frac{1}{2}\rho V_2^2 = p'' + \frac{1}{2}\rho V^2 \tag{2-7}$$

公式（2-6）减去公式（2-7），得到：

$$\frac{1}{2}\rho \cdot (V_1^2 - V_2^2) = p' - p'' \tag{2-8}$$

将公式（2-8）代入公式（2-5），得到：

$$F = \rho \cdot A \cdot V \cdot (V_1 - V_2) = \frac{1}{2}\rho \cdot A \cdot (V_1^2 - V_2^2) \tag{2-9}$$

可以很容易得到 V 的表达式，流体通过上下游桨叶的平均速度：

$$V = \frac{1}{2} \cdot (V_1 + V_2) \tag{2-10}$$

为了证明贝茨理论，重新回到公式（2-9），桨叶功率的表达式为：

$$P = F \cdot V = \frac{1}{2}\rho \cdot A \cdot V \cdot (V_1^2 - V_2^2) \tag{2-11}$$

沿着流管，流体速度减少。用 ε 表示速度减少百分比（与上游桨叶的稳态流体速度比较），根据 V_1，可以得到 V_1 和 V_2 的表达式：

$$V = V_1 - V_2 \quad \varepsilon = V_1 \cdot (1 - \varepsilon) \tag{2-12}$$

$V_2 = V - V_1 \quad \varepsilon = V_1 \cdot (1 - 2\varepsilon)$ (2-13)

将公式（2-12）和公式（2-13）代入公式（2-11），得到：

$P = 2 \cdot \rho \cdot A \cdot V_1^3 \cdot \varepsilon \cdot (1 - \varepsilon)^2$ (2-14)

图 2-17 表示速度减少率 ε 所对应的可用功率。公式（2-14）对 ε 求导，并使该导数等于 0，得到最小和最大可用功率所对应的 ε 值。

$\dfrac{\delta P}{\delta \varepsilon} = 2 \cdot \rho \cdot A \cdot V_1^3 \cdot (1 - \varepsilon) \cdot (1 - 3\varepsilon)$ (2-15)

导数等于 0 时，得到：

$1 - \varepsilon = 0 \Rightarrow \varepsilon = 1$ (2-16)

$1 - 3\varepsilon = 0 \Rightarrow \varepsilon = \dfrac{1}{3}$ (2-17)

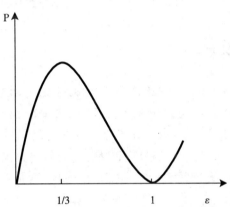

图 2-17　速度减少率 ε 所对应的可用功率

如图 2-17 所示，当 $\varepsilon = 1$ 时，可用功率为最小值（$P = 0$）；而当 $\varepsilon = 1/3$ 时，可用功率为最大值。$\varepsilon = 1$ 或 $\varepsilon = 0$ 时公式（2-14）等于 0。如果将 $\varepsilon = 0$ 代入公式（2-12）和公式（2-13），则得到：

$V = V_1 = V_2$ (2-18)

速度不变，因此空气动能保持不变：在这种情况下，由于气流与螺旋桨叶之间没有能量交换，可用功率为零。相反，如果将 $\varepsilon = 1$ 代入公式（2-12）和公式（2-13），则得到：

$V_2 = 0$ (2-19)

这意味着，在这种情况下，由于流量为零，可用功率为零。

公式（2-14）中，假设 $\varepsilon = 1/3$ 时，得到可用功率的最大值，该值代表贝茨理论的极限值。

$P = \dfrac{1}{2} \cdot \rho \cdot A \cdot V_1^3 \cdot \dfrac{16}{27} = 0.59 \cdot \left(\dfrac{1}{2} \cdot \rho \cdot A \cdot V_1^3 \right)$ (2-20)

这表明，风车可以从风中得到的最大功率为风能的 59%。

公式（2-20）表明，风的功率与风速、空气密度和扫掠面积（对于横向轴风力涡轮机 HAWT，扫掠面积为叶片旋转扫过转子的圆形面积）成正比。由于空气密度低（1.25 kg/m³），风的功率密度比水的功率（1.000 kg/m³）小得多。如果转子叶片的直径增加一倍，功率会增加四倍。如果风速增加一倍，功率会增加八倍。

风能是一种间歇性能源，由于时空的不确定性，即使其现象在一定的统计范围内，风能在时间上的可用性也非常多变。因此，下列定义适用于：

● 最大可用能源：59%的能量实际包含附带的入射气流。

● 实际可用能源：风力资源伴随着气象，与当地和全球气候有关。

● 可获得能源：使用最大效率的风力机可获得的最大能源。

● 实际可获得能源：使用最大效率的风力机实际获得的能源。

2.3.4 生物质能

生物质是指以非化石形态存在的每一个有机物质，无论是植物还是动物。生物质能是人类所知道的最古老的能源。通过在化学键中储存太阳能，它也代表了大自然中最复杂的能量储存形式。事实上，通过光合作用，植物在其生长过程中，利用所含的叶绿素，将水和二氧化碳转化为有机物，也就是说，植物利用太阳能来创造主要由碳、氧、氢元素组成的长化学链。然而，只有太阳光谱的一部分（45%）参与光合作用，而且这其中的20%还会由于反射或吸收差等现象而消失。因此，这个过程的产量很低［在 0.1%（世界平均值）至 1%（农作物）之间］；然而，由于地球上生物质的大量存在，能量值还是相当大的。实际上，通过这种方式，每年约有 $2×10^{11}$ 吨的碳元素被"固定"，并且 120 亿吨生物质所产生的能量含量为 $70×10^9$ 吨油当量，其分布情况如下：

● 50%在水中；

● 35%在森林中；

● 10%在草原中；

● 5%在农田中。

考虑到在地球上的分布，生物质能是最常见的可再生能源，也是太阳能的主要储蓄器。虽然化合物的真实比例在物种间有很大差异，但生物质平均是由 75%的碳水化合物或糖类和25%的木质素组成。

自古以来，来源于光合作用——直接（植物）或间接（动物）——的有机物残留被用于生热和生产固体、液体和气体燃料。生物质能代表了最复杂的太阳能储存形式，因此是可再生的一次能源。

木材作为一种能源，属于生物质中最一般的种类。与其他非商业能源一样，木材很难确定其市场价值，并且无法进行官方能源统计。一个主要原因是其能源特点，尤其是根据湿度、木材品种和产地的不同，木材的热值差异很大。[5] 另外，木材的运输成本也阻碍了其大规模的贸易发展。[6] 每个国家对木材能源的依赖程度都不同，工业化国家平均低于3%，发展中国家高于40%（最高达70%）。

评估木材资源的利用机会和能源目的，必须视情况而定，恢复所砍伐的森林木材需要很长时间。事实上，每个人都知道森林砍伐和随后的荒漠化问题，这将成为重大的全球问题。然而，人类将荒漠化问题归结于过度砍伐，却很少归结于能源需求。由于砍伐也是一种"维修"形式，有助于植物的再生和成长。因此，细化所砍伐的植物种类，从砍伐木材中除去矮林，只要砍伐不过度，甚至还有利于木材。

对于生物质而言，精确定量其可用性和能源消耗目的是非常困难的。例如，不可能精确详细地估算农村地区（尤其是发展中国家）的直接能源消耗量和工业废料的燃料量。

生物质还可以来源于食品行业的残留农作物，以及全部或部分用于能源生产（甘蔗、富含淀粉植物等）的农作物（也叫能源作物）。大量的有机物还可以从人工植被（木质材料）和农场的畜牧废料中获得。

在生物质能源利用的欧洲框架中，尽管在处理上具有高潜力，意大利仍处于稀缺的发展状况。事实上，意大利每年可用的残留生物质（木材、农业或农产品工业残余、城市垃圾和畜牧业废料）可达近6600万吨干物质，相当于2700万吨油当量。

通过适当的重新造林和森林维护计划，新生物质能每年有近200万吨油当量可用。由于生产量低，无法耕种的土地超过200万公顷，除了现有的森林，通过开发这部分土地，可以获取新的森林资源。另外，种植矮林和庄稼也可用于能源利用。遵循欧盟颁布的有关剩余农产品问题的指令，恢复目前荒废的25万公顷土地：这些土地用于种植能源作物——确实极其有限——应该扩展到3500~5000公顷用于短周期栽培，但潜在的土地面积近100万公顷。

根据生物质的原产地、化学成分（特别是碳氮比例）和湿度，生物质能的利用方式各有不同。

生物质可以被直接燃烧获得热能，或者转化为各种类型的燃料（生物气体或生物燃料），以提高他们的质量和可用性，但会降低其能量含量水平，尤其在转化过程是为了生产低或中等热值的甲烷气化合物或其他燃料物质（如甲醇、乙醇、其他碳物质等）时。

关于从人类垃圾中生产燃料的可能性，必须考虑到从城市固体废物（MSW）

中增强能量的潜在利益，城市固体废物中的一部分是由有机物组成的物质，因此也可以被视为生物质。

2.3.4.1 概述

每一个可再生的有机物生物质都是不可或缺的生命。这意味着，生物质是"燃料"的生命，是能量和物质的来源。

在实际生活中，有机物质（碳化合物）可以"直接"被生物使用，作为自身能量和营养的来源（例如食物），或"间接"作为外部能量或物质的来源（服装、家具、建筑、化工等）。

因此，食物、生物质和可再生物质是紧密相连的。从这些初步定义上看，可以理解能源农场和生物炼油厂的有用性：即通过生物质进行从食品到能源和从化工产品到能源的一体化综合型生产。

生物质能一直是人类的第一"燃料"（尤其是在非洲国家）。目前生物质能源占全球一次能源供应（约 13200 百万吨油当量）的比例约为 11%（约 1200 百万吨油当量）。

在世界范围内，生物质能源是第四大一次能源（在石油、煤炭和天然气之后），虽然在工业化国家，它只占总能源的 3%，但在发展中国家，它却占 35%，是许多发展中国家的主要能源。事实上，生物质能源已经从传统非商业化的使用模式发展为现代化的使用模式（产生高效高值的能源载体，如电力、生物燃料，并且在食品行业或可再生物质领域进行一体化经营）。这种能源使用模式的转变以及生物质能源使用量的增加，是由于上一章所提到的可再生能源的发展趋势，以及生物质能源尚未充分开发所具有的潜力。因此，在理论潜力和技术经济潜力方面（考虑到实际的技术和成本），有时会高于实际的能源消耗。

总之，生物质能源是一种可利用的主要能源：挑战在于其可持续性利用，而不在于其可用性。

与其他能源相同，生物质能源的使用取决于生产使用系统的全球分析。不同于其他可再生能源，生物质能是一种燃料（而不是直接转换的能源，如太阳能、风能、水力发电和地热能），它受到传统的能源链及其相关影响，为我们的日常生活提供一种"自然"资源。

目前的能源链是消耗不可再生资源，同时释放有害物质，产生废物，造成当地和全球污染。

只有通过使用可再生能源，实现能源循环利用，才能进行长期发展。通过这种方式，能源部门将主要目标转移为封闭循环，实现环境"零污染"。

针对生物质能源，能源链中的第一环节"提取和处理"被取代为"种植、收获和处理"。

因此，整个能源链包括以下步骤：

● 生产（种植、收获和处理）；

● 运输；

● 转换（相关的初始和最终处理）；

● 分配；

● 最终使用。

不同于其他可再生能源，生物质（由大量的可再生多碳化合物组成）可以通过多个转换流程，获得各种产品和副产品。如图 2-18 所示，生物质以链状形式可分为：

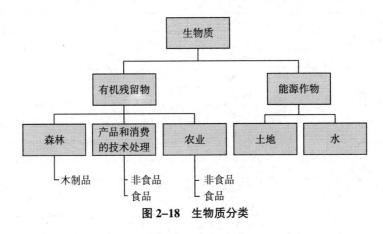

图 2-18　生物质分类

● 能源作物：在肥沃的土地或水里种植专门用作能源生产的作物；

● 有机残留物：来自林地、公园、人类或动物栽培、工业（食品、木材、纺织品等）或者城市固体废物（MSW）。

能源作物从属于整个生物质能源链的各个环节，而有机残留物如果不需要运输，只在原地利用，则只包括最后三个环节（转换、分配和最终使用）。

生物质按性质可分为：

● 木质草本植物和乔本植物，如芒属植物、杨属植物等；

● 糖，如甘蔗、甜菜等；

● 淀粉，如玉米、小麦等；

● 植物油，如葵花、油菜、大豆和棕榈等；

● 水分，如肥料、水生植物等；

● 其他。

2.3.4.2　资源评估

生物质具有多种属性，每种属性都存在一个变化范围（因不同国家、土地、季节和管理等因素表现出差异）。为了利用生物质能进行能源生产，表2-2中所示的所有属性都需要考虑。由于生物质类型范围广泛，属性数值仅供参考（表2-2主要是指庄稼和蔬菜残留物，是最常用的生物质）。

表 2-2　生物质属性

属　性	范　围
常规分析	
含水量（湿度）(%)	10~70
热值[a]	2~40 兆焦/千克（从湿生物质到稠油）
挥发性物质	30~80
固定碳	15~30
含灰量	1~10
元素分析（按重量）	
纤维素	30~50
木质素 (%)	20~40
半纤维素（多糖）(%)	5~30
碳 (%)	40~50
氧 (%)	38~43
氢 (%)	5~7
碱金属和无机元素 (%)	1~15
毛体积（密度）	1~50 立方米/吨（可燃基）
栽培时间	6~24 月
产量（潜在年生产力）	1~100（干物质吨[b]/公顷）/年
栽培特点	取决于气候、土地、水、农药和化肥需求
生产成本	负（废料）
运输成本	运输距离和能量密度函数（0~1 兆焦/公里）
供应情况	取决于当地情况

注：a. 干燥无灰基（可燃基）；
　　b. 干物质吨。

前两类分析（常规分析和元素分析）和毛体积表明了生物质的化学和物理属性。水含量和纤维素/木质素比例，是生化转化过程中所关注的属性，而湿度、固定碳含量、含灰量、碱含量和热值，是热化学转化过程中所关注的属性。毛体积与运输和输送系统相关（连同摩擦性和其他特殊属性）。

栽培时间和产量需求是农作物的一般属性。能源产量（产量和繁殖）是主要关注的属性。

生产和运输成本是主要的经济属性。由于生物质的需求量大（生物质具有低能量密度），具有多变性，其供应情况最为重要。

由于生物质是一种具有大量属性品种的燃料，需要对其所有相关的参数变化进行分析。因此，生物质能源的利用意味着需要对以下几方面进行悉心研究：

● 地域和生物质的属性、特征；

● 发电厂的安置地点（不在远离生物质产地的地点）；

● 供给可靠性、转化技术等。

2.3.5　地热能

地热能（单词来源于希腊语"地球 ge"和"热 thermòs"，意为"地球的热"）是一种地球内部以"热力"形式存在的能源。

这种热能的来源与地球的内在本质有关，是内部发生的物理过程。

虽然这种热能的数量巨大，几乎取之不尽，但却非常分散，很少集中在一起。

内部热量定期向地球表面消散：地热能的存在可以通过岩石温度所感知，随着深度的增加，岩石的温度也逐步增加。地热梯度，平均每 100 米增加 3℃，即每千米增加 30℃。

地热能表明地壳内部存在着可利用的部分自然热能。事实上，根据温度随深度增加而增加，地球的下层土（底土）可以显示地心热核的热梯度，但由于大部分是天然放射性现象，只在局部产生热能。主要的放射性元素包括铀 235、铀 238、钍 232 和钾 40。

在地球内部很深的地方存在大量内生热，目前的技术还无法将其开发为能源。然而，地球表面也存在热能高度集中的区域（高热区）。在地壳深层，热量以火山、间歇泉、温泉等形式集中，即所谓的地热系统。它们是受天然放射性的影响，而不是梯度。

2.3.5.1　概述

水热系统是目前唯一在工业上使用的地热能系统。它由包含热流体（水或水蒸气）的透水岩石组成，即含水层，与不透水岩层相分隔。

含水层是天然水库，是大气水进入岩石层所形成——来源于大气降水。热流的形成是由于地球内部同位素的自然衰变，盆地中的放射性物质发射出粒子，在周围区域减慢速度，将动能转换为热能。

形成水热系统的一些必要条件（但并非充分条件）包括：距离地球表面不太深且温度适合的热源（至少 600℃）；可形成含水层的透水岩层和不透水岩层；在底土中可不断更新大气水。在一般情况下，当温度升高，压力增加，水变成蒸汽，可以保持底土中大气水的不断更新，因此，通过自然或人工竖井可以加速这个过程。在这一过程中，其他的大气水又通过地面渗透进入岩层空隙，进行循

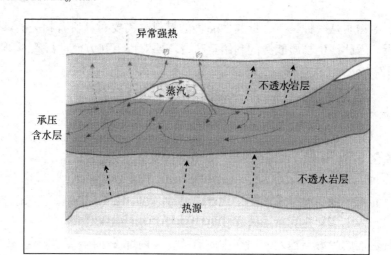

图 2–19　水热系统概述图

环。含水层上部的不透水岩层，保证了一个稳定的压力，减少热流涌向地表。

根据地质学和热力学，内生流体可以以三种形态出现在竖井出口：液体、饱和蒸汽（低焓值）或过热蒸汽（高焓值）。如果是大量蒸汽的情况，水热系统是以蒸汽为主的系统，如果是液体和少量蒸汽的情况，水热系统则是以水为主的系统。

所有的含水层都是由不同比例的不凝矿物质和气体（主要是二氧化碳）组成。

目前，尽管已经有一些应用系统开始使用饱和蒸汽和热水，但地热能所产生的大部分电能还是基于高焓值能源。

非水热系统以干热岩和岩浆系统为代表。

干热岩分布于地壳的高温地区，由于没有含水层，因此缺乏一个输送热量到地表的载体。为了利用地热能，需要通过人工压裂，强制内生流体循环。

岩浆系统是由高温熔融的岩石（岩浆）形成的，在能量提取方面具有很大困难；即使最近已经提出创新的能源系统，开发岩浆的可能性还是比较遥远。

利用地热能的缺点主要是：地热资源的发现和稳定具有不确定性以及高额的开采成本。

随着开采困难的不断加剧，确定开采区和钻井都需要巨额投资。地热能源在可以使用前，来自于底土中的流体必须经过处理，因为它包含了气体、矿物质和溶解水（在以蒸汽为主的系统中），这些流体对于植物生长和人体健康是有害的。

2.3.5.2　资源评估

地热能源集中分布于地球构造板块边界处，由于浅层断裂，这些地区的温度梯度较高，在传统上被称为"火山带"。

1904 年，在意大利拉德莱罗（托斯卡纳区）首次进行了地热的工业开采实验。1913 年，在同一地区，世界上第一个地热发电站（功率为 250 千瓦）成立。

由于"地热能"来自于希腊单词 gea（地球）和 thermos（热），因此，地热能源通常被定义为储存在地球内部的热量。这些热量来源于地球内部的熔岩和放射性物质的衰变，其能量值在理论潜力上大于太阳能（每年的太阳辐射）。事实上，尽管地热能的实际使用量为 2×10^9 吉焦，但其理论潜力总量远远高于世界能源消耗 100000 倍以上，并且其技术潜力总量（约 5×10^{12} 吉焦）也高于世界能源消耗（约 45×10^9 吉焦）。然而，与其他可再生能源（太阳能、风能）一样，地热能的分布范围广泛。因此，地热能源利用的技术能力将决定其未来的发展。

如图 2-20 所示，地球内部有四个圈层，每层都有不同的组成成分、功能和温度。

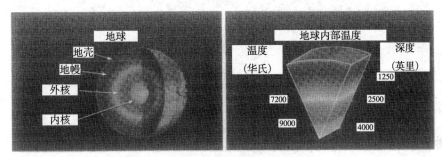

图 2-20　地球内部圈层结构及相关温度

地壳是地球的最外层，由大陆地壳和大洋地壳组成。大洋地壳厚度为 3~8 千米，大陆地壳厚度为 25~55 千米。

热量从地球内部向地表消散，导致地球深度每增加 100 米，温度增加近 3℃，因此，由于地壳上下温差太小，无法产生足够的能量。然而，地壳断裂形成板块，在这些板块的边缘地带，有岩浆接近地表。因此，在构造板块之间发生碰撞，引发火山活动的地区，地热能源比较丰富。图 2-21 显示了地球板块边界和地热发电站的位置。例如，环太平洋地区（火环）是利用地热活动的集中区域，因为这个地区的构造板块之间经常发生碰撞。

即使大多数地热储层深埋于地下，在地面上没有明显的线索指示，但地热能源还是有可能以火山、火山喷气孔（释放火山气体和蒸汽的洞口）、温泉、间歇泉的形式被发现，如图 2-22 所示。

当岩浆接近地表时，它将多孔岩石中的地下水或岩石断层表面流经的水，进行加热。这些热液具有两种常见成分：水和热量。因此，高温水（300℃）也可以作为能源使用。大面积水热资源被称为地热储层。因此，地热能源的四种类型

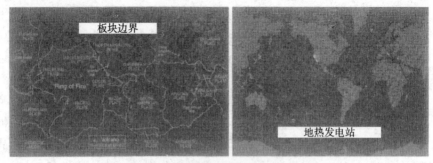

图 2-21　地球板块边界和地热发电站

图 2-22　地热现象

通常是：

● 水热：中等深度（0.1~4.5 千米）的热水和蒸汽；

● 地压：深度 3~6 千米，在高压下，含有溶解甲烷的热水含水层；

● 干热岩：异常炎热的地质构造，很少或没有水；

● 岩浆：温度在 700~1200℃的熔融岩石。

目前，只有水热资源被用于商业规模发电并成为直接热源。这四种类型的地热能源都位于特定区域，必须应用于地球稳定的地面上或接近地表温度的水里。因此，可以利用地核相对恒定的温度进行加热和冷却。而且，这种能源是无处不在的。

由于一些可再生能源只能在有利的天气条件下运行，它们往往被认为在满足 21 世纪迫在眉睫的大规模电力需求方面的能力有限。然而，地热能源有潜力提供可靠的电力资源，同时排气污染程度也比化石燃料明显降低，并且避免了放射性废物的处置问题。地热能依赖于一个现成的恒定热源，因此被认为是基本负荷能源。基本负荷能源能有效地在一个相对稳定的水平上进行发电，不受气候条件或其他因素变化的影响。能源运转因数（可利用率）的测量是用发电厂发电的时间除以总时间，通常给定总时间为 1 年。地热能源的运转因数为 95%，这意味着基于十几年发电厂运营商的观测数据，在任何给定时间内，地热发电厂 95% 的地热能源都可用于发电。运转因数测量的是一个发电厂的潜在使用价值，而容量因数（实际利用率）测量的是设备的实际使用时间。根据地热系统的类型，地热发电厂的容量因数范围在 89%~97% 之间。

2.3.6 其他能源

2.3.6.1 人类和动物能源

自史前时代以来，为了满足个人和群体社会的需求，人类已经学会了如何使用动物能源和人类能源。直到现在，在许多发展中国家，这种能源仍然是最常见和普遍的能源，因为它常常是这些国家中唯一的一种使用简单方便的能源。

不同于其他能源，动物能源的大小根据动物种类及其提供能源的持续时间而不同，因此，它更适合参考可用功率。图 2-23 显示了不同动物体重所对应的功率值。

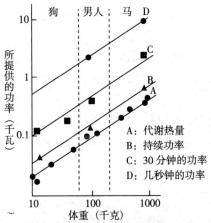

图 2-23　不同生物的体重和所提供的总功率

对人类和动物能源的分析并不是本文的研究目的，然而，它必须被加以考虑，不仅是因为一些国家目前仍然在大量使用动物能源，还因为这种能源可以作为任何能源系统的对比基础。

2.3.6.2 海洋热能转换

海洋热能转换（OTEC）是利用储存在海洋中的热量进行发电的技术。为了让海洋热能转换装置产生适量的能量，它必须安装在热水和冷水之间温差近 20℃ 的地方。符合这些条件的地区为位于南回归线和北回归线之间的热带沿海地区。

2.3.6.3 潮汐能

地球水圈的周期现象，来自月亮和太阳对水体的引力。潮程是指相邻高潮位和低潮位之间的潮汐变化距离（潮间带高度）。

　　根据月亮和太阳的位置，满月和新月时期的高潮位更高，叫做大潮，而上弦月和下弦月时期的低潮位更低，叫做小潮。根据潮汐通道中海洋和海洋盆地的大小和几何形状，潮汐流的流量和速度可以达到显著水平。安装在水中的验潮仪是为了测量和记录潮差（潮汐涨落范围）。

　　能量可以来自于水体有规律的涨潮落潮。建设潮汐发电站，必须利用人造大坝将流向大海的河口堵住。能源技术主要利用潮程（高潮位和低潮位的范围）。足够的潮程，例如，法国北部圣马洛，高潮位和低潮位之间的差异是 12~13 米。

　　但是，潮汐发电站也有缺点，随着潮汐的规律，它们的最高产量每日均会发生变化。很少有适合潮汐发电站的最优条件，除了圣马洛，在俄罗斯白海、苏格兰、中国地区的河岸也有小型潮汐发电设备。

2.3.6.4　波浪能

波浪能可以用不同的方式进行发电，主要有以下几点：

● 波浪涌进一个特定室，水位增加，压缩室内空气，驱动汽轮机。同理，波浪退回，水位下降，也可以驱动汽轮机。

● 波浪的垂直运动使浮体式活塞发生移动。

● 通过隧道采集波浪，使其升高几米后降落在汽轮机上。

2.3.6.5　海洋洋流

海洋洋流的动能可以成功被利用。Q 代表体积流量（m^3/s），ρ 代表海水密度（kg/m^3），A 代表过流断面的面积（m^2），V 代表流速（m/s），因此，可用功率（W）为：

$$P=\frac{1}{2}\rho \cdot Q \cdot V^2 = \frac{1}{2}A \cdot \rho \cdot V^3 \tag{2-21}$$

对于单位面积（A = 1m^2），假设海水密度 ρ = 1.000kg/m^3，公式（2-21）则变为：

$$P=500 \cdot V^3 \tag{2-22}$$

从经济角度考虑，如果可用功率不低于 500W/m^2，海洋洋流能源就可以被利用。因此，公式（2-22）显示了符合该条件的最低流速为 1m/s。

2.3.7　可再生能源的现代应用

　　目前使用的可再生能源大约占世界能源消耗的 10%，但可再生能源的理论和技术潜力是非常巨大的，主要是太阳能和地热能（详见表 2-3）。事实上，地球能量平衡 [7] 中，只有约 0.02% 的能量不是来自太阳能，而是来自地热能、重力能和核能。另外，太阳能的间接（风能、水力发电、生物质能、波浪能）技术潜力大约占太阳能的直接技术潜力的 1/2 或 1/3（取决于个人评估）。地热能的理论潜力来源于地球的内部熔融和放射性物质的衰变：其数量大于太阳能的理论潜力（年太阳辐射量）。总之，不仅可再生能源的总理论潜力是世界能源消耗的100000 倍（地热能为 100000 倍，太阳能为 10000 倍，其余能源约为 10 倍），[8]而且其总技术潜力也是世界能源消耗的 20 倍。因此，可再生能源的发展主要取决于技术能力和成本，而不是可用性。考虑到可再生能源的巨大开发潜力、预期产能、能源效率，以及经济、社会和环境影响，其发展远景十分可观。

表 2-3　可再生能源潜力（EJ/年）

能　源	目前应用	比例（%）	技术潜力	比例（%）	理论潜力	比例（%）
生物质能	48.3	79.3103	276	3.6600	2900	0.0002
水能	10.0	16.4204	50	0.6630	147	0.0001
太阳能	0.2	0.3284	1575	20.8858	3900000	2.7100
风能	0.3	0.4926	640	8.4869	6000	0.0042
地热能	2.1	3.4483	5000	66.3042	140000000	97.2837
总量	60.9	100.0000	7541	100.0000	143909047	100.0000

对于大型水力发电站和地热发电站，如果很难预期其技术改进，那么未来只会大量建设太阳能热发电站（事实上，在一些试点工程项目上已经开始投入运营太阳能热发电站，但并未用于商业发电）。对于小型水力发电站、风能和光伏发电站，可以预期其效率提升（成本分别降低 10% 和 50%）。对于生物能源系统，可预期到其年运营时间的增加（例如，从 5000 小时增加到 7000 小时）。

2.4　不可再生能源

能源在世界贸易中具有根深蒂固的地位，是构成经济关系平衡的基础。不同国家之间的能源贸易，通常是指传统（商业）能源——主要是不可再生能源。这些能源可实际应用，价格水平长期可预测，运营过程（发现、运输、使用、处置残留物或废物）中会对环境产生影响，这些特点都成为能源可持续性发展在政治、社会经济和环境方面所面临的关键问题。

能源的可用性取决于物理、技术、经济金融、地缘政治等因素。一旦确定开采某一能源储区或使用某种一次能源，就必须要有适合的技术设备，尽可能以最低成本开采该能源；随后，一次能源必须进行最终处理，转换或转化为适当的能源载体，最后输送给最终用户。以上所有环节都需要技术、投资和组织。

"能源问题"在 20 世纪 70 年代初期崭露头角，主要是作为国际政治问题：它成为石油消费国（主要是发达国家）和石油出口国（主要是发展中国家，大部分位于中东地区）之间薄弱的商务链。

客观的物理因素影响传统能源的可用性，特别是化石能源。作为"不可再生"能源，这些能源注定要耗尽，因为它们补给再生所需的时间（甚至数百万年）远远高于其数十年或数百年的消耗时间。

另外，可用性也取决于资源开采是否物有所值。通常，一些"可用资源"没有被使用的原因就是它们的市场和贸易不符合成本效益：一些能源储区年代久远却仍未被开发，就是因为其开采成本和运输费用太高。因此，根据市场价格和技术能力，明确定义了经济开采储量和潜在开采储量的区别。

除了能源开采的额外成本，也必须要考虑现有的技术和环境限制。事实上，环境影响是传统能源使用的一个关键因素。

煤炭就是一个典型的例子：在从能源生产到使用的全过程中，它造成了各种形式的污染。因此，无论地下或露天的采矿活动，都会造成不同类型的环境污染，并且还涉及安全、工人健康等其他问题。另一方面，产量较高的露天采矿往往对周围生态环境造成了破坏性的影响，导致社会、农业、水文和经济结构的不可持续发展。最后，运输、燃烧和灰尘处理也是必须要考虑的问题。

一般来说，每一种商业能源都与环境影响密切相关，或多或少具有关键性和危险性。

2.4.1 煤

2.4.1.1 定义与结构

煤，或者说硬煤，是固体矿物质，从能量观点来看，代表了最重要和最丰富的天然固体燃料种类。

传统上，煤分为四类：

- 泥炭；
- 褐煤；
- 烟煤；
- 无烟煤。

这其中，只有烟煤和无烟煤是严格意义上的煤。根据以上对煤的细分，表 2-4 显示了四种类型煤的主要特性及数据。

表2-4 不同类型煤的主要特点

	湿度（%）	含灰度（%）	高热值（千卡/千克）ᵃ	挥发性物质（%）
泥炭	—	—	5500	
褐煤	20~35	15~30	7200	—
烟煤	5~15	10~20	7200	12
无烟煤	5~8	10~35	7700	12

注：a. 热值是指纯燃料，不含灰尘和水分。

这些数值可以反映煤的不同类别，但并非严格区分。

煤的结构特点是由各种分子质量不同的片状大分子组成。[9]

每个大分子中有两部分可被识别：芳香环的凝结核，其大小表示碳化程度，[10]还有外围区域，由不同类型的官能团组成，具有分子本身的特征。

碳的总百分比取决于转换实现的程度，比例从55%到95%（干物质）；而游离部分（芳香核）的比例从20%到90%。

2.4.1.2 煤的成因

目前，尽管已经确定不同类型的煤都是来源于植物沉积，但化石燃料的形成过程仍在研究分析中。事实上，可以确定从古生代[11]开始，大量有机物，主要是植物，在潮湿环境中积累下来，产生碳富集（碳化）过程。这也证明了在较少进化的煤层中为何会发现有机植物残留。[12]

为了阐明煤的成因，需要分析具有直接影响的一些主要因素，其中包括植物转化类型、地质环境和物理化学现象。

古植物学对于硬煤进行了研究，其结果表明在石炭纪时代经历石化的植物组合的生物性质，与现在生长在沼泽和泻湖（位于赤道地区热湿气候）中的自然植物非常相似。温带气候地区的主要煤炭盆地几乎都源于热带地区，因为在古生代时期，地球表面的板块发生了一系列下降，[13]造成了现在煤炭盆地分布的位置。

煤炭矿床通常是多层次、多缝隙的结构，[14]每一层具有相同或逐渐增加的厚度，岩石和煤层通常交替沉积（石灰岩、砂岩等），有些煤床的产地位于海底。此外，可以观察到不同煤层具有明显的相似性：这可以推断出生长于沼泽地区或平原上的树木，由于当地的缓震，被海水定期淹没和覆盖，产生了有机植物沉淀。每一次的沉淀过程中都含有无机物，因此形成了硬煤和沉积岩相互交替沉积的矿床结构。这也解释了厚煤层[15]存在的原因，厚煤层代表了植物物质在后续阶段中的沉积结果。在后续阶段中，每一次都在已有物质的基础上进行沉积，这些物质具有相同性质，但有些已经转化为煤炭。

除了碳比例增长的迹象，煤层形成过程的顺序是：泥炭、褐煤、烟煤和无烟煤。事实上，在褐煤层下面从来没有发现过泥炭层，在烟煤和无烟煤层下面也从来没有发现过褐煤层。

有关煤形成的物理化学过程，虽然两者之间没有明确分离，但也可以区分为两个阶段。

有机物存在于酸性环境中（pH<7）；它们是由好氧细菌和真菌产生的，这些细菌消耗氧气并且仅在深度低于 40 厘米的土壤中存活。植物的分解速度很快，其主要化学反应包括氧化反应和水解反应；一部分碳被植物处理后排出（以二氧化碳和一氧化碳的形式），但大部分则保留在植物体内，与其他元素相比，碳比例增加。

随后，在较深的深度，在缺氧环境中，pH 值接近中性，厌氧菌参与转化过程。它们生存在没有氧气的环境中，对植物沉积物进行进一步的物质分解——比上一个过程的速度慢很多——通过化学反应，主要是还原反应和水解反应，形成腐殖酸 [16] 或腐殖质。

随着腐殖质逐渐下沉，适合真菌和细菌生存的环境消失，转化的第二阶段开始，这只是一种无机阶段，涉及时间、压力和温度因素。

时间因素只影响部分过程。例如，莫斯科附近发现的煤床有很高的转化程度，其时间可追溯到石炭纪时期，也就是说追溯到这一时期的煤具有最高的转化程度。在这一过程中，伴随着其他不利于碳化反应发生的条件。然而，一般在最古老的石炭纪地层中，给予相同的其他条件，可以比现在产生更丰富的碳。

负载过重产生的压力并不是碳化过程的一个特别相关的原因，最多也就是这种压力可能会对煤的孔隙率产生影响。板块构造运动产生的强大压力，被认为是煤变形过程中的直接影响。根据普遍观点，地球主要煤层的碳化过程是在中生代完成的，该时代地表构造板块开始漂移。

因此，温度是碳化过程中的关键因素。地球的热梯度，平均每 100 米深度增加近 3℃，高温岩浆侵入相邻煤层中的腐殖质（在石炭纪期间，这些腐殖质被大层沉积岩覆盖）可能达到的温度接近 200℃，足以保证煤的转化过程。

2.4.1.3 物理特性和技术优点

煤的化学成分和技术特性之间的关系相当复杂，因此，最好根据不同用途，描述燃料的特征。

最常见的评估项目包括热值测量、直接分析、加热后燃料反应分析和硫化分析。

热值测量主要通过使用量热计进行实验研究。测量计算是指低热值，因为燃料中都含有一定量的水分，[17] 称为燃料湿度；当燃料燃烧时，水分蒸发，产生一部分的热量。

湿度是直接分析的测量项目之一。其他测量项目还包括含灰量的评估，因此必须采用实验测定燃烧过程中的产量和熔点。挥发性物质和焦炭[18]也是测量项目之一，因为可以通过它们判断煤炭类型，并且可以作为能量使用。通过这些测试的结果，可以区分不同的矿物燃料。例如，针对特定的燃烧，挥发性物质含量高的煤是烟煤；否则，就是无烟煤。

煤的燃烧反应分析有助于判断煤是否完全燃烧，完全燃烧的煤，在充足氧气的情况下，剩下非可燃物质；而不完全燃烧的煤，温度升高后，发生膨胀，阻碍空气流通。这个现象可以通过适当的膨胀指数进行量化。最后，关于硫化分析，可以发现煤的有机化合物，或硫化物和硫酸盐。

2.4.1.4 组成和分类

在本节中，煤被细分为泥炭、褐煤、烟煤和无烟煤四大类，但这并不足以严格判定能源使用的可能性。

事实上，用于商业目的的分类，并没有任何的参考意义和严格标准。每一个煤炭生产国都会使用参数，来突出本国开采出的煤炭特征。但不管怎样，这些分类都首先基于挥发性物质含量，其次是热值。

1949 年，联合国欧洲经济委员会成立了一个特设委员会，专门负责起草煤炭的国际分类标准，设定煤炭的不同类型，而不论其产地。该项工作于 1956 年完成，根据这个分类，每一种煤具有一个三位数密代码，每个数字分别表示类、组、小组。

总的来说，通过挥发物含量确定了 10 种类别。若该值超过 33%，则以较高的热值作为判别标准。组和小组，数量分别为四个和六个，通过其他性能加以区分，例如，溶胀指数和凝聚力。[19]

煤炭的另一种重要分类由美国试验材料学会 ASTM[20]（ASTM d–388 规范）提出，煤炭被分为四类：

● 无烟煤；

● 烟煤；

● 亚烟煤；

● 褐煤。

同一类的煤又被分为不同的组，通过固定碳含量、[21]挥发性物质含量、[22]高热值和凝聚力表示其组别特征。

2.4.1.5 处理与利用

为了提高煤炭的收集、运输和燃烧效率，人们进行了许多研究。主要障碍是缺乏流动性，因此煤炭需要昂贵的交通基础设施，并且由于煤炭高速率的污染排放，也需要废气治理系统和提高经济责任。

最近几年，通过发展各种技术，尝试开发煤炭的特殊功能，使其具有石油和天然气的一些优点（去除煤炭坚固性和高污染燃烧这两种"负面"特征）：

● 粉碎：这是发达工业部门中广泛使用的技术。通过适合的风扇，将可以燃烧的煤粉注入蒸汽发生器。其存在的主要问题是：在运输和储存阶段，存货容易自燃并可能造成环境影响。

● 气化和液化：需要在煤炭里添加氢（通过蒸汽）——成为烃。为了在此操作中，有一个正面的经济平衡，从水中分离出氢所需的能量由煤炭本身提供。获得的合成气体（一氧化碳+氢气）可通过添加蒸汽，进一步得到更多的氢，使煤炭转换成碳氢化合物。

目前已经得到应用或正在研究的一些过程有：

● 碳化氢；

● 加氢；

● 提取；

● 费希尔—特罗普希法[23]；

● 煤—石油：石油和煤粉尘混合（全部在燃烧室）；

● 煤—水：水和煤颗粒的非均匀混合（不是全部在燃烧室：需要进一步的技术链，成本增加）。

2.4.1.6 储量和地理分布

矿物燃料中，由于确定的储量巨大，煤无疑在未来供应方面能够提供更多的保证，如表2-5所示。

表2-5 世界煤炭储量（2007年末，单位名称：万吨）

	无烟煤和烟煤	亚烟煤和褐煤	总 量	比例（%）
美国	112261	130460	242721	28.6
加拿大	3471	3107	6578	0.8
墨西哥	860	351	1211	0.1
北美地区总量	116592	133918	250510	29.6
巴西	—	7068	7068	0.8
哥伦比亚	6578	381	6959	0.8
委内瑞拉	479	—	479	0.1
其他	172	1598	1770	0.2
中美地区总量	7229	9047	16276	1.9
保加利亚	5	1991	1996	0.2
捷克	1673	2828	4501	0.5
德国	152	6556	6708	0.8
希腊	—	3900	3900	0.5
匈牙利	199	3103	3302	0.4

续表

	无烟煤和烟煤	次烟煤和褐煤	总 量	比例（%）
哈萨克斯坦	28170	3130	31300	3.7
波兰	6012	1490	7502	0.9
罗马尼亚	12	410	422	0.0
俄罗斯	49088	107922	157010	18.5
西班牙	200	330	530	0.1
土耳其	—	1814	1814	0.2
乌克兰	15351	18522	33873	4.0
英国	155	—	155	0.0
其他	1025	18208	19233	2.3
欧洲和欧亚大陆总量	102042	170204	272246	32.1
南非	48000		48000	5.7
津巴布韦	502	—	502	0.1
其他非洲国家	929	174	1103	0.1
中东	1386	—	1386	0.2
非洲和中东地区总量	50817	174	50991	6.0
澳大利亚	37100	39500	76600	9.0
中国	62200	52300	114500	13.5
印度	52240	4258	56498	6.7
印度尼西亚	1721	2607	4328	0.5
日本	355	—	355	0.0
新西兰	33	538	571	0.1
朝鲜	300	300	600	0.1
巴基斯坦	1	1981	1982	0.2
韩国	—	135	135	0.0
泰国	—	1354	1354	0.2
越南	150	—	150	0.0
其他亚太国家	155	276	431	0.1
亚太地区总量	154255	103249	257504	30.4
总量	430935	416592	847527	100

以目前的生产和消费速率，煤炭储量预计可确保供应 133 年（图 2-24）。然而，这种估计并不是完全详尽的，一方面因为煤炭的开采水平与其他商业能源紧密相连，主要是石油和天然气，其损耗预计将发生得更早；另一方面根据市场价格的变化，还有必要考虑煤炭在经济上可用储量的不确定性。

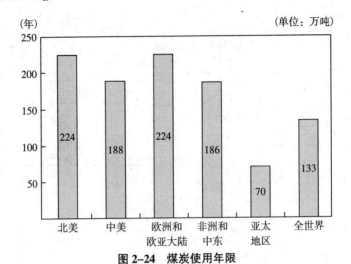

图 2-24　煤炭使用年限

从煤炭的世界储量分布，可以看出所有地缘政治地区的煤炭可用量，如图 2-25 所示，特别集中在北美（29.6%）、俄罗斯（18.5%）和中国（13.5%）。

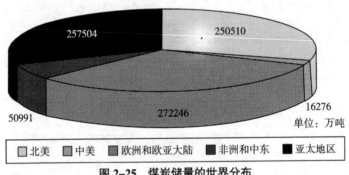

图 2-25　煤炭储量的世界分布

2.4.2　石油

2.4.2.1　定义与结构

"Petroleum"（石油）一词来源于拉丁语 "petra" 和 "oleum"，含义为 "石头的油"。在一般情况下，石油特指一种油质液体，具有可变密度，棕色并伴有黄色或黑色荧光，不溶于水。而其科学和技术含义，则泛指所有的天然混合物，主要由液体、气体或固体的碳氢化合物[24]组成；在这一含义中，油液（室温条件下）被称为燃料油，气体被称为天然气。

石油是目前全世界最常用的一次能源。其普遍性主要是由于它的能量密度比较高（平均 10000 千卡/千克，约 41860 千焦/千克）；物理化学稳定性比较好；燃烧所产生的固体残渣数量有限。另外，因为石油在正常环境条件下是液体，与输送同样热量的天然气（无形气体）和煤炭（固体）相比，石油的运输费用相对便宜。

石油的主要缺点是它已经在过去几十年间造成了永久的能源危机，因为石油在地缘政治上分布不平衡。而且石油是一种不可再生能源，燃烧会产生明显的空气污染。

在某些情况下，石油可以自发到达地表并因自然原因而起火，这就是史前人类了解到的石油存在的原因。公元前 3000 年，在美索不达米亚，已经使用沥青（如稠油和氧化油）作为照明燃料；或作为建筑行业的黏合剂，用于船舶船体的防水；或作为木材和皮革的保护剂；或用于医疗。也有史料记载，中国从公元 250 年开始，就通过人工井，开采地下石油。

现代石油工业的正式开始时间可以追溯到 1859 年，美国德拉克上校在宾夕法尼亚的油溪，以寻找石油为目的，执行钻井任务。

从形态学的角度看，石油的结构是由不同的碳氢化合物和其他有机物质混合而成的。不可能对石油的组成部分进行完全的分类，因为它们或多或少都超过了 1000 种。例如，美国石油学会（API）已经确定了 350 种不同类型的碳氢化合物，几乎所有都是液体。主要元素的重量百分比波动如下：

- 碳：83%~87%；
- 氢：11%~15%；
- 氧：0.05%~4%；
- 硫：0.05%~7%；
- 氮：0.05%~2%。

2.4.2.2 石油的成因

油田，即储层，是石油以一定数量集中在某一区域，其开采具有成本效益。石油的形成是一个非常缓慢的过程。一般来说，从原产地到储存地，往往相去甚远。在过去的几年里，特别是在地球化学的研究领域，取得了令人满意的进步，但由于形成过程的特殊复杂性和持续时间过于漫长，直到今天，也没有充分阐明石油的成因。

在过去，石油的成因归结于压力和温度对甲壳动物、软体动物和大型动物（海洋和陆地动物）的综合作用。然而，目前的假设则表明原始有机物来源于海里的微植物和微动物。石油的有机来源[25]是在一些客观因素的基础上确定的。例如，在富含碳和氢，特别适合产生石油的沉积岩中，可以观察到大量的有机物质；所有类型的石油都含有氮和专属于动植物的卟啉色素。事实上，从植物的叶绿素和动物的血红蛋白中可以提取出卟啉。而在沉积物中，氮与有机碳直接成比例。

动物和植物的微生物，一旦死了，连同小硅质、钙质、泥质碎屑颗粒等，会在水底聚集，由水道和风传播。这些沉积物会在特定的浅水域沉淀，例如，海湾、内海和泻湖，以泥盆地的形式沉淀。这些有机物生成的泥叫做腐泥。这是石油形成过程的理想环境条件的开始。

图 2-26 显示了这些理想环境的典型方案：它是一个泻湖盆地，与开放海域之间有一定的水流限制，导致了水的停滞与水浅层下的低浓度氧气，硫化氢（H_2S）就是水中碳酸无法流出的产物。在这种情况下，剩下的微生物大量存在于硫酸浅层中，积累在水底。

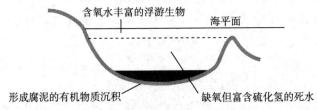

图 2-26　石油有机物质的沉积区域

在正常情况下，即水中存在溶解氧的有氧环境下，有机物被好氧细菌[26]侵蚀，同时氧化有机碳，使这些残留物以各种化学化合物的形式，重新回到海洋循环。但在无氧环境下，则是厌氧细菌的作用占优势，它们将有机物中的氧，通过发酵过程，主要产生二氧化碳和甲烷。

在类似于上面所说的其中一种环境中，通过特定的生化反应和一些物理因素影响，如温度和压力，将有机原料转化为构成石油的化合物，所谓的石油起源就产生了（图 2-27）。

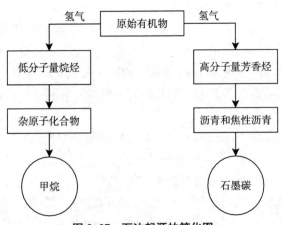

图 2-27　石油起源的简化图

另外，为了使环境条件保持不变，沉积的深度必须连续且定期沉降，抵消沉积物的供应。这样，在没有沉积间断的情况下，大量的有机物就会保存很长时间（几个地质时代）。

虽然水的深度有限（从几米到几百米），但由于下层流体的引力作用和沉积物的自重，使地壳发生缓慢渐进的沉降，连同风化物的有机物质得到积累，从而达到几千米的厚度。

沉积顺序也很重要，因为考虑到地球内生热所产生的地热梯度，随着深度越来越深，温度不断上升。温度和其持续时间的长久作用，是大多数有机物质进行化学转化的前提条件。

石油的形成是一个复杂过程，至今发展的许多理论仍尚未完全解释。目前最为详尽并得到认可的理论是由 Tissot 和 Welte 提出的。根据该理论，石油形成的过程分为四个阶段：

● 成岩作用；

● 退化；

● 世代交替；

● 变质。

图 2-28 显示了石油形成的前三个阶段中，沉积物的简化演变。

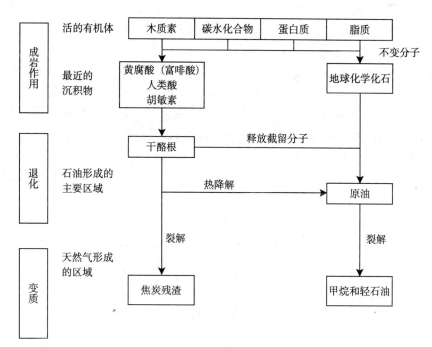

图 2-28 根据 Tissot 和 Welte 的理论，石油形成过程中有机物质的演变可能

成岩作用开始于盆地底部沉淀的有机沉积物和风化物。在第一阶段，沉积逐渐达到近1000米，温度约50℃的深度。存在一定比例的水，部分水在凝结后排出，由于上层负重的压力，连同水中的溶解盐黏固，将无机风化物转变为沉积岩。此外，好氧和厌氧细菌发生激烈的活动，其数量不足以分解（并由此中断）有机物质。但它们将生物大分子进行分离，也就是说，使有机物分子产生新的结构，使有机物质由小而简单的有机分子组成。除了给细菌提供营养，有机物质更倾向于它们之间的相互反应，结合成为新的大型分子，称为聚合物。在这些化合物中，具有最高浓度的高分子聚合物是干酪根。[27] 这是在石油形成的后续阶段中发生转换所产生的物质。

除了干酪根，代表有机化合物的主要衍生物形成的高分子量化合物被定义为地球化学化石，这是从植物和动物中吸收的沉积物所合成的。从时间角度来看，地球化学化石代表了烃演化产生的原始物质。因此，虽然作用轻微，但它们被视为石油形成的原因，因为石油的形成主要是归因于地壳深处干酪根的转化。

有时，盆地沉积物中的植物物质特别丰富，主要来源于陆生植物。这主要发生在被大量植被包围的湖盆附近，热带地区的沿海湿地等植被茂密生长的地方。在这种情况下，沉积层主要由植物物质形成，在成岩作用后，主要产生泥炭和褐煤，其中植物的原始结构仍然清晰可辨。

当进入退化阶段时，由于沉降，沉积物的厚度超过2000米，产生压强（从300巴上升至1000~1500巴）和温度（近150℃）的高数值。随着压力的影响，沉积岩的孔隙度和渗透率降低，水进一步排出，在剩余的部分盐度增加。在这一阶段，干酪根发生重大变化，并导致其分子的降解。

在这个阶段，影响干酪根发展和石油形成的因素主要包括温度和时间，两者代表干酪根的加热和转化过程。两种因素成比例相关，在某种意义上就说明，短时间高温度和长时间低温度具有相同的结果。在这个阶段，甲烷的发展也一样，母岩中产生石油，母岩就是包括原始有机化合物的岩石，一旦超过某一数量，就会喷射或穿透周围的岩石。这就是迁移的开始，将原油带入储层岩中，而真正油田只是其中的一部分。

世代交替是有机物演化的最后阶段，发生在深度达5~6千米，温度为150~200℃的地下。干酪根分子几乎失去所有的氧原子和氢原子，产生一定数量的沼气，而在这一阶段结束时，会产生可变为石墨的焦炭残渣。

在退化的前一阶段，温度的增加会影响部分石油的成分。事实上，热裂解，即利用高温破坏高分子量的石油分子，使其分解为更小和更轻的分子，形成轻石油和天然气（主要是甲烷）。

在高温下，一些矿物沉积物经历溶解和再结晶的过程。此外，针对碳氢化合物而言，化学反应中的催化作用促使其单独生成甲烷。

最后，变质作用决定有机沉积物的原始特性的丧失。碳氢化合物并没有参与这个阶段，而干酪根剩下的原始成分转化为石墨。

正如之前所提到的，温度是石油形成的指导因素，由于一些物理化学反应的温度需求，有机化合物转化为石油的过程只发生在温度接近 250℃~300℃ 的时候。相反，压力随着沉积层深度的增加而增加，主要作用于母岩和其迁移中测定排出的液体。在最后的分析中，典型的石油是由一系列与盐水混合的，包含液态和气态烃类的岩石形成（图 2-29）。

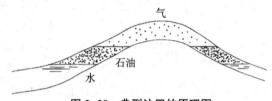

图 2-29 典型油田的原理图

石油被保存在母岩里，或由于压缩作用迁移到储层岩石中，这两种形式分别为原发性和继发性。在图 2-30 中，总结了石油离开母岩的迁移运动，箭头表示从母岩到相邻的透水岩，石油运移的方向，使其到达石油累积的储层岩石（油田），并且，在某些情况下，上升至地表。母岩具有不同的性质：泥质、钙质、硅质岩、碳质。浸渍岩一般为沉积的砂岩或沙。

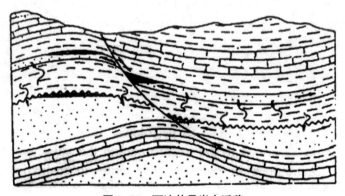

图 2-30 石油从母岩中迁移

石油的形成可以追溯到地质时代，按重要性顺序包括：新生代、古生代和中生代。[28] 只有几个底层的石油追溯到较近的时代，更准确地说，是在更新世时期。

2.4.2.3 石油的物理性质和技术优点

在大自然中，不可能找到两个提供相同化合物的原油油田。甚至有些时候在同一油井中开采的石油也会发生变化，因此，必须仔细评估每一种原油的特点，以确定适合的精制工艺。

从能量的观点来看，主要属性是低热值。对于石油，由于其成分的变化，人们的预期也不同，低热值具有一个小的变量范围（9600~10800 千卡/千克）；[29] 而高热值一般比低热值高出近 10%。石油的高能量密度是其作为主要能源广泛应用的原因。

另一个重要特点是密度，即单位体积的物质质量，这显然随温度的不同而不同。根据密度的定义，可以总结出炼油过程应遵循的首要原则：高密度原油，例如，含有较低含量汽油的石油，密度高，更有价值。此外，随着密度的增加，热值降低。

通常，相对密度是指石油质量与相同体积水质量之间的比，温度均在 60 华氏度（15.6 摄氏度）。[30]

有关石油密度的测定，普遍使用 API 度，根据不同的相对密度，API 度也不同，根据公式：

$$1°API = \frac{141.5}{相对密度} - 131.5$$

表 2-6 API 度的转换值

API 度	相对密度
0	1.076
10	1.000
15	0.966
20	0.934
25	0.904
30	0.876
35	0.850
40	0.825
45	0.802
50	0.780

表 2-6 显示了一些 API 度所对应的相对密度。

一般来说，石油的相对密度范围从 0.950 千克/立方分米到 0.750 千克/立方分米（17~57 API），其中最普遍的相对密度数值在 0.950~0.850（17~35 API）。

石油的其他特性包括黏度，黏度测定是开采过程所必要的环节。

为安全起见，石油在运输和储存过程中，重要的注意事项包括：闪点（即燃油加热所释放的可燃气体，与周围空气混合，可被火星点燃时的温度）和燃点（即燃油在空气中加热，与火源接触后开始并持续燃烧的最低温度）。如果原油运输需要穿越寒冷地区的燃油管道，还要考虑到凝点（倾点），即油品完全凝固且不再流动的最高温度。对于含有石蜡的石油，需要考虑的就不是凝点，而是石蜡开始凝固结晶的最高温度（浊点）。最后，原油中不同物质的沸点是分级蒸馏的参考温度。

2.4.2.4 石油的组成和分类

如前所述，石油是由许多碳氢化合物（液体、气体和固体）的混合物和溶液组成的，氧、硫和氮等有机化合物的含量则相对较少。由于石油复杂的组成成分，目前还没有任何系统的分类，因此需要测定碳氢化合物组成的各种原油类型。

碳氢化合物（烃类）的一种基本分类标准，是将碳氢化合物分为饱和烃（碳原子饱和单键）和不饱和烃（碳原子之间的双键和三键）。

第二种分类是在分子结构的基础上，将原油中的碳氢化合物（烃类）分为：

● 开链烃（脂肪族）：碳原子以开链结合；
● 环烃：碳原子形成闭合的碳环；
● 多环烃：包含多个链接的碳链。

针对这两种分类，主要的碳氢化合物（烃类）可分为三个系列：

● 石蜡族（链烷族），饱和开链烃；
● 环烷族，饱和环烃；
● 芳香族（或苯族），环烃、多环不饱和烃。

烃类中还有两个其他类别：烯烃和炔烃。它们都是开链不饱和烃，但在石油领域不太重要。

根据上述标准，表 2-7 显示了烃类的分类。

表 2-7 烃类的一般分类

	结构	族	根源	同系物
饱和烃	开链烃	石蜡（$C_n H_{2n+2}$）	甲烷（CH_4）	乙烷
				丙烷
				丁烷
				戊烷
	环烃	环烷（$C_n H_{2n}$）	环丙烷（三甲烯）（$C_3 H_6$）	环丁烷 环戊烷
不饱和烃	环烃和多环开链烃	芳香族和苯族（$C_n H_{2n-6}$）	苯（$C_6 H_6$）	甲苯
		烯烃、炔烃（$C_n H_{2n}$）	乙烯（$C_2 H_4$）	

通常，石油中同时含有以上三大系列的烃类，图2-31显示了石油组成的三元图。

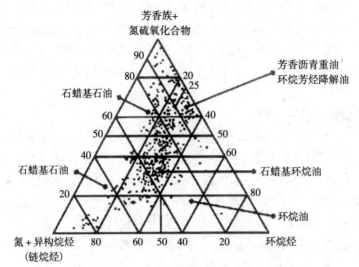

图2-31 石油组成的三元图

根据烃类的系列，石油可以分为烷烃、环烷烃、芳香烃和混合物。

石蜡基石油中含有大量溶解的固体石蜡（称为石油蜡）（高达10%）。石蜡基石油的油田大多位于美国（宾夕法尼亚、俄亥俄州、俄克拉荷马和得克萨斯）和欧洲（西班牙和罗马尼亚）。蒸馏后的残留物为浅色。

环烷基石油中含有很高比例的环戊烷（环烷族）和大量的沥青（因此称为沥青石油），但含有极少的固体石蜡（最高不超过1.5%）。环烷基石油大多分布于俄罗斯，部分在罗马尼亚和美国（加利福尼亚、墨西哥和美国南部），蒸馏后的残留物为深色。

芳香基石油中含有最大比例可达40%的芳香烃类，和低于5%的固体石蜡。蒸馏后的残留物为深色。这种石油主要分布于中东地区、日本和东南亚。

混合石油中没有占据主导地位的烃类族，虽然其主要成分为石蜡族和环烷族。

石油中的小物质，主要由氧、硫和氮元素构成。

石油中的氧元素，既有自由的氧离子，也有作为组成部分的几种有机化合物。此外，由于暴露在空气中，还会产生几种含氧物质。在一般情况下，含氧量随着石油比重增长。例如，在沥青中，它可能达到5%。

原油中的硫元素，既有自由的硫离子，也有作为组成部分的硫化氢和许多硫化的有机化合物。通常，具有低比重的原油，其硫含量也低。一般情况下，任何类型的石油硫含量都很少。硫含量超过0.5%就可被称为高硫原油。在沥青中，硫含量很高，甚至超过 10%。

所有类型石油中的氮元素，一般含量都低于 0.5%，最大为 2%。它以自由状态或有机化合物形式存在。在含氮物质中，尤其重要的是卟啉类化合物，不是因为它们的特征，而是因为它们间接证明了石油的有机起源理论。事实上，这些物质只来自于血红素和叶绿素。

石油的微观研究也表明，它可能包含不同的有机物质，例如，硅质壳碎片、昆虫碎片、孢子植物、藻类植物和单细胞生物（存活的）。

最后，从石油燃烧产生的灰烬中，可以观察到所含的无机物质，主要是无机盐，一般为原油重量的 0.01%~0.05%，其含量水平随原油重量密度的增加而增加。在沥青中，有可能达到 1%。

2.4.2.5　处理和应用

从油田中开采完石油，一般需要精炼（一些阿拉伯国家也直接使用），以获得更高的能量含量和更好燃烧性能的产品。

从原油中可提取出：

● 天然气；

● 汽油；

● 煤油；

● 柴油；

● 润滑剂原料；

● 燃油；

● 沥青；

● 其他产品。

2.4.2.6　石油储量和地理分布

"油储备"的定义一般表示可以从油田中开采的具有成本效益的石油数量，这些石油通过流动井或其他适合措施（加压、流态化、抽水等）开采出来。

原始油田数量取决于许多因素，特别取决于包含的碳氢化合物和岩石的类型。原始油田真实数量的比例范围可能从 10% 到 50%，称为原始地质储量（OOIP）。

测量一个开采储层或一个新发现的油田的石油储量，意味着详细的地质和化学分析。但需要强调的是，石油储量的官方评估经常受到政治和经济利益的严重影响。

然而，由于测量和生产方法的改进，可真正利用的原油储量肯定还要增加。此外，尽管测量一个油田的实际容量很难，但是地球上大部分地区，尤其是海底地区，目前仍然未完全开发，这说明石油储量的未来前景很乐观。

表 2-8 显示了石油储量的分布数据。结果表明，石油储备几乎都集中在部分

地区。事实上，世界石油储量的 60% 都位于中东地区，特别是沙特阿拉伯——石油资源最富有的国家——其石油资源超过世界储量的五分之一，其次是伊朗、伊拉克、科威特、阿拉伯联合酋长国、委内瑞拉（第一个非中东国家）、俄罗斯联邦（图 2-32）。

表 2-8　已确定的石油储量（2007 年末）

	10^9 公吨	10^9 桶	%
美国	3.6	29.4	2.4
加拿大	4.2	27.7	2.2
墨西哥	1.7	12.2	1.0
北美地区总计	9.5	69.3	5.6
阿根廷	0.4	2.6	0.2
巴西	1.7	12.6	1.0
哥伦比亚	0.2	1.5	0.1
厄瓜多尔	0.6	4.3	0.3
秘鲁	0.1	1.1	0.1
特立尼达和多巴哥	0.1	0.8	0.1
委内瑞拉	12.5	87.0	7.0
其他中美国家	0.2	1.3	0.1
中美地区总计	15.8	111.2	9.0
阿塞拜疆	1.0	7.0	0.6
丹麦	0.1	1.1	0.1
意大利	0.1	0.8	0.1
哈萨克斯坦	5.3	39.8	3.2
挪威	1.0	8.2	0.7
罗马尼亚	0.1	0.5	0.0
俄罗斯联邦	10.9	79.4	6.4
土库曼斯坦	0.1	0.6	0.0
英国	0.5	3.6	0.3
乌兹别克斯坦	0.1	0.6	0.0
其他	0.3	2.1	0.2
欧洲和欧亚大陆总计	19.5	143.7	11.6
伊朗	19.0	138.4	11.2
伊拉克	15.5	115.0	9.3
科威特	14.0	101.5	8.2
阿曼	0.8	5.6	0.5
卡塔尔	3.6	27.4	2.2
沙特阿拉伯	36.3	264.2	21.3
叙利亚	0.3	2.5	0.2

续表

	10^9 公吨	10^9 桶	%
阿拉伯联合酋长国	13.0	97.8	7.9
也门	0.4	2.8	0.2
其他	—	0.1	0.0
中东地区总计	102.9	755.3	61.0
阿尔及利亚	1.5	12.3	1.0
安哥拉	1.2	9.0	0.7
乍得	0.1	0.9	0.1
刚果共和国	0.3	1.9	0.2
埃及	0.5	4.1	0.3
赤道几内亚	0.2	1.8	0.1
加蓬	0.3	2.0	0.2
利比亚	5.4	41.5	3.4
尼日利亚	4.9	36.2	2.9
苏丹	0.9	6.6	0.5
突尼斯	0.1	0.6	0.0
其他	0.1	0.6	0.0
非洲总计	15.5	117.5	9.5
澳大利亚	0.4	4.2	0.3
文莱	0.2	1.2	0.1
中国	2.1	15.5	1.3
印度	0.7	5.5	0.4
印度尼西亚	0.6	4.4	0.4
马来西亚	0.7	5.4	0.4
泰国	0.1	0.5	0.0
越南	0.5	3.4	0.3
其他	0.1	0.9	0.1
亚太地区总计	5.4	41.0	3.3
全世界总计	168.6	1238.0	100.0

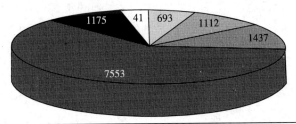

图 2-32　石油储量的世界分布

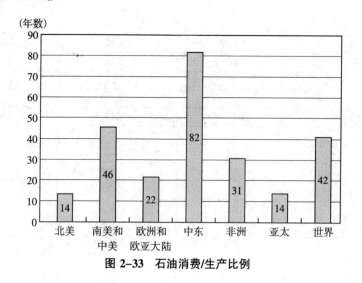

图 2-33　石油消费/生产比例

2.4.3　含油砂

含油砂是含有沥青或稠油[31]的沉积岩（或黏性或非黏性），API[32]密度低于 12°，不能使用石油的常规开采方法。

含油砂，通常来自湖泊和河流的沉积物，在晚泥盆世后期和早白垩世前期之间（这一时间持续了近 2.25 亿年），沉积在母岩层中。它们吸收潜在的石油和天然气，因此它们的孔隙饱和度达 90%。通过这种方式，含油量达到最大值，占砂质量的 18%~20%，因此具有典型的潮湿外观。

含油砂的形成可追溯到早白垩世，[33]从中提取的含油量可追溯到晚泥盆世，[34]来自于具有丰富有机残留物的母岩底层。

含油砂储量大约为地球石油储量的 2/3，主要储层位于加拿大（1.7 亿万桶，相当于 270×10^9 立方米的阿萨巴斯卡储层）和委内瑞拉（2350 亿桶，相当于 37×10^9 立方米的奥里诺科河储层）。总之，加拿大和委内瑞拉的沉积物中含有 570×10^9 立方米的石油，相当于 280×10^9 立方米的常规石油，远远超过了沙特阿拉伯和中东国家的底土。除了已经提到的加拿大和委内瑞拉，含油砂储量也分布于俄罗斯和中东地区。

考虑到含油砂的大小，这种能源的储量在加拿大越来越受到关注，其关注度取决于与常规领域开发相比，含油砂所面临的具体技术和经济困难。这也是促进含油砂研究活动的原因，特别是一些具有丰富石油资源的国家。

2.4.4 天然气

2.4.4.1 概述及形成

天然气主要由气态碳氢化合物和其他可变数量的气体组成，天然气伴随着石油生成，可从地层中发现，因此，以下经常被混淆的概念应加以区分：

● 天然气属于游离状态并占据地层的最上层，而下层是石油，在缺少石油的情况下，悬垂在被盐水渗透的母岩层；

● 根据地层中的压力和温度条件的不同，同时还根据石油和气体混合物的物理特性，气体溶解在石油中的量也在不断变化；

● 天然气会溶解在水中，可以在气水界面上游离，或是完全融入气水中，就像波河三角洲的天然气一样。在这些储层中，由于高压和不同的温度，天然气的水溶性将达到一定数值，体积也会增加几百个百分点；

● 在 200 米的深度，以及高压和高温的条件下，气体是液态的，天然气和石油都是液相，因此从外形上并不能区分开（浓缩物）。

天然气通过化学键与氢气、甲烷或者其他气体链接，尤其是气态烃类，组成水分子，目前天然气在复杂晶体结构中的"嵌入"量仍未确定，或者说只是确定了一个近似值。为了保持结构稳定，这些晶体必须保存在特定的温度和压力的环境下。

从 20 世纪 60 年代开始，大量研究人员针对天然气水合物（或甲烷水合物或络合物）组成的特殊能源的研究，可以表明天然气很可能是未来的主要能源之一。事实上，在游离状态和适宜的条件下，源于水分子的气体嵌入在晶格中，有可能得到天然气。

气态碳氢化合物的成因表明天然气与液态碳氢化合物的形成条件密切相关，因为它们都来源于同一基础结构。

天然气的化学分析远不及石油复杂，因为其混合物的数量少且结构简易，它可以通过质谱仪和气象色谱仪进行蒸馏。

作为天然气的主要组成部分，甲烷所占比例最高。因此，人们通常把甲烷当作天然气的同义词。其他的混合物通常归为石蜡族和烯烃（特别是乙烯）。如果地层中还包含石油，那么除了甲烷（乙烷、丙烷、丁烷及其他更高级烷）以外的碳氢化合物数量可能达到 50%。

根据液烃中的蒸汽含量，天然气可分为干燥、适中和湿润。蒸汽可使天然气分离、[35] 浓缩并用于轻柴油的生产。

天然气的另一个特征是大量存在的丙烷和丁烷可使天然气的分离经济方便。

这些烃类在相对简单的低压条件下发生液化，在4~6巴的压强下，用60%~70%的丁烷和30%~40%的丙烷作为合成物即可，其产品便是液态石油气（LPG）。

其他被认为是天然气的主要气体是氮气（N₂）、二氧化碳（CO₂）、硫化氢（H₂S）以及少量的氢气（H₂）、一氧化碳（CO）和氦气（He）（如表2-9所示）。

表 2-9　天然气的组成成分

气　体		含量（%）
甲　烷	CH_4	70~90
乙　烯	C_2H_6	0~20
丙　烷	C_3H_8	
丁　烷	C_4H_{10}	
二氧化碳	CO_2	0~8
氧　气	O_2	0~0.2
氮　气	N_2	0~5
硫化氢	H_2S	0~5
稀有气体	A, He, Ne, Xe	Traces

数据来源：http://www.naturalgas.org.

关于低热值，一般来说是12000 kcal/kg，也就是8200 kcal/m³。

与天然气有关的主要数值，除了密度（包括绝对和相对）和比重，[36]压力、温度、体积和流速也是尤为重要的。尤其在传输阶段，经常使用流速，通常条件下是以m³/h和Nm³/h为计量单位。

在过去的几十年中，天然气在能源市场的地位越来越重要。

虽然富含石油的地区也通常富含天然气，但天然气的能源生产规模并不及石油。它的缺点主要包括对大量的金融投资需求和技术障碍，大多是与其以气态形式运输有关。事实上，天然气的运输需要大量的基础设施，需要配有抽取和减压装置的输气管道，网络分布广泛，有时达到几千公里长。

输气管道是天然气生产国家以及输送国家政治稳定的关键。此外，天然气要求在配送过程中尤其注意气体泄漏和爆炸的风险。天然气的另一个缺点是燃烧条件，它需要氮氧化合物在一个极高的火焰温度中引燃。在过去，这个天然条件决定了其所面临的市场困境。

天然气的另一个缺点是，在地层的总寿命中不太可能具有一个恒定的气体流速。事实上，天然气的生产情况是在开采的第一年迅速达到最高值，随后在地层的剩余寿命中逐渐缓慢递减。[37]

当然，天然气也有石油的许多优点，还有更加长远的积极意义。例如，生产燃烧时产生有限的污染物质和二氧化碳。至于之前提到的氮氧化物，甲烷的燃烧决定着：

● 二氧化碳排放量相比煤炭减少 50%，相比石油减少 30%；[38]

● 完全或者几乎完全不产生硫氧化物、悬浮微粒、金属物质和不可燃烧残留物。

天然气的另一个优点是燃烧效率更高和其高热值（12000 kcal/kg）。

天然气储存的多样性确保了其可用性，这可能是因为地理分布对于天然气并没有像对石油那么重要。

在天然气高消耗区域附近建设储气库，会带来以下后果：

● 天然气资源接近枯竭（为了能够满足需求高峰时期的用量，在低消耗时期，通常是夏季，会从较深的地层或者从储气罐进口用气泵提取更多的天然气）；

● 储存在液态天然气气化设备中，能够让天然气迅速转换和应用；

● 输气管道网络运输路线的操作压力比资源分配压力更大，储气罐用于在每天高峰时期的能源供应。

表 2-10　天然气储量（2007 年末）

	10^{12} m³	%
美国	5.98	3.4
加拿大	1.63	0.9
墨西哥	0.37	0.2
中美地区总计	7.98	4.5
阿根廷	0.44	0.2
玻利维亚	0.74	0.4
巴西	0.36	0.2
秘鲁	0.13	0.1
哥伦比亚	0.36	0.2
特立尼达和多巴哥	0.48	0.3
委内瑞拉	5.15	2.9
其他	0.07	0.0
南美和中美总计	7.73	4.4
阿塞拜疆	1.28	0.7
丹麦	0.12	0.1
德国	0.14	0.1
意大利	0.09	0.1
哈萨克斯坦	1.90	1.1
荷兰	1.25	0.7
挪威	2.96	1.7
波兰	0.11	0.1

续表

	10^{12} m³	%
罗马尼亚	0.63	0.4
俄罗斯联邦	44.65	25.2
土库曼斯坦	2.67	1.5
乌克兰	1.03	0.6
英国	0.41	0.2
乌兹别克斯坦	1.74	1.0
其他	0.43	0.2
欧洲和欧亚大陆总计	59.41	33.5
巴林岛	0.09	0.1
伊朗	27.80	15.7
伊拉克	3.17	1.8
科威特	1.78	1.0
阿曼	0.69	0.4
卡塔尔	25.60	14.4
沙特阿拉伯	7.17	4.0
叙利亚	0.29	0.2
阿拉伯联合酋长国	6.09	3.4
也门	0.49	0.3
其他	0.05	0.0
中东地区合计	73.22	41.3
阿尔及利亚	4.51	2.5
埃及	2.06	1.2
利比亚	1.50	0.8
尼日利亚	5.30	3.0
其他	1.21	0.7
非洲合计	14.58	8.2
澳大利亚	2.51	1.4
孟加拉国	0.39	0.2
文莱	0.34	0.2
中国	1.88	1.1
印度	1.06	0.6
印度尼西亚	3.00	1.7
马来西亚	2.47	1.4
缅甸	0.60	0.3
巴基斯坦	0.85	0.5
巴布亚新几内亚	0.44	0.2
泰国	0.33	0.2

续表

	10^{12} m³	%
越南	0.22	0.1
其他	0.37	0.2
亚太地区总计	14.46	8.2
世界总计	177.38	100.0

2.4.4.2 加工及使用

通常，甲烷以其提取出的形式直接应用，不需要经过任何加工处理；它的气态形式要求其在短距离内输送（长距离的输送比较昂贵，越洋输送就更加高难度）。

2.4.4.3 地理分布和储量

表 2-10 展示了天然气在不同地理位置的储量（如图 2-34 所示）。

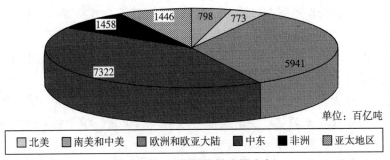

单位：百亿吨

□ 北美 □ 南美和中美 ■ 欧洲和欧亚大陆 ■ 中东 ■ 非洲 ▨ 亚太地区

图 2-34 天然气储量的世界分布

根据目前的生产率，储量能供应将近 60 年（如图 2-35 所示）。

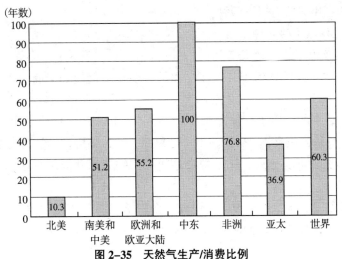

图 2-35 天然气生产/消费比例

因为技术问题使天然气运输更加昂贵，天然气消耗量的增长主要源于工业化国家，然而大量的天然气储量都距离高消耗地区很远，主要分布于新兴工业化国家。

正如之前所提到的困难，事实上很多天然气储量丰富的国家都没有进行开采或者开采程度有限。例如，目前在中东地区的阿拉伯国家大力开采石油，却保有大量的天然气，以备在石油短缺时期能够供应。

俄罗斯具有大量的天然气储量，但可以想象到其消耗时间更短，因为目前要向欧洲大部分地区输送。

2.4.5　核能

核能通过特定元素的裂变反应释放巨大的能量。这些反应释放出的能量可以通过著名的爱因斯坦质能方程式[39] 计算出来。这个计算是基于与参与反应的元素相比，反应产生物质的质量亏损。

裂变反应产生的能量和燃烧产生的能量的显著差异在于后者依旧保持着电子形式，因此也包括外围不同级别的原子，然而核反应中原子核已完全分解或转化，在这个过程中产生更高的能量。例如，1g 铀通过裂变产生的能量约为 8.4×10^{10} 焦，然而 1g 汽油燃烧产生的能量约为 4.84×10^4 焦。给予相同的质量，两种能量比值相差将近 24×10^6 倍。

参与自发性核反应的化学元素称为放射性同位素，可以是天然的或人工的。

这种能量形式的产生过程包括重核裂变和轻核聚变。[40]

2.4.5.1　核能的应用

核能的利用方式有以下两种：

● 通过铀原子的裂变；

● 通过两个氢原子的聚变。

核裂变技术已经使用了几十年，而核聚变技术仍然处于商业试运行的开发阶段。

用于核裂变的铀原子，包含 0.71% 的同位素铀 235，99.28% 的同位素铀 238，剩下的 0.01% 是同位素铀 234；其中"可裂变"的，即可进行核裂变的是铀 235，其占有比例比较低。因此，铀一般会经过"浓缩"来获取更高比例的可裂变同位素。

通过核裂变，铀 235 的原子核吸收一个中子（图 2-36），可以分裂为一个铯原子核和一个铷原子核，同时释放出两个中子，[41] 产生可达 200 兆电子伏[42] 的大量能量。

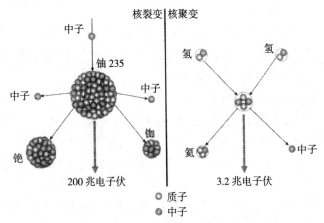

图 2-36 核裂变和核聚变

两个氢原子的聚合，可以获得一个氦原子和 3.2 兆电子伏的大量能量。

考虑到分子量和相同质量释放的能量，可以得出 1 千克铀 235，裂变可得到 18.6 吉瓦时（千兆瓦时）的能量，而 1 千克氢聚变可得到 5262 吉瓦时的能量。

核裂变

在理论上，所有具有高原子量的元素都可以进行核裂变过程，也就是说，通过在一个合适能级上的中子轰击达到原子核的分裂。但事实上，只有少数元素可裂变，即真正能够产生核裂变反应。

在自然界中，唯一已知可裂变的化学元素是铀元素（U），因此，它是目前用于核裂变的唯一原料。天然铀由三种同位素混合而成，分别是原子量为 234、235 和 238 的铀，占有比例分别为 0.01%、0.71% 和 99.28%。同位素铀 235 是三者中唯一可裂变的；其他可裂变的铀同位素是人造铀 233，可通过中子轰击钍 232（232Th）得到，因此也称为可转换同位素，是核能屈指可数的主要原料。同位素铀 238 也是可转化的，通过钚 239（239P）裂变及适当加工得到。下一章将介绍如何人工提高可裂变同位素的比例。

含有铀[43] 和钍元素的矿物在地表中是相当普遍的，但是铀和钍元素在这些矿物中的浓度很难使它们引起经济兴趣。

这两个元素中，引起主要兴趣的是铀元素。在大部分矿床中，矿物中的铀含量平均为 1%。这些矿床主要分布在澳大利亚、尼日利亚、巴西、加拿大和美国。

核聚变

至于核聚变，目前还没有技术可以确保安全利用核聚变反应中产生的能量，包括氢元素的原子或分子聚合后产生的能量。其主要目的，是可以在阳光下以一个较低规模重现核反应。这些反应中最令人关注的化学物质是一些低原子量的元

素，如氘（D）、氚（T）和锂（Li）

氘和氚是两种氢同位素。它们与氢[44]相比，在自然中存在的比例非常低。氘在地球上的广泛应用，使得氘也相对丰富，考虑到这种同位素只有1%是实际可用的，因此全球资源将近50×10^9吨。

锂在自然界中主要以氧化物（氧化锂）的形式存在，但当它的浓度达到0.1 ppm（ppm 百万分比）时，也能够从海水中提取出来，或者从浓度达到20 ppm的岩石中提取。最适合核聚变的同位素是锂6，全球可用资源大概在67×10^4吨。

最后，核聚变适合回收天然放射性同位素。它们被分为四大族，根据原子核中子数的不同和半衰期[45]的不同，而具有不同的特性。这四大族，都是通过一个母元素逐渐衰减，生成其他放射性同位素，直到获得一个稳定的元素（铅或铋），该族才结束。

2.4.5.2 储量和地理分布[46]

核能机构（NEA）收集的近期数据主要参照2003年的估计数。地层中可获取的铀的数量，如果以目前提取的竞争成本为80美元/千克来计算的话，共计约2.5公吨。相反，如果最高的提取成本130美元/千克被认为是可以接受的，那么铀储量将达到3.2公吨。[47]因此，如今的消耗率为：

成本80美元/千克得到的浓缩铀=36年

成本130美元/千克得到的浓缩铀=47年

最后，有必要强调，核能发展的战略重点不在于"控制"铀储量（从地缘政治的观点，铀储量的分布相当均匀），而在于拥有不断更新的"知识"，以最为经济高效的方式开发基础能源。

注释

[1]世界能源理事会（WEC）1998年定义：能源是具有需求并且利用技术转化的一次能源。

[2]朝南地区位于北半球的北回归线上（北纬23°27'）；朝北地区位于南半球的南回归线上（南纬23°27'）；如果是热带地区，则取决于季度。

[3]单位表面上的年电量受到风机叶片的影响。

[4]在图2-12中，全球有一个赤道低气压带；两个副热带高气压区；两个副极地低气压带；两个极地高气压带。

[5]优质木材的热值近19000kJ/kg，湿度15%。

[6]一般来说，距离超过80~100公里，木材的运输成本就越来越高，但与其他传统能源相比，能量含量却相同。

[7] 地球是一个物质开放系统（只交换能量），一般情况下，接收自太阳的能量，几乎以相同的能量返回，来维持其平均温度。

[8] 根据每年的太阳常数的平均值（1.37 千瓦/平方米）和平均辐射面积，可以计算地面年太阳照射约为 5.44×10^{24} 焦（1.370 瓦/平方米 $\times 1.27 \times 10^{14}$ 平方米 $\times 93.600$ 焦/瓦 $\times 24 \times 365$），全年一次能源消费量约为 550×10^{18} 焦 = 550 艾焦（1 公斤油含有 10000 千卡热量 = 4.1868×10^7 焦，因此，1 吉吨油当量 = 4.1868×10^{19} 焦 = 41.868 艾焦）。

[9] 这些主要是相对分子质量较高的碳氢氧化合物，含有轻微比例的氮、磷和硫。

[10] 从化学角度来看，碳化过程包括增加芳香核大小和增加其凝结；后者取决于连接芳香环的非芳族键的数量。

[11] 更确切地说，是指古生代中的一段时期，古生代是从 5.7 亿年前~2.25 亿年前。这一段时期是石炭纪，从 3.5 亿年前开始，以其重要的自然现象而命名。

[12] 主要是叶、茎、种子和垂直交叉在煤层的一些碳化树干，还有埋藏在地下的树根。

[13] 这是由阿尔弗雷德·魏格纳在他的大陆漂移理论（1915）中提出的假设，最近的研究证实了板块构造理论的建立。

[14] 在法国北部和比利时地区的盆地，有 400 层的煤炭矿床，厚度高达 2000 米。

[15] 世界上最厚煤层之一的 Kommentry 盆地，位于法国中部，其中一些位置的煤层厚度超过 24 米。

[16] 来源于植物的复杂物质，主要成分是碳。

[17] 部分水也在燃烧过程中形成。

[18] 焦炭是在没有空气的情况下，煤加热到 1000~1100℃后留下的固体残渣，在加热过程中不具有挥发性。该物质的质地坚硬，多孔，呈浅灰色，有金属质感，具有高热值（可达 7400 千卡/千克）。

[19] 煤凝聚惰性物质的能力。

[20] 美国试验材料学会。

[21] 通过蒸馏得到的固体残渣，在不考虑灰烬的情况下，以归一化确定固定碳含量。

[22] 它们是加热后部分转化为气体的物质，在规定时间和温度内，在充满惰性材料的封闭炉内加热燃料，确定挥发性物质含量。

[23] 费希尔—特罗普希法：用于烃类和其他脂肪族化合物的合成方法。合成气、氢气和一氧化碳的混合物，在铁或钴催化剂下反应；通过加热，得到甲

烷、合成汽油、蜡、醇等产品和副产品水或二氧化碳。氢、一氧化碳混合气体的重要来源是煤的气化（水煤气）。这个合成方法是德国研究员费希尔和特罗普希于 1923 年提出，并以两人的名字而命名。

[24] 根据定义，碳氢化合物，仅由碳元素和氢元素组成。因此严格地说，"碳氢化合物"不应该作为石油的同义词，因为石油中除了含有碳氢化合物，还包含较低比例的氮、硫、氧和其他元素的有机化合物。

[25] 在 19 世纪，许多学者支持石油的无机成因。事实上，这在理论上是可能的，通过无机化合物之间的化学反应形成碳氢化合物，或者由原始甲烷聚合组成恒星物质，火山气体中确实存在甲烷。但是，在石油中发现的复杂有机物质与无机化学机制的特征是不相符的，并且很难解释矿床分布，在最近地壳层中更丰富。并且在任何情况下都是很难证明的矿床分布，更丰富的近层地壳。

[26] 好氧细菌需要自由氧进行生命活动；相反，厌氧细菌只需要结合氧。

[27] 干酪根是一种由碳、氢和氧元素组成的有机物质。三种主要类型的干酪根，由于进化不同会产生不同的终端产物，根据氢和氧元素相对于碳元素的比例，有所差异。

[28] 这些时代的历史顺序：古生代（从 5.7 亿年到 2.25 亿年前）；中生代（从 2.25 亿年到 6500 万年前）；新生代（从 6500 万年到 200 万年前）。

[29] 通常，10000 千卡/千克为中等热值，这也是吨油当量的参考数值。一吨油当量含有 107 千卡的热量，约 41.9×10^9 焦 = 41.9 吉焦。

[30] 根据不同比重，相对密度有所差异，因为相对密度是物质和标准物质的密度之比，大部分情况下，水是标准物质，也就是物质质量和同体积水质量之比，水的密度是在温度 4℃下计算，为 $1 \mathrm{g/cm^3}$。

[31] 在含油砂中，沥青以及其他类型的重油，属于固体或半固体的碳氢化合物。它们由高分子复杂混合物组成，由于分析困难，其化学理论还不完善。这一类别还包括用于铺设道路的沥青。

[32] 参见本章第 4 节。

[33] 地质时期属于中生代，可以追溯到近 1.35 亿年前。

[34] 地质时期属于古生，可以追溯到近 3.6 亿年前。

[35] 通过所谓的"淡化"过程。

[36] 与液态燃料相比，天然气的绝对密度和比重，对压力和温度的依赖比较高。甲烷的相对密度相当于 0.57。

[37] 有时在原油油田也能够看到这种行为，尽管更加有限。

[38] 通过燃烧，产生相同的能量。

[39] 这是著名的质能方程式 $E = mc^2$，E 表示单位质量可得到的核能能量，

m 表示质量亏损，c 表示光速（c 约等于 3×10^8 m/s）。一个原子核的质量，理论上应该等于中子和质子的质量之和，但这个理论值是高于实验计算所得到的值，这两者之间的差量就是质量亏损。

[40] 这种反应是通过轻核聚变，原子核的质量低于其初始值，产生与质量亏损有一定比例的能量。

[41] 释放出的中子可以使裂变反应自我维持（链式反应）。事实上，产生的中子会引起其他铀原子核的裂变，从而产生其他的中子。

[42] MeV：兆电子伏. 1 MeV = 160217646 × 10^{-13} J。

[43] 那些具有最高铀含量的矿物是沥青铀矿和云母铀矿，由可变比例的铀氧化物混合物组成。它们也被称为"原生矿物"；相反，具有很小铀含量的矿物叫做"次生矿物"。

[44] 据报告，氘氢之比近 1~6500；而氚含量则可以忽略不计（10%~15%）。

[45] 半衰期是 50% 的原子通过自然衰减过程得到稳定元素的时间。

[46] 来源 http：//www.aspoitalia.it/documenti/coiante/nucleareidrogeno.html。

[47] 每 6 吨天然铀生成 1 吨浓缩铀。

参考文献

1. Energy Policies of IEA Countries（Compendium）（1998）Review, ISBN：92-64-16146-5, p. 319.

2. Nakícenovíc N., Grubler A., MacDonald A.（1998）Global energy perspectives. Cambridge University Press, Cambridge p.299 ISBN 0-521-64569-7.

3. Dunn P.D.（1986）Renewable energies：sources, conversion and application. Peter Peregrinus Ltd., London.

4. World Energy Outlook（2010）International Energy Agency, Paris, International Energy Agency, ISBN 978-92-64-086241.

5. World energy assessment（2000）United Nations Development Programme. Washington, DC. Available at http：//www.undp.org/energy/activities/wea/drafts - frame.html, New York, ISBN：92-1-126126-0.

6. McKendry P.（2002）Energy production from biomass（part 1）：overview of biomass. Bioresour Technol 83（1）：37-46.

7. World Energy Assessment（2004）UNDP. New York, ISBN：92-1-126167-8.

8. BP Statistical Review of World Energy（2008）BP p.l.c., London.

9. Tissot B., Welte D. H.（1991）Petroleum formation and occurrence. A new

approach to oil and gas exploration, 2nd edn. Springer, Berlin.

10. Ceron P. (N. 4, Febbraio 1976) Energia Geotermica –Stato attuale e prospettive, con particolare riguardo alla produzione di energia elettrica in " L" energia geotermica, Studi Ricerche ENEL; also: World Energy Council 2010, Survey of Energy Resources, London ISBN: 978-0-946121-021.

11. Cavinato C. (1964) Giacimenti minerari. UTET, Torino; Also: Taylor T. N., Taylor E. L., Krings M. (2009) Paleobotany. The biology and evolution of fossil plants, ISBN 9780-123739-728.

12. Barnaba F. P. (1990) Geologia degli Idrocarburi. AGIP. Milano; also: Boggs S Jr (2006) Principles of sedimentology and Stratigraphy, Pearson Hall, 4th edn, ISBN 0-13-154728-3.

13. Raabe J. (1985) The design, use, and function of hydromechanical, hydraulic, and electrical equipment. VDI-Verlag, Dusseldorf, ISBN 3184006166.

第❸章　能源载体

3.1　能源运输和储存的需要

在能源利用的问题中"哪里"和"什么时间"通常比"如何使用"和"使用多少"更重要。人类不只是需要能源本身，他们需要的是无论何时何地都能决定是否使用能源。

因此，能源系统在理想状态下，应该保证在正确的时间（所有需要的时间）和地点，提供准确的能源数量和形式。

从能源市场的观点来看，满足能源使用的地点和时间需求，通常比满足所需能源的形式和数量需求更为重要。

能源的生产和供应受到需求的控制，而这大大超过了它的能量平衡。

举一个常见的例子，可以很容易地解释这个问题：我们都知道，只在白天才有阳光，但是从社会和经济角度来看，晚上进行体育比赛更为合适，即使从能源角度来看，这个选择是绝对没有道理的，因为晚上进行体育比赛需要人工照明和消耗能源。虽然从能源角度来看，照明费用可能在某一个地方比其他地方便宜，但由于社会经济现实，无论在哪里，即使有不必要的能源消耗，体育比赛一般都会在晚上进行。

现代能源系统的概念是必须可以满足——甚至是可以"预见"这些需求。因此，时间和空间的概念重点在于对能源的分析和发展、设计、实施能源系统的能力。在这种方式下，能源运输和储存成为系统和技术标准化所要考虑的主要属性，总之，是在能源方面推断出的方式。

通常，基础能源可用于不同能源需求的地点，这意味着能源运输的重要性；

并且为了满足连续即时的能源需求，能源储存也是必要的。

一定数量的能源在空间和时间上运输和储存的概念，目前主要是准确满足全球发展和人类技术的需求。为了最好地解释能源运输和储存的概念，并且有效地进行能源系统的综合分析，有必要引入一个新的概念：能源载体。

在图 1-6 中，基于其突出特点和能源系统分析的基础上，能源载体的定义如下：

能源载体是能够将一定数量的能源在时间和空间中进行转换，从而使其可以在距离自然资源较远的时间和空间上使用的载体。

如果从能源载体的角度考虑，关于全世界能源系统的解释就会从根本上发生改变。目前，开采基础能源并使其应用于最终使用者，这一过程存在不同模式，这些模式的成败，受到日益增长的能源市场需求的影响，这一需求就是利用标准化能源载体具有的特性，不只从数量的角度满足能源需求。能源市场和能源系统的这一特点在未来几十年里注定会变得越来越重要。

能源载体必须能够传递能量，并且为日后使用储存能量。这些载体必须保证在转换、运输和储存阶段中的高性能水平，在整个过程中，要特别注意环境的限制和影响，尤其是使用阶段。

许多基础能源本身就是载体，就这个意义而言，它们能够运输和储存能量。相反，一些其他能源，必须通过转化或改变自然资源而生成的特定载体来进行。

目前已知并使用的主要能源载体如下：

● 化石燃料
　—石油及其衍生物
　—天然气
　—煤炭
● 电流
● 传热流体
● 氢
● 机械传输系统
● 辐射传输

能源载体的主要特征是能量形式可以运输，并在空间和时间上"传送"。运输和储存的能源形式必须包含每个复杂能量系统框架中的每一个能源载体。

目前已知并使用的能源载体，传输的能量形式如下：

● 化石燃料→化学能；
● 电流→电能；
● 传热流体→热能；

● 氢→化学能；

● 机械传输系统→机械能；

● 辐射传输→辐射能。

可以很容易地推断，一些能源载体本身是基础能源（以化石燃料为例），其他能源载体（如机械传输装置和热载体）则是将能源以所需并可直接最终使用的能量形式进行传输。特别是电流和氢气的能源载体，必须以特定生产过程为对象；它们需要系统技术进行最终转换，为用户提供有效的能量（热能、电能、机械能和光能）。

3.2 时间和空间上能源运输的观点和应用范围

每个能源载体的细节特征都是非常重要的，包括在空间和时间上的转换能力和能量输送数量。

化石燃料能成为能源，是由于其在自然界中大量存在，并且提取成本很低或为零。直至今日，人类社会也不太关注使用矿物资源对环境所造成的影响，而这些资源在生态系统中很难恢复，但最重要的是，它们的特殊性质可以作为能源载体。零提取成本的概念，不仅在文献中提及，还与各种自然资源，尤其是矿产资源密切相关。如果自热资源的形成不与特定的经济机制相关（例如，为收获粮食进行农田耕种），那么其迁移就是免费的。自然界负责资源的形成和转换，而人类只负责从产地"收集"资源。因此，使用化石燃料的技术成本与研究成本、储层开采成本、提取成本有关。

对于人类，矿物资源的使用没有任何费用，因为这些资源早已经被自然界安排并"付费"。

人类对自由开采的新型自然资源缺乏兴趣，这一现象似乎已经很普遍。尤其是矿产资源，通过人工再次形成矿产资源是极端困难的（几乎是不可能的），但这并没使人类考虑到其中不可避免的能源损耗，从而停止广泛使用矿产资源。在不同的时期，通过产品及其部件的再利用和部分原材料的再循环，只能从技术上部分缓解资源补给能力的缺乏。

由于化石燃料的天生结构，能量储存数量的保持能力是化石燃料能够在世界广泛应用，并取得商业成功的关键。事实上，化石燃料可作为能源提供，是因为在过去地质时代几百万年的时间里，能量被彻底储存并固定。

煤和石油一旦从地下被开采出来，在大气条件下，能够以非常稳定的方式保存一定数量的能量，因此通过简单和廉价的手段，可以进行储存和运输。

在能量密度方面，从储存和运输方便的角度考虑，石油比煤更具优越性，并更易于处理（液体物质比分散固体更易处理），这是石油在 20 世纪成为世界领先的能源，并成功取代煤炭的主要原因。

因此，化石燃料作为能源载体，在全球基础上取得了成功，使每一个新的载体都必须与其比较以显示其竞争力。

暂时把其他方面放在一边——例如从不同能源获得能量的能力、能源可再生性、污染物质的排放水平（这是使用化石燃料的弊端）——只关注其在时间和空间上传输大量能量的能力，即它们的最好品质，就很容易理解每一个能源载体所需的特点是什么，从而在世界能源体系中发挥重要的作用。

3.3　传输的时间和范围

为了更好地理解主要能源载体的特点，可以将能量传输在空间上和时间上分别分为三个层次。

近程传输，是指能源载体在几十上百公里，直至几公里距离范围的能量传输能力。

中程传输，是指能源载体在几十上百公里，直至几百公里距离范围的能量传输能力。

远程传输，是指能源载体在几千公里距离范围的能量传输能力。

短期传输，是指能源载体在几天，直至几个星期时间范围的能量传输能力。

中期传输，是指能源载体在几个月，直至几年时间范围的能量传输能力。

长期传输，是指能源载体在几年，甚至成千上万年时间范围的能量传输能力。

化石燃料能够在近、中、远程，和短、中、长期传输，其储存和运输的技术方案绝对简单、安全和廉价（或合理成本）。在相同距离或时间内，传输或储存相同数量的能量的相应成本（能量、技术、经济），其他能源载体都不可比拟。

电流可以有效地传递能量，在近程和中程传输范围内，往往比化石燃料更方便。虽然交通和相关的基础设施需要重大的投资，但低能源和经济成本，以及运输方案的高稳定性，使其成为具有竞争力的能源载体，有时甚至超越化石燃料，尽管只是考虑到了运输能力，而不是其生产、储存、利用和一定的环境影响。

对于远程传输而言，运输损耗、投资规模、越洋方案的技术难点、山脉、恶劣天气，都会使电流缺乏竞争力。

在远程传输中缺乏竞争力，与电流在传输能量过程中不能一直储存电量的特征有关（因为这个原因，电流可被定义为"不完全载体"）。这就需要控制和管理系统的相互连接，并与传输网络相连，然而在网络运营商和国家政策之间，地理距离和独立决策变得越来越困难。

电量储存的间接方法，随着时间的增长，与化石燃料的竞争越来越激烈，尤其是在便携式电子产品和交通工具上的移动应用。间接电量储存与同等能量的化石燃料储存之间的竞争，在于实现不同系统的复杂性和成本，除了管理成本，还有随时间增长的维护和持续时间。

然而，在这种情况下，零排放的使用需求日渐增长（目前普遍应用的便携式电子产品逐步实现流动性，特别是在城市地区），可能会推动电流作为能源载体的市场需求。

间接储存方法可以实现能源载体经济发展的两个最重要的条件，即中期和短期的储存能力。在许多情况下，长期储存还不可超越技术和经济范围。

氢，能够以化学形式进行能量储存和运输，因为它可以应用于化石燃料的所有能源转换技术和新一代技术（如燃料电池），与化石燃料的这些相似性，使氢气可作为"新型通用燃料"。

在理论上，氢能够以气体形式，与其他物质混合或以化学键结合的形式，在短期、中期和长期储存。而以低温液体形式，可能只会在短期内储存，并且延长时间会逐渐缩短。然而，在任何情况下，储存都不可能实现零能耗，因为需要技术条件来解决保温或运行连续热差的辅助组件。

合成燃料基本上与化石燃料具有相同的功能，两者可以使用同一应用系统。因此，合成燃料很容易在短期、中期和长期范围内储存和运输。

传热流体能够储存和运输，但只限制在短距离运输和短期储存。

机械传输装置，以及油压动力的压力动态装置，可与传热流体公用一些应用系统同时传、运输和储存热能与机械能，但只在短程和短期范围内。

辐射只能运输能量，而不能储存能量。辐射的能量运输在真空空间内可以在一个非常长的距离内进行（星际距离），而在大气中，则在非常短的距离内进行。

表 3-1 总结了上述不同能源载体的能力。

表 3-1 主要能源载体在短、中、远程和短、中、长期的能量运输和储存

能源载体	运 输	储 存
化石燃料	短、中、远程	可以，短、中、长期
电流化石燃料	中、短、远程	不可以（间接方法）
氢气	短、中、远程	可以，短、中、长期（低温异常）
合成燃料	短、中、远程	可以，短、中、长期

续表

能源载体	运　输	储　存
传热流体	短、中、远程	可以，短期
机械传输、油压动力、压力动态装置	太空中超远程	可以
辐射	大气中短程	不可以

3.4　能源载体的特征

每一个能量系统，都可以确定使其能量运输和储存的能源载体以及能源载体储存、运输和分配的方式与工具。

3.4.1　能源载体储存、运输和分配的方式和工具

这一部分包含能源载体的定义，主要属性和功能分析。

3.4.1.1　载体

能源载体是能源系统的最小单元：它可以是一种物质、化合物或元素，或是一种物理现象，能够运输一定数量的能量。更确切地说，一个载体（物质或现象）能够运输潜在能量，因为它在时间和空间上传输的是给定物质或现象的"潜在"能力，可以实现有效的能量转换。

因此，虽然正确和完整的定义是指潜在能源载体，但按照惯例，"载体"所指的是能源载体，而不是潜在能源载体。

因此，能源载体可以是化石燃料（化合物），电流（更正确的是电子流，物理现象），氢（化学元素），合成燃料（化合物），传热流体（给定物理性质的物质），剪切应力、拉压应力、油动压力和空气压力（物理现象），太阳辐射（物理现象）。

3.4.1.2　运输过程

能源载体的运输和分配方式在不同的应用系统中可以有所不同，即使是对于相同的载体。

储存、运输和分配方式的多样性，是衡量能源载体良好品质的间接指标。事实上，在不同的框架和不同的能源系统解决方案中，多种选择方式可以使能源载体更加方便使用。

运输过程需要使用的网络基础设施分别是：

- 专用网络
  - —输油管道
  - —燃气管道
  - —远程电线
  - —机械传输
  - —油动压力传输
  - —压力动态传输
  - —传热流体分配系统
- 非专用网络（还运输其他货物和人员）
  - —水路（海、河）
  - —公路
  - —铁路
  - —航空
  - —远程传输

3.4.1.3　运输工具

能量的运输方式，针对的是运输过程中的能量单元，即在时间和空间上的可传输对象。

每一个运输系统都有一个或多个运输工具，其特点与能量传输数量、覆盖距离、能源系统中必须包括的其他因素有关，这些运输工具分别是：

- 专用网络
  - —输油管道→管道
  - —燃气管道→管道
  - —远程电线→电缆
  - —机械传输→轴、连杆、曲轴
  - —油动压力传输→管道
  - —压力动态传输→管道
  - —传热流体分配系统→管道
- 非专用网络
  - —水路（海、河）→船
  - —公路→车辆
  - —铁路→火车
  - —航空→飞机、直升机

以同样的方式，根据适当发展的技术结构或解决方案，可提供的储存方式是：

- 蓄水池和压力罐；

● 电化学应用；

● 弹簧、飞轮；

● 保温箱。

3.5 主要能源载体分析

本节主要介绍能源载体的特点、一次能源和二次能源作为能源载体的功能（即有效运输和储存能量），以及相关的工艺和技术。

3.5.1 石油作为能源载体

在化石燃料中，石油可作为能源载体，其物理特性（在环境温度和压力下是液体）显示出最佳的可运输性特点。

一般来说，石油及其衍生物是通过图 3-1 中所示的模式进行运输和分配的。

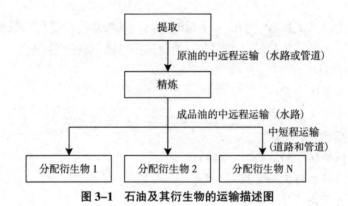

图 3-1　石油及其衍生物的运输描述图

原油可以通过输油管道或海上油轮（在这种情况下，它通过输油管道到达港口，装上油轮，运送到目的地港口；再从那里通过油管线输送到炼油厂）进行远距离运输。一旦到达使用国家，它就以成品油（汽油、柴油、液化石油气、燃料油和其他）形式运输，一般通过油罐车，经过中短程运输至最终用户或配电设施。

由于通过载体运输一定数量的能量所涉及的数据一般与货物运输有关，因此，在计算能量消耗时，必须考虑到运输的总质量等于载体本身质量加上容器质量的总和。这意味着，每千克的能源载体，运输的总质量变高。[1] 因此，m_v

（千克）表示运输的能源载体质量，LHV（千焦/千克）表示低热值，运输的能量为：

$$E_v = m_v \cdot LHV \tag{3-1}$$

R_p 表示载体质量与总质量 m_{tot}（载体 + 容器）之间的比值：

$$m_v = R_p \cdot m_{tot} \tag{3-2}$$

因此，运输的能量 E_v 为：

$$E_v = R_p \cdot m_{tot} \cdot LHV \tag{3-3}$$

现在，用 E_t 表示单位质量运输的能量消耗（$m_{tot} = 1$）（kJ/kg km），表 3-2 表示燃料运输的能量消耗，因此，能量运输的百分比（$E_{t\%,n}$）计算如下：

$$E_{t\%,n} = \frac{E_t \cdot n}{E_v} = \frac{E_t \cdot n}{R_p \cdot LHV} \tag{3-4}$$

根据公式（3-4），由于石油的低热值等于 41868 kJ/kg，假设 $R_p = 0.9$，根据表 3-2 的数据显示，可以计算出不同类型运输的能源成本。

表 3-2　货物运输的能量消耗

运输系统	能量消耗
公路	2.638
铁路	1.298
水路（海、河）	0.754

表 3-3 显示了以能量运输百分比所表示的 1000 公里距离的能量消耗。

表 3-3　通过非专用网络石油运输的能量消耗

运输系统	能量消耗
公路	7.0
铁路	3.4
水路（海、河）	2.0

正如之前介绍的，石油可以通过输油管道运输。在这种情况下，能量消耗可以计算如下。

如果我们考虑到关于开放系统和绝热转换的热力学第一定律[2]的一般形式（不存在热量交换，也就是说 Q = 0），ΔH 表示焓的变化（单位质量），ΔE_p 表示势能的变化（单位质量），ΔE_c 表示动能的变化（单位质量），ξ 表示由于负载损耗的能量损失（单位长度的管道），在距离 D 内，运输质量 m 的石油，所需要做的功 L 如下：

$$L = m \cdot \Delta H + m \cdot \Delta E_p + m \cdot \Delta E_c + \xi \cdot D \tag{3-5}$$

能量损失 ξ 可根据负载损耗 J（管道长度每米的负载损耗 [3]）计算，使用达西—韦史巴赫方程，应用于永久运动的可压缩流体：

$$J = \frac{\lambda \cdot v^2}{2 \cdot g \cdot d} \tag{3-6}$$

其中 λ 为阻力一元函数的系数，在一般情况下，管道的相对粗糙度系数 ε 和雷诺数，d 为管道直径，g 为重力加速度。λ 系数可采用克尔布鲁克—怀特方程表示：

$$\frac{1}{\sqrt{\lambda}} = -2 \cdot \log\left(\frac{2.51}{Re \cdot \sqrt{\lambda}} + \frac{\varepsilon}{d \cdot 3.71} \right) \tag{3-7}$$

其中 ε 为相对粗糙度系数，Re 为以比率表示的雷诺数：

$$Re = \frac{\rho \cdot v \cdot d}{\mu} \tag{3-8}$$

其中 ρ 为密度，μ 为动态黏度。

一旦已知负载损耗 J，就可以得到能量损失（J/m）：

$$\xi = J \cdot m \cdot g \tag{3-9}$$

因此，对于单位质量，得到单位做功 L_u 如下：

$$L_u = \Delta H + \Delta E_p + \Delta E_c + J \cdot g \cdot D \tag{3-10}$$

ρ 表示流体密度，p 表示压强，h 表示高度，v 表示速度，可得到：

$$\Delta H = \frac{\Delta p}{\rho} \tag{3-11}$$

$$\Delta E_p = g \cdot \Delta h \tag{3-12}$$

$$\Delta E_c = \frac{1}{2} \Delta v^2 \tag{3-13}$$

压强保持不变（$\Delta p = 0$，因此 $\Delta H = 0$）；此外，高度的变化可以忽略不计 [4]（$\Delta h \cong 0$，因此 $\Delta E_p \cong 0$）。初始速度为零。

因此，单位做功为：

$$L_u = \frac{1}{2} \cdot v^2 + J \cdot g \cdot D \tag{3-14}$$

一般来说，输油管道是用直径为 0.3~1.4 米的钢管；流体速度范围为 1~6 米/秒。

例如，考虑一段输油钢管道（可假定相对粗糙度 ε = 0.01 毫米），直径 d = 1 米，原油流速 v = 4 米/秒，可得到：[5] Re = 16.000，λ = 0.02735，J = 0.02231。

$$L_u = \frac{1}{2} \cdot v^2 + J \cdot g \cdot D = 4 + 0.21883 \cdot D \ [J] \tag{3-15}$$

距离为 1000 公里，（D = 1000000 米），单位做功 L_u（J）是：[6]

$$L_u = \frac{1}{2} \cdot v^2 + J \cdot g \cdot D = 4 + 218.827 = 218831 \tag{3-16}$$

在计算损失时，只考虑了分配损失；而事实上，也有必要考虑管道弯曲、接头、阀门和闸门等的集中损失。这些损失是通过计算每个相等长度的元件得到的。因此，总损失的计算，是用管道的虚拟长度，以真实管道的损失加上相等长度管道产生的集中损失的总和。很明显，计算相等长度要详细了解管道问题：第一个近似值，是虚拟长度为真实长度的 1.2 倍。因此，不考虑有关的动能变化水平，沿着长度 D 运输的单位做功是：

$$L_{u,D} = J \cdot g \cdot 1.2 \cdot D \tag{3-17}$$

然后，计算真正运输的能量消耗，有必要考虑泵站效率（η_{SP}）。如果效率为40%，可得到：

$$L_{eff,D} = 1.2 \frac{J \cdot g}{\eta_{SP}} D \tag{3-18}$$

一段 1000 公里的路，$L_{u,eff} = 656.48$ kJ/kg。

考虑到石油的低热值（41868 kJ/kg），运输 1000 公里，能量消费占运输能量的比例几乎是 1.6%。

一般来说，石油的运输工具是输油管道（图 3-2），输油管道和燃气管道，其特征如下：

● 缺点

　　—施工铺设成本高

　　—还要包括油泵站和分配站的成本

　　—万一油田或储层枯竭，很难转换

图 3-2　输油管道

● 优点

　　—能源运输成本低

　　—安全等级高 [7]

　　一般来说，输油管道由直径为 30~140 厘米的钢管组成，为了检修方便，铺设在地面上。液体以 1~6 米/秒的流速，通过油泵流出。

　　目前著名的输油管道包括：

　　● 友谊管道。它是世界上最长的输油管道，从俄罗斯开始，穿越乌克兰和匈牙利，到达德国，总距离近 4000 公里。目前是俄罗斯和哈萨克石油运往欧洲的主要途径。其运输数量可达每天 120~140 万桶。管道直径在 420 毫米和 1020 毫米之间。其中，有 20 个油泵站处于工作状态。

　　● 巴库—第比利斯—杰伊汉（BTC）管道。它被用来运输位于里海至地中海海岸的油田中抽取的石油。它有八个油泵站，总长度 1.776 公里。它有 440 公里延伸到阿塞拜疆，然后 260 公里到乔治亚州，最后 1076 公里到土耳其，每天能够运输一百万桶。

　　● 阿拉斯加管道系统。它通过近四千公里的管道，连接阿拉斯加与美国的心脏。

　　就储存而言，原油的储存量大，长期处于国家水平。这些储存代表了进口国家的战略储备。

3.5.1.1　石油衍生品

　　正如之前所介绍的，原油不能作为石油使用，而是通过加工处理获得不同类型的燃料。在预处理阶段（如除水），在压力接近大气压的蒸馏塔中，它需要经过连续的蒸馏过程。如图 3-3 所示，最易挥发的产品从塔柱顶部释放，而不易挥发的产品则在底部汇集。

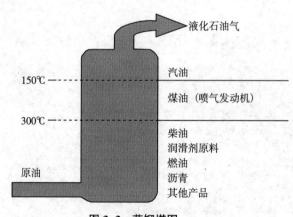

图 3-3　蒸馏塔图

根据石油的加工数量，得到的炼油产品数量有很大不同。可得到的产品数量是预先确定的，并且在精炼过程中，给定的原油类型，总会生产出所有类型的产品。平均而言，原油经过精炼，其中20%为汽油，55%为柴油和燃油，7%被内部消耗，7%为油，3%为液化石油气，3%为沥青，1%为润滑剂原料，而剩下的4%是其他产品，包括石油焦、石蜡、凡士林油等。汽油、柴油和燃油的数量占炼油产品的很大一部分（75%）。前面已经说过，根据原油加工质量，其产品一般是预先确定的，为了改变汽油和燃油的比例，根据需求进行调整，从重烃（柴油和燃油，由含有12~30个碳原子的碳氢化合物）中进一步加工得到轻烃（汽油，由含有5~10个碳原子的碳氢化合物组成）是必要的。

这个加工过程是将大分子裂解成小分子：这种处理被称为"分馏"，可以通过加热或使用催化剂完成。

主要的炼油产品包括：

● 气体（一般是液化石油气）；

● 汽油；

● 煤油；

● 柴油；

● 润滑剂原料；

● 燃油；

● 沥青；

● 其他产品。

必须要重申一下，不可能通过精炼得到单一类型的馏分油，因为它会同时产生不同的燃料。

通过后续处理，可以得到不同数量的馏分油：

● 分馏；

● 烷基化；

● 重组。

从能量的观点来看，精炼过程的效率可以定义为炼油产品（液化石油气、汽油、煤油、柴油、燃料油，不考虑这些产品的非能源利用）的能量含量与原油的能量含量之间的比值，以这种方式评估，蒸馏过程的效率近87%。

LPG（液化石油气）

液化石油气是一种应用最为普遍的石油气，主要由丙烷、丁烷和它们的混合物组成；它在压力下可以发生液化，便于运输和储存。液化石油气可以作为家庭供暖的燃料、气雾推进剂和汽车燃料。应当指出的是，目前市场上的液化石油气主要是来自甲烷的生产工艺，并通过天然气净化得到。[8]

在液体状态下，温度为 40℃时，绝对最大蒸汽压力可达 16.5 巴。温度为 15℃时，密度介于 0.508~0.585 kg/dm³，低热值将近 46100 kJ/kg。

汽油

混合物包括蒸馏范围在 20~215℃之间的碳氢化合物，是火花点燃式内燃机的燃料，用于推进车辆。

含铅汽油。遵循 UNI 20156 号规定，最低辛烷值水平为 97 RON，允许最大的铅化合物含量不得超过 0.15 克 Pb/L。

无铅汽油。遵循欧洲 228 号规定，最低辛烷值水平为 95 RON，其中铅化合物不得超过 0.013 g Pb/L。

平均而言，密度达 0.74 kg/dm³，低热值近 43350 kJ/kg。

煤油

混合物包括蒸馏范围在 180~230℃之间的碳氢化合物。它用于喷气发动机推进剂、供暖和照明燃料。除了航空涡轮煤油（ATK），无味煤油的其他产品包括：

● 家用煤油，产品燃烧时，释放少量的烟，没有气味，因此适合家庭使用和供暖目的；

● 动力煤油，具有足够的抗爆性能的馏分油，用于特殊的内燃机；

● 拖拉机煤油，农用车辆的燃料。这类产品享受国家税收优惠，经过特殊的上色处理。

密度达 0.8 kg/dm³，平均低热值近 43200 kJ/kg。

柴油

烷烃和芳香烃混合物，可在 150~400℃蒸馏提取，通过原油常压蒸馏、裂解和加氢裂化过程得到。温度 40℃时，黏度在 2.0~4.5 m²/s，平均密度约 0.83 kg/dm³，低热值近 42000 kJ/kg。

引擎柴油用于燃料自燃点火式内燃机。它的特点是由大量的十六烷组成，硫含量很低（0.005%，从 50 ppm 降低到 10 ppm，在许多市场中更低），蒸馏范围只有 95%。必须满足有关冷性能的限制。

供暖柴油用于住宅建筑中的热能生产。在黏度、蒸馏、冷性能、点火特征和硫含量方面（重量的 0.2%），它必须符合严格的限制。

润滑剂原料

主要是链烷烃的共混物（C_{12}~C_{50}），通过溶剂精制馏分油和渣油，得到不同黏度的产品。用于生产机油、工业润滑油和润滑脂。润滑脂通过在润滑剂原料中添加适当的增稠剂得到。

燃油

燃料油（HS）这个术语是指 50℃时，黏度超过 53 mm²/s，最大硫含量为重量4%的产品及其混合物。

燃料油（LS）-（SF）这个术语是指50℃时，黏度超过53 mm²/s，最大硫含量为重量1%的产品及其混合物。

平均而言，燃油的密度达0.83 kg/dm³，低热值近42000 kJ/kg。

沥青

烃的混合物（饱和或芳香烃＞C_{25}），在室温下为固体或黏稠性强的液体。具有胶体结构、热塑性、黏结性，从真空蒸馏的残留物中提取。其中一部分需要经过进一步的处理。

其他产品

石油焦。粒状或针状物质，主要由煤炭组成，经过高温分解蒸汽馏分得到。可能含有高分子量的碳氢化合物。

石蜡和凡士林。在室温下，为固体或半固体，通过提取真空蒸馏溶剂（石蜡）和真空渣油（凡士林）获得。

3.5.2 作为能源载体的煤炭

在化石燃料中，煤炭并没有作为能源载体的有利特性。事实上，因为它是一种固体燃料，从能量观点来看，它的运输是比较麻烦的。假设储存相同的能量，煤炭的储存体积比石油要大（煤：68.24 dm³/GJ；石油：28.10 dm³/GJ）。

固体煤的远程运输主要是通过水路。在许多情况下，为了使煤炭具有良好的运输特性，它需要经过几个加工过程，详细内容已经在第2章第4节中介绍（图3-4），分别是：

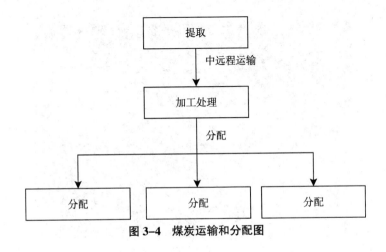

图3-4 煤炭运输和分配图

- 粉碎；
- 气化和液化；
- 烃化；
- 加氢；
- 菲舍尔—特罗普希法；
- 油煤；
- 水煤。

煤炭运输的能量消耗计算与石油类似，煤炭的平均低热值为 29308 kJ/kg，假设 $R_p=0.9$。

成本如表 3-4 所示，表示能量沿着 1000 公里距离运输的百分比。

表 3-4 煤炭运输的能量消耗

运输系统	能量消耗
公路	10.0
铁路	4.9
海路	2.9

3.5.3 作为能源载体的天然气

提到运输和储存，天然气的优点介于石油（液体）和煤炭（固体）之间。它可以通过燃气管道运输（图 3-5），但是，从能量角度来看，由于它是气体状态，运输费用比较昂贵。这种能源载体的战略重要性，是鼓励采取能源供应和技术的多元化。特别是通过海路在低温下运输液化天然气（LNG），在交货港口再气化，

图 3-5 西伯利亚燃气管线

这种方式在实践中越来越普遍。这种海上运输通过所谓的"甲烷油轮"或"液化天然气油轮"（一种装有低温储罐的轮船）运输，液化极大地减小了天然气的体积，[9] 并能够使天然气以更安全有效的方式运输（天然气在液体状态是不易燃的）。

通常运输需要在大气压下进行，温度接近 163℃（在大气压力下，天然气的沸点是 161.4℃），并且在某些情况下，由于使用压力罐，温度可以更高。

一旦抵达港口，液化天然气从船上转移到储存罐内再气化。随后被送到一个汽化器中，通过温度作用，气体膨胀发生气化，天然气回到自然状态。温度变化通常发生在管束中液化气和海水之间的热量交换中，并向气体释放热量；相反，压力变化通过在油轮中减少气体膨胀实现。

为了改变在海中不必要的分散"冷却"，再气化可以利用工厂的低温设施（例如，食品冷冻设施，通常出现在港口），通过这样的"再生"方式，可以显著节约冷冻能量。

天然气以气态，在高压下储存在汽缸中，或者在低压下储存在储气器中。在许多国家，由于可连接大量用户（包括住宅用户）的网络分布广泛，使用天然气作为能源载体非常普遍。

3.5.3.1 天然气的运输

输油管道运输相关的能量消耗计算过程，同样适用燃气管道，即：

$$L_u = \Delta H + \Delta E_p + \Delta E_c + J \cdot g \cdot D \tag{3-19}$$

对天然气来说，势能变化可以忽略不计。因此，焓变化涉及气体的绝热压缩：

$$\Delta H = c_p \cdot \Delta T \tag{3-20}$$

其中，c_p 表示恒压比热，ΔT 表示压缩引起的温度变化。为了体现绝热压缩，适用以下公式：

$$\frac{T_2}{T_1} = \left(\frac{p_2}{p_1}\right)^{k-1/k} = \beta^{k-1/k} \Rightarrow T_2 \Rightarrow T_1 \cdot \beta^{k-1/k} \tag{3-21}$$

其中，k 表示定压比热容（c_p）与定容比热容（c_v）之间的比值：

$$k = \frac{c_p}{c_v} \tag{3-22}$$

在高压缩比的情况下，如为了运输压缩天然气，压缩发生在几个内部制冷阶段。[10] n 表示阶段数，β 表示单级的压缩比。[11]

$$\beta_s = \sqrt[n]{\beta} \tag{3-23}$$

例如，一个直径 1 米的燃气管道，在 75 巴的压强下，以 10 米/秒的速度输送气体（假设三个冷藏阶段压缩）。

因此，定压比热容（c_p）、定容比热容（c_v）和 k，取决于温度。根据近似法可计算，考虑到常数 c_p、c_v 和 k 是通过计算初始和最后阶段的平均温度得到的。在任何情况下，为了简化，有必要知道最终浓缩温度。根据温度的三次多项式，定压比热容可被近似表达为：

$$c_p = A \cdot T^3 + B \cdot T^2 + C \cdot T + D \tag{3-24}$$

表 3-5 显示了计算一些气体的定压比热容（千焦/千克）的多项式系数。

表 3-5　计算定压比热容（千焦/千克）的多项式系数

气体	多项式系数			
	A	B	C	D
天然气	1.57×10^{-8}	2.22×10^{-5}	6.74×10^{-3}	2.68
氢气	6.60×10^{-8}	8.44×10^{-5}	3.61×10^{-2}	9.31

压缩终端的温度：[12]

$$T_2 = T_1 \cdot \beta_s^{k-1/k} = 298 \cdot 422^{0.15} = 370K \tag{3-25}$$

单级理想焓变化（等熵压缩）是：

$$\Delta H_{s,i} = c_p \cdot \Delta T = 3480 \cdot 72 = 247900 J/kg \tag{3-26}$$

焓的总变化可通过乘以阶段数得到：

$$\Delta H_i = \Delta H_{s,i} \cdot n = 743700 J/kg \tag{3-27}$$

考虑到不可逆性（不是等熵压缩），压缩效率 η_c 的定义如下：

$$\eta_c = \frac{\Delta H_i}{\Delta H} \tag{3-28}$$

假设热力压缩效率为 87%，有如下：

$$\Delta H = \frac{\Delta H_{s,i}}{\eta_c} = \frac{781717}{0.87} = 854840 \ J/kg \tag{3-29}$$

动能的变化是：[13]

$$\Delta E_c = \frac{1}{2} \cdot \Delta v^2 = \frac{10^2}{2} = 50 J/kg \tag{3-30}$$

石油的运输过程中势能的变化可以忽略不计。而损失损耗，根据 $\lambda = 0.00829$ 和 $J = 0.04228$，可得到 Re = 50827273。

考虑一段 1000 公里的运输路程，可得到：$L_u = 743700 + 50 + 414778 = 1158528 \ J/kg$。

在这种情况下，压缩活性和 1000 公里的负载损失是相同的量级。从能量观点来看，在任何情况下，这种压缩都是方便的。应该指出的是，在大气压强下输送气体，运输每千克天然气的负载损失（距离为 1000 公里）将增加 3 倍以上。

有关集中损失和泵站效率，与石油类似，如下：

$$L_{u,eff,D} = \frac{\Delta H}{\eta_{sp}} + \frac{J \cdot g \cdot 1.2}{\eta_{sp}} D \qquad (3-31)$$

对于一段 1000 公里的运输路程，可得到 $L_{u,eff,D} = 3490803$ J/kg。该值包括能量含量超过 7% 的输送气体。为了抵消负载损失，计划每 100~150 公里放置一个压缩机站。这些压缩机站由气体本身推动，因此这种消耗相当于天然气的消耗。在实践中，1000 公里的运输距离下，近 90% 的天然气从初始地运输到目的地；其余的用于供应压缩站。

压缩站主要由以下部分组成：

● 压缩机，通常是离心式压缩机，依靠燃气涡轮机启动，配备自己的控制系统；

● 管道和相关机械设备，完整的气体处理装置（过滤器、阀门、空气冷却器等）；

● 设备控制系统，能够管理涡轮压缩机和设备处理系统；

● 电气系统，根据不同需求和优先事项，能够保证必要的电源；

● 民用基础设施，为站内工程应用（开关室、控制室等）、人员办公室、车间和仓库服务。

目前使用的最著名的天然气管道包括：

● 蓝溪天然气管道。它是主要的国际天然气管道，输送的天然气从俄罗斯到土耳其，通过黑海，全长 1213 公里（其中 373 公里在俄罗斯境内，396 公里在海上，444 公里在土耳其境内）。最大运输能力每年近 16×10^9 m³。

● 绿溪天然气管道。它是连接利比亚至意大利的天然气管道。天然气输送量为每年 24×10^9 m³。它的长度达 520 公里，到达美丽塔的压缩机站，气体运输通过超过1000 米深的海底（最大深度 1127 米）终点到达意大利杰拉。

● 嘉思多托·恩里科·马提。它是经突尼斯，连接意大利到阿尔及利亚的天然气管道。管道起始于哈西鲁迈勒，途经阿尔及利亚的沙漠、突尼斯，经过地中海到达西西里海岸，然后在意大利扬帆，到达终点米内尔比奥的波河流域，气体储存在意大利最大的仓储中心之一。总的来说，该管道长度超过 2200 公里，370 公里在突尼斯，380 公里在西西里岛海岸。

一般情况下，除了泵站和储存系统之外，气体运输和分配系统由一个直径在 25~1200 毫米的管道组成，输送气体的压力（相对压力[14]）为 0.5~75 巴。除了国际运输天然气管道，也有本地网络（典型区域），这些网络将气体分配和交付给最终用户。

与前面章节中介绍的内容相似，也可以计算通过非专用网络的液化天然气运输船运输天然气的能源消耗。

天然气的热值低至 48180 kJ/kg。表 3-6 中[15] 显示，对于在 200 巴压强下[16] 的压缩气体，R_p 为 0.47；对于-163℃温度[17] 下的液化气体，R_p 为 0.69。

表 3-6　天然气运输的能量消耗

运输系统	能量消耗	
	压缩（200 bar）	液化（-163℃）
公路	11.6	7.9
铁路	5.7	3.9
水路	3.3	2.3

液化天然气的海路运输，能量消耗占运输能量含量的 2.3%。因此，考虑到液化和再气化（可恢复）的能量消耗，这个过程是高效节能的。

3.5.3.2　天然气的压力储存

在前面的章节中，75 巴压强[18] 下的压缩能量消耗是 855 kJ/kg。考虑到电动引擎压缩机的效率达 93%，可以得到压缩（电）功为 919 kJ/kg，相当于储存气体的能量含量的 1.9%。

除了必要的能量消耗，储存系统的相关特性包括：

● 储存容量是储存载体质量和储存系统（包括载体）总质量之间的比（以百分比表示）；

● 能量密度，从体积上看是指存储系统单位体积储存的能量；

● 能量密度，从质量上看是指储存系统（包括载体）单位质量储存的能量。

一个容量 40L，可储存 2.31kg 气体[19]（能量含量为 111352 kJ）的汽缸，其体积大约为 54L，质量为 47kg。在前文的基础上，表 3-7 显示了天然气的储存特性。

表 3-7　在 75 巴压强下压缩汽缸的储存容量

在 75 巴压强下的压缩汽缸		
储存容量	4.7	%
能量密度　体积	2062	kJ/lite
能量密度　质量	2369	kJ/kg

3.5.4　作为能源载体的电流

自 20 世纪以来，电能在能源领域中的应用非常重要，在经济系统中使用电能，为社会生产活动带来了巨大的变化。电能首先在发达国家广泛使用，随后通过各种形式的个人和社会活动，传播到世界上所有国家。

由于电能的应用，人类的生活条件逐步改善（从卫生和社会关系的角度来看，电能可以使人类获得越来越多的信息、文化和休闲），促进技术开发和相关生产活动的发展，同时减少手工业活动。

电力已成为基础能源，随着用电服务数量和质量的不断提高，其战略重要性也注定会增长。对于工业化国家电网，传输电压非常重要，为了让用电服务在技术上和经济上可行，应该随着用户的距离增加而增加。

作为能源载体，电能由于其运输特性显示出一些不同寻常的特点。事实上，它可以在中远程进行传输，并且能量消耗较少。然而，电力不能直接储存，但有不同类型的间接存储，其中一些在大型市场应用中非常有效。

3.5.4.1　通过电流载体的能量运输

从发电站到用户，电力在不同的通路上以不同的电压进行传输[20]（图3-6）。

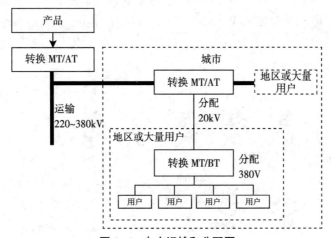

图 3-6　电力运输和分配图

一般情况下，为了减少运输过程中的能量损失，必须使用高电压。事实上，这些损失是由于焦耳效应。ρ 表示电缆的电阻率（Ω/m），V 表示电压，I 表示电流，$\cos\varphi$ 表示功率因数，[21] 电缆每米的能量损失（Q）为：

$$Q = \rho \cdot I^2 \tag{3-32}$$

电力 P_E 为：

$$P_E = V \cdot I \cdot \cos\varphi \tag{3-33}$$

因此：

$$Q = \rho \cdot \frac{P_E^2}{V^2 \cos^2\varphi} \tag{3-34}$$

功率因数（$\cos\varphi$）为常数，根据电缆的特性 ρ，可得到：

$$Q = K \cdot \frac{P_E^2}{V^2} \tag{3-35}$$

由于安全性和技术经济原因（家用电器要求较低的单位功率），分配和利用的电压相对较低（根据不同的情况和地理区域，有 100~120V、220V、380V），因此在生产、运输和利用的阶段，电压需要有所差异。

这将适用于进一步提高电力传输电网的运行电压，但由于绝缘电缆成本高，电缆的机械不稳定，以及典型高电压存在的耗散现象（电晕放电），使其受到实际限制。此外，超过一定阈值的电压，其基础设施、变压器、传输线和其他基础设施的成本迅速增加。需要重申的是，由于电力不能以其形式储存，电网中的电力如果不立即使用，就会丢失，造成经济损失。

输电网最重要的是网状建设，确保即使在线路故障的情况下，也能保持供电的连续性。

正如上文提到的，根据不同的生产、运输和使用需求，传输电网的电压各不相同。一般来说，远程高压线是以 220kV、400kV 的电压，或是 765kV 的"特高电压"运行（见图 3-7）。网状节点包括从发电厂输入能量的升压变压器，和通过区域或省级调度网络提供能量的降压变压器。

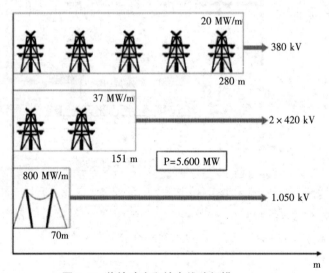

图 3-7　传输功率和输电线路规模

降压变压器，工作电压 60~150 kV，为基础配电网提供中等电压（10~20 kV），其传输范围不超过几十公里，在农村地区受到最大限制。最后的运输发生在转换站，为用户提供电压为 100~120V、220V 和 380 V 的电能。

由于电能在整体能源结构中的战略作用，配电网必须符合严格的要求，保证供电的连续性，在一定范围内减少电网频率变化，以及尽量减少额定电压在交接点的延误。

电频变化，可以使同步或异步电动机的旋转速度产生振荡，而电压的差异可能会导致发电厂不同设施的电压下降（电线、变压器等）。

网状电网可以满足这些要求，在电线故障管理方面增加很大的灵活性，并且解决电力生产和消费缺乏统一性的问题。

例如，为防止电线或发电机发生故障，需要发电厂多提供10%的电量，以应对全网负荷。此外，每个节点至少应有两条电线，一旦其中一条发生故障，另一条电线可以满足负荷需求。还要有专门的系统，可以自动调节电频和电压，获得良好的供电标准。例如，西欧的大型互联网络的频率振荡是0.1Hz，额定频率为50 Hz（0.2%）。

已经提到的技术问题需要仔细分析，以最具成本效益的方式解决，以减少输电线路的环境影响。事实上，要认真分析导体与载体之间的间隙，主要是转换瞬态放电的电线，还有导体与地面之间的间隙，以避免对放在电线上的物体放电。此外，导体的选择不仅要根据焦耳效应的损失，还要考虑电晕放电和无线电干扰的损失。这些问题的技术经济解决方案可能具有巨大的优点。一条1050 kV电压的电线，可以以70米而不是280米（如果使用380 V电压的电线，必须要280米）的长度，提供5600兆瓦的功率（如图3-7）。用1050V的电压可以得到较高的能量密度（80毫瓦/米，而不是20毫瓦/米），达到良好的效果。

根据不同国家的电力标准，配电网的特点有所差异，特别是配电系统，提供给用户的电压和电频，以及家用插座的类型均有所不同。

配电系统可以是：

● M：单相；
● S：中性三相星形；
● D：三角形和第四线在绕组中间；
● T：三相三线，最后两相分配。

表3-8 显示了一些国家的配电特点。

表3-8 一些国家的配电特征

国 家	配 电	家用电压	电 频
意大利	S 230/400	230	50
英国	S 240/415	240	50
日本（东）	D 100/200	100	50
日本（西）	D 100/200	100	60
中国	S 220/380	220	50
美国	S 120/208	120	60
	D 120/240		
	T 460		

图 3-8 显示了以家用电压和电频表示的世界地图。

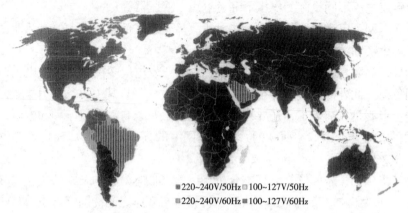

■220~240V/50Hz □100~127V/50Hz
■220~240V/60Hz ■100~127V/60Hz

图 3-8　家用电压和电频的分布地图

因此，给定相同的输送电力，损失与电压的平方成反比。

日本（东）[22]、日本（西）[23]

由于这些原因，运输以非常高的电压运行，220V 和 380V 或更高。在城市中心配电，为了安全起见，输送电压会降低（20 kV），而除了为大用户供电，其他都是以用户使用电压运行。在任何情况下，都会尝试最小化低电压的传输距离。

在运输过程中的功率损失百分比（$P_{d\%}$）与运输的功率和距离成正比（D）：

$$P_{d\%} = \frac{Q}{P_E} = \frac{\rho}{V^2 \cdot \cos^2\varphi} P_E \cdot D \tag{3-36}$$

铜电缆的电阻率 $\rho = 1.72 \times 10^{-8}$ Ω/m

如图 3-9 所示，考虑平均功率因数为 0.75，1000 公里的功率损耗。

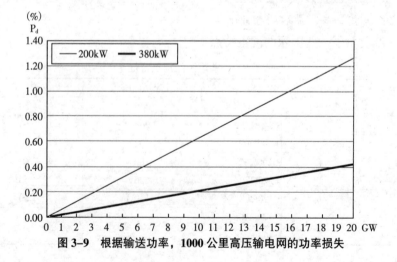

图 3-9　根据输送功率，1000 公里高压输电网的功率损失

给定所有相同的因素（包括输送功率）功率损失比相当于电压的平方比，这解释了不同的电压转换，虽然它们显然是变压器效率产生的功率损失（图3-6）。例如，在500公里内输送10 GW的电功率，380 kV（HV）的电线上的损失相当于输送功率的0.1%，而在20000 V（MV）的电线上，损失相当于输送功率的38.2%。

3.5.4.2 电载体的能量储存

由于电能的内在动态性，以及不同电压下电流本身存在的不稳定性，电能无法经济地储存。

然而，有不同的间接存储方法，即通过转化过程，将电能转换为适合储存的形式，当有需求时，储存的能量通过相反的过程转化为电能，例如：蓄电池和电泵站。

通过电化学蓄电池储存

将间接储存电能广泛使用的技术是蓄电池，这些设备通过电化学反应，将电能转化为化学能，并定义为Ⅱ型或充电电池，以区别于Ⅰ型电池（不能充电）。事实上，Ⅰ型电池只能放电，在能量释放的过程中，产生不可逆的现象，导致化学活性材料的结构变化，使化学转换不能够恢复至初始配置。在某些情况下，虽然有可能触发充电过程，但能量也不能再使用（高电压）。

相反，Ⅱ型电池中，这种能量可以通过相反的过程，重新转变成电能。该储存过程的效率[24]平均为85%。

其工作原理很复杂。从结构的角度看，"传统"蓄电池可以描述如下：两个电极浸在电解液中，一个正极和一个负极，可以连接供电和充电的电路（如图3-10所示）。

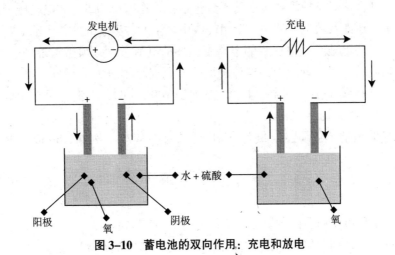

图 3-10 蓄电池的双向作用：充电和放电

当蓄电池作为一台发电机，提供直流电流时，电子从正极流出，回到负极。[25]

通常来讲，蓄电池是电能的电化学发电机，因为它们在放电过程中释放电流，可通过电化学反应将化学能转变成电能。显然，在充电阶段发生相反的情况：从电网中获得电能，通过相反的电化学反应，以化学能的形式存储。

因此，蓄电池是与电池和其他所有电化学发电机结构类似的原电池，它可以提供部分化学能，其活性物质以直流形式在用户电路中循环。蓄电池的充电通过与合适的直流发电机连接来进行。

最简单的蓄电池形式，主要包括两个电极：一个正极和一个负极，以及电解液。

除了包含活性物质的两个电极，蓄电池还包含其他部分："集流体"，从电极处运输电子；"分离器"（浸泡在电解质中），防止两个正负电极在电池中接触，造成短路。

蓄电池可以由单一元件组成，但通常是由多个元件串联组成，在这种情况下，它被称为二次电池（一般来说，通常省略"二次"一词）。确定电池夹之间的电压，除了通过电化学系统，还可以通过串联的元件数量。例如，一个常见的12V汽车铅蓄电池是由六个铅电池串联组成，每一个是2V。更普遍的是，供电设备以不同的电压运行，满足不同的功率水平的需求；根据供电电压和功率，通过采用的电化学系统和元件数量来确定蓄电池的大小。原则上，蓄电池的供电容量不应该受到充电和放电周期的影响。但在实践中，每个充电和放电周期，电极都会在结构和体积上发生变化，蓄电池的性能逐渐减弱。因此，设计每一个蓄电池时，必须考虑到这一因素，并尽可能避免这种现象发生。

为了评估蓄电池的性能，可考虑各种参数：额定电压、容量、能量、功率、使用寿命和性能。其他需要考虑的参数包括：工作电压和最终放电电压。

额定电压涉及蓄电池的每一个组件或由多个元件串联成的整个电池。

容量是蓄电池在放电过程的电路中循环的电荷量（必须指定条件）。这取决于活性物质的质量，理论上的电流强度一般以安培小时表示（Ah），即蓄电池在放电过程中持续 1 小时供应的电流（例如，100 Ah 的蓄电池，可在 100 小时提供 1A 或在 1 小时提供 100A）。

比容量是指单位质量（例如 Ah/kg）或单位体积（例如 Ah/dm³）的蓄电池的容量。

蓄电池能够提供的能量，由容量乘以平均放电电压得到，一般以瓦小时表示（Wh）。

比能是指单位质量的蓄电池可提供的电量（Wh/kg）。

能量密度是指单位体积的蓄电池可提供的电量（Wh/dm³）。

功率是蓄电池可提供的，由平均放电电压乘以电流得到，用瓦（W）表示。

比功率用瓦特/千克（W/kg）表示。

功率密度用瓦特/立方分米表示（W/dm^3）。

为了提高效率，可考虑以下方面：

● 电流效率（蓄电池在放电和充电过程中安培小时数的比值）；

● 能量效率（放电过程提供的能量与充电过程吸收的能量之间的比值）。

使用寿命主要取决于蓄电池的工作条件，因此也可以特指充电和放电的稳定状态。特别是，当蓄电池被连续循环充电和放电时，循环寿命是指蓄电池连续充放电的循环能力。在这种情况下，使用寿命一般是表示充电和放电的次数，产生预先确定的初始值比例（一般为80%）的容量会下降。

工作电压是当蓄电池供电时，正电极和负电极之间的平均电压。

最终放电电压是因为技术和经济原因，停止放电的工作电压。

蓄电池可以根据所使用的电化学系统分类，因此可以确定不同类型的蓄电池。目前最普遍的工业化系统包括：

● 铅电池；

● 碱性电池（镉镍或镍金属氢化物）；

● 锂电池。

根据应用类型，蓄电池可分为：固定系统畜电池、牵引蓄电池、启动蓄电池和便携式蓄电池。

固定系统蓄电池（固定蓄电池）是固定或浮动系统的（铅或镉镍）蓄电池，安装在电力站、通信站、医院等地点，提供应急电源（照明或其他服务）。

牵引蓄电池是供电给电动车辆牵引（城市中心的工厂、高尔夫球场、火车站和机场等）或船舶推进的蓄电池。通常，在这些蓄电池中，电解质渗透管含有活性物质，集中在底盘。它们要求：

● 长时间放电；

● 良好的耐机械应力。

板数据应包括：额定电压和放电容量5小时。

启动蓄电池（APU辅助动力装置）用于车辆的一系列功能：启动和点燃内燃机、照明及辅助服务。

便携式蓄电池的特征是具有高致密性和良好的耐碰撞性和振动性。另一个基本特征是密封性，以防止电解液泄漏，腐蚀蓄电池中的设备组件。

铅酸蓄电池

铅酸蓄电池，是首个商业化的二次电池，随着便携式能源需求的增长以及其他不同的应用目的，其生产量逐渐增加：从引燃船舶和飞机，到车辆电气系统和燃油喷射系统的能量供应；从发电厂的能量储存，到紧急需求的不间断能量供应；从通信设备的能量使用，到计算机存储器电路的能量供应。

铅酸蓄电池，反应简单，实现方便，已经发展至多种类型和使用目的。

主要特征包括：

● 优点

—生产便宜方便

—多种尺寸，从小（1Ah）到大（大于100Ah）

—高放电速度性能好（启动）

—高温和低温的良好性能

—良好的电效率（约60%）

—高电池电位：2.2V（它是使用水电解质的各种电池中最高的）

—充电状态的指示简单

—间歇性充电应用的良好容量保持性

● 缺点

—充放电周期次数中等

—能量密度有限（30~40 Wh/kg）

—电荷保持力低（硫酸）

—在放电条件下电池储存可能会导致不可逆的电极偏置

—氢和氧的演变（爆炸性混合物）

铅酸蓄电池的化学反应如下：

负极：$Pb + HSO_4^- \underset{充电}{\overset{放电}{\rightleftharpoons}} PbSO_4 + H^+ + 2e^-$

正极：$PbO_2 + HSO_4^- + 3H^+ + 2e^- \underset{充电}{\overset{放电}{\rightleftharpoons}} PbSO_4 + 2H_2O$

总反应：$Pb + PbO_2 + 2H_2SO_4 \underset{充电}{\overset{放电}{\rightleftharpoons}} 2PbSO_4 + 2H_2O$

可以看出，在正负电极上，充电和放电的化学反应发生在硫酸铅的形成和消失过程中，电解液中的硫酸，在放电过程中被消耗，生成水。

硫酸铅的过度形成（硫酸化）会在电极上产生大量的附着物，导致在下次充电过程中活性物质的损失。

电解液（硫酸）可以作为铅和二氧化铅的活性物质，在一些应用中，它可以作为限制剂。

当电池接近完全充电状态时，硫酸铅完全转化为铅和二氧化铅，电池电位达到最高值（2.39 V），水的电解过程开始，也就是说：

负极：$2H^+ + 2e^- \rightarrow H_2$

正极：$H_2O \rightarrow \frac{1}{2}O_2 + 2H^+ + 2e^-$

总反应：$H_2O \rightarrow \frac{1}{2}O_2 + 2H^+$

在密封电池中，这种反应受到限制，因此氢与氧的形成反应如下：

$$Pb + HSO_4^- + H^+ + \frac{1}{2}O_2 \rightarrow PbSO_4 + H_2O$$

$$PbO_2 + HSO_4^- + H^+ + H_2 \rightarrow PbSO_4 + 2 H_2O$$

如果电池是密封的，这种反应只发生在充电阶段。事实上，这些类型的电池有一个安全阀，当打开时内部压力达到 4 巴。

开路中的额定电池电位为 2V，虽然这取决于电解质溶液的浓度（例如，V = 2.125V 的电池，溶液比重为 1.28 g/ml；V = 2.05 V 的电池，溶液比重为 1.21g/ml）。在放电结束时，如果以低电流进行，它可达到 1.75 V，而放电发生在高速和低温的情况下，它可达到 1 V。

电池电位取决于溶液的浓度，溶液比重的选择取决于电池的应用目的。原则上可以说，溶液浓度，必须有良好的离子电导率，既不能损害分离器，也不能腐蚀电池内部组件，比如辅助电极材料的金属网格。

铅酸蓄电池的开路电压（OCV）是温度和电解液浓度的函数，能斯特方程表示如下：

$$E = 2.047 + \frac{RT}{F}\ln\frac{a_{H_2SO_4}}{a_{H_2O}} \tag{3-37}$$

其中 E 是电池的开路电压（V），R 是气体常数（8314 J/K mole），T 是温度（K），F 是法拉第常数（96.490C），a_i 是混合物的活性（浓度）(摩尔/升)。

由于在放电过程中电解质浓度变化，能斯特方程中硫酸的相对活性发生变化，因此电池的开路电压也发生变化。由于溶液的浓度变化导致其比重成比例变化，若电解液密度是已知的，就可以推导出开路电压值。但是这不适用于不同类型的电池。

开路电压也或多或少会受到温度的影响，甚至根据电解质的浓度，温度有时会与开路电压成反比。例如，当溶液浓度超过 0.5 M 时，开路电压温度系数 dE/dT 为正，而当溶液浓度小于 0.5 M 时，温度系数为负。

通常情况下，铅酸电池的运行是在浓度超过 2 M（相当于密度为 1120 g/ml），温度系数约+0.25 mV/℃下进行的。

铅酸电池的自放电率（电容量损失，或充电状态时，外部充电不适用）是相当快的，但它可以通过制造设备大大降低。自放电率取决于不同的因素。硫酸溶液中的铅和二氧化铅是不稳定的，在开放电路中（蓄电池没有连接充电，例如蓄电池储存在一个仓库），它们的反应是电解质化学，而不是充电运行发生的电动态。正电极产生氧，而负电极产生氢，速度取决于两种气体形成的过电压和浓度（气体生成数量随浓度的增加而增加）：

正极：$PbO_2 + H_2SO_4 \rightarrow PbSO_4 + H_2O + \frac{1}{2}O_2$

负极：$Pb + H_2SO_4 \rightarrow PbSO_4 + H_2$

第一个反应，通过正极自放电，硫酸铅的形成是缓慢的，通常每天低于0.5%（25℃）。而负极自放电（第二个反应），通常很快，特别是当电池受到各种金属离子腐蚀（例如，由于腐蚀正极释放的锑）的时候。事实上，它可以传播到负极，造成局部氧化还原反应，阳离子锑减少，铅离子氧化，转化为硫酸铅。由于硫酸与电极反应形成硫酸铅，使其中一边的活性电解材料的数量降低（电极被"消耗"），而另一边的电解质浓度和密度降低。在一些电池中，金属网格使用铅锑合金，每天容量损失约为电荷的1%（25℃），并且当电池老化时，容量损失增加为2或5。锑含量低的电池，每天容量损失小于电荷的0.5%，并且老化时不会增加。

"密封"电池（或无维修）和电荷保持电池，使用低锑或无锑网格，例如钙铅合金网络，自放电最小。在任何情况下，因为使用含锑合金还有其他积极影响（例如机械稳定性），锑元素并不禁止使用，但会使用低锑合金。

自放电也取决于温度，特别是放电量随着温度的增加而增加，但低于-10℃则保持不变。可以通过将电池温度保持在5~15℃，使自放电降低。

镍氢—镍镉电池

镍氢电池（NiMH）是镍镉电池（NiCd）的演化，它们具有高能量密度的优点，能量密度达30%~40%（Wh/kg或Wh/dm³），而且它们也没有使用重金属的缺点。

对于镍镉电池，半反应为：

负极：$Cd + 2OH^- \Leftrightarrow Cd(OH)_2 + 2e$

正极：$2NiOOH + 2H_2O + 2e^- \Leftrightarrow 2Ni(OH)_2 + 2OH$

总反应：$Cd + 2NiOOH + 2H_2O \Leftrightarrow Cd(OH)_2 + 2Ni(OH)_2$

镍氢蓄电池充电的电化学过程，在负极，由镍和稀土组成的金属合金（例如，M=镍/镧合金——五镍化镧），反应如下：

负极：$MH + OH^- \Leftrightarrow M + H_2O + e$

正极：$NiOOH + H_2O + e^- \Leftrightarrow Ni(OH)_2 + OH^-$

总反应：$MH + NiOOH \Leftrightarrow M + Ni(OH)_2$

特别是，使用金属合金能够储存并且释放出比它们体积高 1000 倍数量的氢。电解液是氢氧化钾（KOH）稀溶液，还有为提高电池性能而添加的含量较低的其他化合物。

阳极和阴极之间的分离器由尼龙薄膜制成，用于防止电极之间的任何电接触，并允许足够的离子交换，镍氢（镍金属氢化物）元素的构造与镍镉元素（更准确地说是：碱性电解液的镉镍系统）非常相似，主要的区别在于负电极的结构。金属镉（在充电条件下）被能够吸收大量氢的金属合金所取代，而不增加压力。这两种类型电池的正电极化学过程是相同的，而负电极发生变化。

镍氢电池，在充电过程中，氢原子被储存在金属网格中，产生金属氢化物。在放电过程中，原子从金属网格中移出，脱离基本金属合金。镍铬元素，在放电过程中，镉转化为氢氧化镉。这两种类型的电池，都具有超大负电极（相比于正极），防止在完全放电或过度充电的情况下，损害蓄电池元件。

图 3-11 和图 3-12 显示了电池性能随温度和电流变化而发生的变化。特别是，当以充放电倍率[26]所表示的电流强度增加时，放电电位值急剧下降，而当温度降低时，放电电位变化甚至更加明显。至于容量，温度增加通常是正面影响，但是这个值不应超过分解、蒸发和降解等过程的阈值，这些会触发本身的电化学反应。图 3-14 中锂离子电池对容量的解释更为明显。

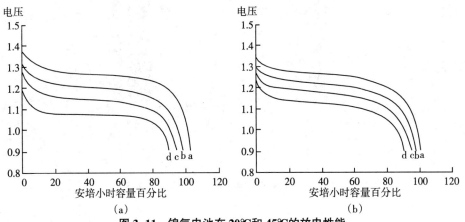

（a）   （b）

图 3-11　镍氢电池在 20℃和 45℃的放电性能

锂离子电池

锂离子电池在 20 世纪 90 年代进入市场，比上述其他蓄电池具有更高的能量密度、充放电循环次数和放电性能，但成本也较高。在充电的电化学过程中，正极由石墨组成，化学反应表示如下（图 3-13）：

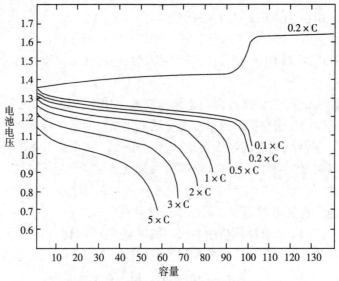

图 3-12 镍镉电池的充电和放电特性

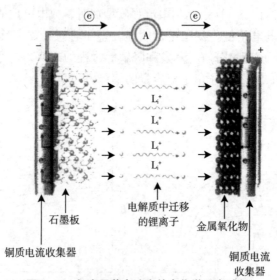

图 3-13 锂离子蓄电池中的电化学反应过程

$C + yLi^+ + ye^- \Rightarrow CLi_y$

锂插入石墨层，而在负极，由锂和钴的氧化物组成，发生的电化学反应如下：

$LiCoO_2 \Rightarrow Li_{1-y}CoO_2 + yLi^+ + e^-$

因此，电池的总反应是在两个电极之间迁移的锂离子，这个系统中没有金属锂。而在放电过程中，从相反方向发生反应，电极的极性倒置。

刚被制造出来时，这些电池是完全放电的。因此，必须从外面强加一个合适的电位，在使用前，将一个隔间（锂钴氧化物锂 $LiCoO_2$）的锂离子转移到其他地方（石墨）。当放电电位和充电电位没有得到适当控制时，这些设备很容易失去自己的特性。

这种类型的电池可以使用两种不同的电解质。第一种是在具有高介电常数的非水溶液（碳酸丙烯酯、碳酸乙烯酯、二甲基亚砜等）中溶解锂盐（$LiPF_6$、$LiBF_4$、$LiClO_4$ 和 $LiAsF_6$），为了降低黏度和增加溶液的离子电导率，还要添加其他有机化合物（四氢呋喃、碳酸二乙酯等）。

第二种是由锂导体聚合物，通过在合适的胶凝聚合物上固定锂盐溶液获得。

锂离子蓄电池在很多应用中显示出有趣的特性：

● 高电压（3.6 V），约等于目前碱性电池电压的 2 倍（图 3-14）；

● 高质量和体积比能（对于移动电话特别重要，因为蓄电池的重量占移动电话总重量的很大一部分）；

● 使用寿命长，在充放电循环次数方面，从一个循环到下一个循环的容量损失较低；

● 环境污染小。

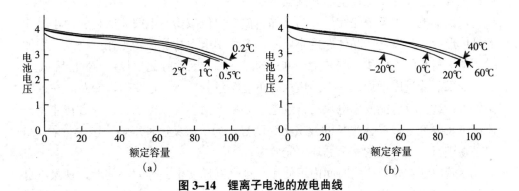

图 3-14　锂离子电池的放电曲线

对利用固体聚合物电解质的锂电池进行研究得出，锂离子蓄电池的容量低于负极由金属锂组成的蓄电池。

这些蓄电池，阳极采用锂金属薄膜，即薄薄的一层聚合物固体电解质，而阴极与金属接触（由过渡金属氧化物形成，如镁、镍或钴）。聚合物层具有非常低的离子电导率，也作为阳极和阴极之间的隔板。

在这些电池中，电极是由一种特殊的锂混合物组成。在充电—放电过程中，离子在电极之间移动，锂离子电池被激活。由于采用特殊的锂化合物，该类蓄电池很容易保养。

锂离子电池的特点是其高性能，这使得它的应用范围非常广泛。锂电池可以充电 1000 次以上，没有所谓的"记忆效应"。

锂电池的能量密度也很高：几乎高于镍镉电池的两倍。锂离子电池也能承受过度充电。

锂电池可以连续充电，例如用于无线电话的电池，而许多镍镉电池包的使用寿命不超过几个月。

锂电池的自放电损失低于镍镉电池和镍氢电池近 50%，并且有较长的贮存时间。每个锂电池都具有高电压（3.6V），因此它们不与干电池或镍镉电池的电压兼容。它们的主要应用是电池组，每一个锂离子电池可以取代三个镍镉电池。

记忆效应和放电电位降低

如果电池在它完全耗尽前进行反复充电，它会"忘记"还有更高的能量容量。换句话说，如果最初可以完全充电的电池，只使用了 70% 的能量容量，然后再次充电，电化学装置会意识不到没有使用的 30% 的能量潜力。

这种现象一般发生在一些航空航天应用的镍镉电池中；它可能不包括其他地面应用，一些极不寻常的情况除外。

"真正"的记忆效应经常与常见类似的放电电位降低现象相混淆，这种现象通常很容易地发生在镍镉电池和镍氢电池中。

镍镉电池，由于镉晶体尺寸的增加，放电电位减少。电解质的材料由小尺寸的晶体形成，只有这些晶体保持小尺寸，电化学电池才能适当工作；当尺寸增加时，电极材料的表面积急剧减少，电压随之下降，因此电化学装置的性能降低。

如果晶体过度增加，它们的边缘有可能穿过分离器，造成电极短路。在这些条件下，甚至有可能发生电池的自放电。如果电池连续充电几天，或者在非完全使用下反复充电，晶体生长的效果更为明显。为了避免这种影响，至少每隔 2~3 周必须进行一次电池的完全循环（充放电）。

尽管电池在较长一段时间内不使用，也会同样发生晶体大小的增长现象（自我成长）。在这种情况下，恢复初始特性必须要经过一个深度的放电过程，使保留在电化学电池中的能量完全消耗。

镍氢电池，降低放电电位来自过度充电过程，从 β-γ 型修改氢氧化镍晶体结构，γ 比 β 的电极电位低约 50 mV。这种类型的电池现象可以通过电化学装置的完全充电和放电的过程移除。

最近的技术似乎解决了这一问题，目前一些制造商已经不再生产任何类型的有"记忆"效应的镍氢电池。锂电池没有放电电位降低的缺陷，因为在充电和放电过程中（锂离子的嵌入和脱嵌），无论是晶粒尺寸，还是电极材料的晶体结构，都没有发生改变。

电化学蓄电池之间的比较

在上述研究的基础上，可以对主要类型的蓄电池进行性能的比较（表3-9）。

表3-9 不同类型蓄电池的特性

特 性	铅电池	镍镉电池	镍氢电池	锂电池
能量密度	中等	中等	非常高	非常高
循环表现	一般	优秀	良好	优秀
自放电	低	低	低	非常低
快速充电	一般	优秀	良好	一般
高电流充电	良好	优秀	良好	一般
可靠性	优秀	良好	良好	一般
成本	非常低	低	高	高
电压兼容性	一般	优秀	优秀	几乎没有
环境影响	高	非常高	非常低	低
放电电压稳定性	一般	优秀	优秀	一般

电池的额定值包括：

● 机械特性

　　—尺寸

　　—容器材料

　　—电极类型

　　—金属合金

　　—通风口

　　—垫圈

　　—把柄

　　—电缆终端

　　—电解质

● 电气特性

　　—额定电压 U_n (V)

　　—容量：C_n (Ah)

　　—额定电流 I_n [1 A（100 h 电流）]

　　—充电电压：V_{max}（V a 25℃）

　　—最终充电电压：V_{min}（V a 25℃）

　　—极限温度（在℃操作范围）

　　—自放电（每月的百分比）

　　—最短持续时间（年数取决于温度、放电周期和强度）

——允许放电（容量的百分比）

——维护（每年的次数——如：加注）

表 3-10 和表 3-12 显示了锂电池的最佳性能。作为蓄能器，锂电池每月自放电近 12%，虽然该值也相当高，但锂电池的自放电最低。作为能量发电机，它们表现出最好的性能，与镍镉和镍氢电池相比，工作潜在价值高出 3 倍，而与铅电池相比，几乎增加了 1 倍。它们的比能和能量密度是最高的，因此作为能源载体，具有最好的性能。锂电池的循环次数高，虽然相比其他电池昂贵，但每次循环的成本低，从经济的观点来看，这才是最重要的。因此，可以理解锂电池在市场上取得的成功。

表 3–10   不同电池的最佳性能

特性	铅电池	镍镉电池	镍氢电池	锂电池
放电电位	2.1	1.2~1.0	1.2~1.0	3.7~3.5
比能	30~40	60~85	80~100	90~120
能量密度	75~100	140~180	240~300	300~380
每次循环成本	0.25	0.06	0.1	0.08~0.05
充放电循环次数	500	1000	450	600~1000
自放电	21	15	20	12
功率密度	210	1000	800	500
温度区间	−15, +40	−40, +45	−40, +45	−20, +50

超级电容器的储存

超级电容器（图 3-15）通过串联的电化学双层（EDL）超级电容器储存电能，在蓄电池内（可充电电池）不发生化学氧化还原反应。

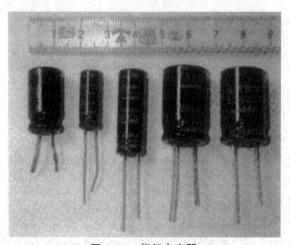

图 3–15   超级电容器

因此，超级电容器是"电物理"蓄电池。最简单的超级电容器是由两个可极化电极、[27] 隔膜和电解质组成的；电场是存储在电极和电解质之间的界面。

具有平行板的电容器的电容 C（F），取决于平行板的面积 S（m²）、它们的距离 d（m）和电介质的介电常数 ε（F/M），关系如下：

$$C = \varepsilon \cdot \frac{S}{d} \tag{3-38}$$

如果电容器是另一种几何形状，S、d 和 ε 的容量表达式是另一种形式，但函数关系还是一样的。一般情况下，为了增加容量，可以尽可能地增加电极的表面积，或者最小化它们的距离，并且要具有一个高的相对介电常数 ε_r。[28]

这种类型的能量储存系统，其优点是功率密度高和耐久性；另外，与传统电池相比，其能量储存更可逆。但事实上其物理过程也有缺点，超级电容器中的电荷储存量是有限的，取决于电极/电解液的表面积。超级电容器可以有不同的类型，取决于电极或电解质的类型。

这些大多是使用水或有机溶液的电解质，以及表面积大的煤基电极。为了增加电极的表面积，研发出含有碳纳米管的材料，其他研究的目标是获得由纳米碳膜组成的电极。这种碳膜具有的真空沟纹理表明了材料的高孔隙率和低密度。

纳米结构碳膜的高孔隙率，可使活性表面（1.400 m²/g）达到下列值：

● 比容量为 75 F/g；
● 最大能量密度为 76 Wh/kg；
● 最大功率密度为 506 kW/kg。

与电化学电池相比，双电层电容器不受磨损：它们可承受超过 500000 次的充放电循环，最低使用寿命为 10 年，不会因为时间而发生容量变化。

尤其重要的是，它们的容量能够以非常高的电流进行充电和放电。因此，在混合动力和电动汽车电池，以及所有需要快速进行高能量充放电的设备的应用上，它们成为极具吸引力的电能储存解决方案，被称为"再生制动"。在能量回收制动或再生制动的情况下，车辆的动能转化为电能，快速进行储存，并且在需要的时候释放能量，在随后的加速过程中被再次使用。

特别是在城市交通中，其驾驶特点是连续加速度和突破，以这种方式有可能恢复到能量的 25%。

类似的节能潜力与当地铁路交通有关，通过它可以在制动过程中储存能量，在随后的重新启动中释放能量。考虑到这些交通工具的停止和启动，能量回收可以很容易理解。适合这些应用的系统已经投入市场。

这个解决方案最受关注的部分是设备由固体成分组成，使用高分子固体电解质，而不是传统的液体电解质。在中期内，与传统系统相比，该设备预计会提供更好的性能、更高的安全性和更长的持续时间。

超级电容器的一些应用包括：

● 备用电源，家用电器（袖珍计算器、照相机、摄像机）中，当关闭电器时，保持时钟、程序记忆或功能，例如：更换电池、输出功率等；

● 主电源，家用电器的电源按钮，用于家用电器的充电系统；

● 替代能源，与太阳能电池组合，在绝缘期进行充电，作为在夜间或在非阳光环境下的电源。

水轮泵站的储存

泵站是一种非常有效的电能间接储存的系统。

在这种情况下，涉及几个能量转换：通过电动马达，电能转化为机械能，然后，如图 3-16 所示，将位于一定高度的后湾水库中的水，通过水泵传送到更高高度的水池，使能量转化为重力势能；在相反的过程中，水的重力势能在管道中转化为动能，然后通过水轮机转化为机械能；最后，这些能量通过发电机产生电能。

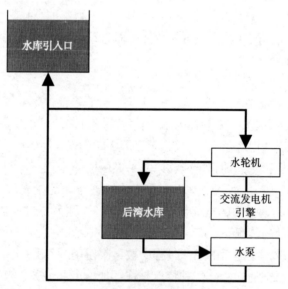

图 3-16　泵站简图

这个过程的整体效率[29]平均可达 75%。

热储存和磁储存形式

这一研究领域取得了非常令人鼓舞的结果。对于前者，温度范围在 100~150℃，用高密度聚乙烯（HDPE）进行了成功试验；而对于后者，操作超导电性的阈值增加，因此可以期望在未来通过电磁场储存电能。

动态储存形式

能量以这种形式存储是一种比较古老的技术，被广泛应用于内燃机。在设计能源系统时，为了减少消耗，会越来越多地考虑安装机械化或充放电引导的飞轮装置。

降低维修，使持续时间和电力储存密度基本上不依赖充电和放电趋势，这个技术生命周期预计为 20~30 年。这使得飞轮对那些缓慢充电且快速放电循环的应用很有效，反之亦然。

考虑到这些积极因素，叶片的动态平衡、支撑轴承的润滑，以及功率损失最小化等问题将会出现。可能的解决方案是磁性转子悬浮液，虽然其管理仍然很复杂。从芳纶到尼龙再到钢，已经对不同的材料进行了测试，但目前的趋势是向复合材料发展，因为其具有潜在的高能量密度。

3.5.5 作为能源载体的氢

氢气可以运输，并且能够以气体、液体或固体状态储存，特别是它可以被特殊材料吸收。每一种形式的氢都表现出不同的优缺点，虽然大多已被使用，但为了完全可靠，并且在经济和商业上具有竞争力，所有的形式都需要在研发方面进行重大的努力。

如果运输气态氢，可以开发一个类似甲烷管道系统；但有关材料的一些问题亟待解决，而且需要一个更高的压缩能量（与甲烷相比，在相同的操作压力下，同等能量的低热值氢气的体积更大 [30]）。以液态运输表现出了更复杂的问题，它似乎只有在大批量和高里程时才更便利。

为了得到更广泛的使用（如在交通运输行业），氢气在分配给用户使用时，需要一个合适的配电网络基础设施，并且需要巨额的投资。储存技术取决于应用，特别是需要高能量密度的车载交通工具。目前的解决方案（汽缸、氢化物、液态氢）可能无法保证在中长期内大规模的分配。因此需要进一步的改善，或提出新的解决方案，这是全世界研究和发展的趋势。

3.5.5.1 氢的能量储存

主要的氢储存系统包括：

● 压缩气态氢；

● 液态氢；

● 金属氢化物；

● 碳纳米结构；

● 晶体微球；

● 氨。

压缩氢气的储存

新型材料能够以非常高的压力使氢气保存在储罐内，因此，减少了重量和体积（图 3–17）。

图 3–17　压缩氢气的标准汽缸 200 巴压强（50 升）

这些装置在运输应用上是基本的，因为它们会在自主性和承载能力方面造成严重限制。使用金属或热塑性衬垫的储罐，通过碳、玻璃和芳纶纤维加固，比普通储罐重量减少 3~4 倍，因此可以越过使用传统钢瓶时的部分限制。这些储罐都可以在高达 700 巴的压力下工作，因此获得的能量储存密度，可适用于车载交通工具。

压缩功由下式给出：

$$L = \frac{1}{k-1} \frac{p_1}{\rho_1} \left(\beta^{\frac{k-1}{k}} - 1 \right) = \Delta H = c_p \cdot (T_2 - T_1) \tag{3-39}$$

其中 k 是定压比热容（c_p）和定容比热容（c_v）之间的比值，β 是压缩比：

$$\beta = \frac{p_2}{p_1} \tag{3-40}$$

正如已经看到的其他应用，如果为了储存，氢气的压缩比很高，压缩会发生在冷藏阶段。[31] n 表示阶段的数量，每一单独阶段的压缩比 β_s [32] 为：

$$\beta_s = \sqrt[n]{\beta} \tag{3-41}$$

与计算天然气 c_p 的过程相似，k 计算为：

$$k = \frac{c_p}{c_v} = \frac{c_p}{c_p - R} \tag{3-42}$$

等熵压缩，可得到：

$$\frac{T_2}{T_1} = \left(\frac{p_2}{p_1}\right)^{k-1/k} = \beta_s^{\,k-1/k} \Rightarrow T_2 = T_1 \cdot \beta_s^{\,k-1/k} \tag{3-43}$$

在这一点上，考虑到等熵压缩（可逆的绝热转换），焓反应（单独阶段）是在理想情况下计算的：

$$\Delta H_{s,i} = c_p \cdot (T_2 - T_1) \tag{3-44}$$

考虑到不可逆，热力压缩效率 η_c 可定义为：

$$\eta_c = \frac{\Delta H_{s,i}}{\Delta H} \Rightarrow \Delta H_s = \frac{\Delta H_{s,i}}{\eta_c} \tag{3-45}$$

假设输入温度在所有阶段都一样（因此也是输出温度），可以得到第一个近似计算，它可以清楚地表明在所有阶段的焓反应都是相同的。

因此，总焓反应是：

$$\Delta H = \Delta H_s \cdot n_s \tag{3-46}$$

启动压缩机的电机效率为 η_{ME}，可以计算出压缩氢气所做的功 L：

$$L = \frac{\Delta H}{\eta_{ME}} \tag{3-47}$$

很明显，压缩做功取决于储存压强和转换过程的效率，还有氢气产生的压强。例如，许多市场上用于生产氢气的电解装置，在压强为 5 至 20 巴之间运行；裂化炉生产的氢气，根据其尺寸大小，在压强为 8 至 30 巴之间运行。假设压缩为三个阶段，热力压缩效率为 87%，电机效率为 93%，表 3-11 显示了不同储存压力和氢气产生的压力所对应的压缩功。

表 3-11　氢压缩功

储存压强	产生的不同压强所做的功占储存能量含量的百分比		
	5（%）	10（%）	20（%）
200	5.46	4.31	3.22
350	6.43	5.24	4.10
700	7.68	6.43	5.24

储存系统的其他相关特性包括：

● 储存容量，即储存载体质量和储存系统总质量（包括载体）的比值（以百分比表示）；

● 体积能量密度，即单位体积的储存系统所储存的能量；

● 质量能量密度，即单位质量的储存系统（包括载体）所储存的能量。

例如，图 3-17 中的汽缸，可以在 200 巴压强下储存 50 升氢气。其空载重量达 44 公斤，直径 229.5 毫米，长度达 1435 毫米。[33] 在 200 巴压强和室温（25℃）

下，氢气的密度为 14.05 kg/m³,[34] 因此汽缸储存 0.702 千克的氢，相当于储存 84240 kJ 的能量含量。表 3–12 总结了汽缸的特点。

表 3–12 在 200 巴压强下压缩氢气瓶的储存容量

在 200 巴压强下压缩氢气瓶		
储存容量（重量百分比）	1.5	%
体积能量密度	1419	kJ/litre
质量能量密度	1884	kJ/kg

液态氢的储存

气态氢通过冷凝形成液体，通过低温技术，在非常低的温度下（氢–253℃），可以得到远比压缩氢气更好的储存性能。液态氢的密度为 0.071kg/l（即 71 kg/m³，对应于 200 巴和 350 巴压强下的压缩氢气的密度分别为 14.66kg/m³ 和 23.60 kg/m³），因此低热值为 8515 kJ/l。与其他的液体燃料相比，汽油的低热值约为 31700 kJ/l。

液化工艺是压缩机、热交换器、膨胀机和冷却所需蝶阀的结合。最简单的液化过程是林德工艺或焦耳—汤普森膨胀效应。在这些液化工艺中，气体在室温下压缩，随后在热交换器中冷却，然后通过蝶阀经历焦耳—汤普森膨胀效应，产生液体。如图 3–18 所示，一旦去除液体，气体会通过热交换器再回到压缩机。

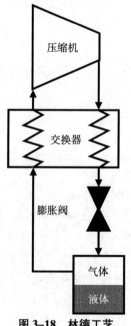

图 3–18 林德工艺

这些过程都是基于实际气体"自由"膨胀[35]（即没有热交换和做功，因此 $\Delta H = 0$）的温度变化：这种变化通过焦耳—汤普森系数表示，是压力和温度的函数，是指焦耳—汤普森效应中温度变化与压力变化之比。

$$\mu_{T,p} = \left(\frac{\partial T}{\partial p}\right)_H = \frac{(2 \cdot a/R \cdot T) - b}{c_p} \tag{3-48}$$

其中 a 和 b 是范德瓦尔斯常数，R 是通用气体常数，c_p 是定压比热容。给定压力所对应的温度变化为：

$$\Delta T = \mu \cdot \Delta p \tag{3-49}$$

由于膨胀 $\Delta p < 0$，很明显，如果 $\mu > 0$，也就是说如果循环工作温度低于所谓冷却气体[36]的转化温度，气体本身膨胀后就会冷却。

一些气体具有高于室温的转化温度（氮气、氧气）；另一些气体，比如氢气，具有很低的转化温度。

当 $\mu = 0$ 时，通过定义，可得到转化温度。根据公式（3-48），可得到：

$$\mu_{T,p} = \frac{(2 \cdot a/R \cdot T) - b}{c_p} = 0 \Leftrightarrow \frac{2 \cdot a}{R \cdot T_i} - b = 0 \Rightarrow T = \frac{2 \cdot a}{R \cdot b} \tag{3-50}$$

很明显，氢气具有比室温低得多的转化温度，不能采用林德工艺液化，或者更准确地说，只有氢气冷却至温度低于转化温度时，才能采用林德工艺进行液化。氢气的液化过程包括两个不同阶段：

● 在热交换器中冷却至低于转化温度；

● 通过林德工艺液化。

图 3-19 是这一过程的示意图。氢气在通过膨胀阀之前，在温度接近 78 K 时用液氮[37]冷却（可通过林德工艺得到）。随后，氮气在连续制冷循环中回收并循环使用。

室温（300 K）时的气态氢和温度 20 K 时的液态氢之间的自由能量差 ΔG（最小理论液化功）为 11640 kJ/kg（氢气能量含量的 9.7%）。实际能量消耗在很大程度上取决于液化工厂的规模大小：中型工厂（液态氢容量 200 kg/h）约为 50MJ/kg（超过 40% 的液化氢能量含量，系统效率[38]约为 23%）；大型工厂（液态氢容量 12000 kg/h）约为 30MJ/kg（25% 的液化氢能量含量，系统效率约为 39%）。

为了保持这些温度，需要使用双壁真空储罐（"杜瓦"罐）。该技术创建于德国，宝马公司的氢汽车内燃机已经使用了 15 年。图 3-20 所示的储罐可以储存近 8 kg 的液态氢（957.600 kJ），其空载重量约为 100 千克。表 3-13 显示了该储罐的储存容量。

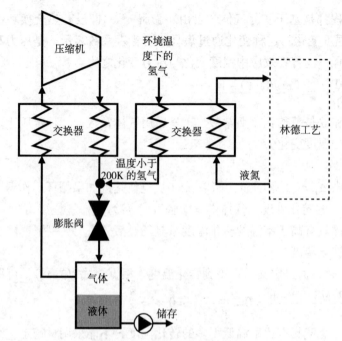

图 3-19 氢气液化循环流程

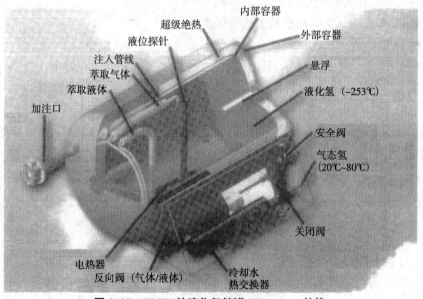

图 3-20 BMW 的液化氢储罐 750hL——林德

表 3-13 液化氢储罐的储存容量

液化氢储罐		
储存容量（重量百分比）	6.6	%
体积能量密度	5900	kJ/L
质量能量密度	8868	kJ/kg

储气罐是双壁结构，由两个厚度为 2 毫米的不锈钢板和一个厚度为 30 毫米的真空超绝缘层（导热系数为 10^{-4} W/m K）组成，从内部分隔外部燃料箱。绝缘系统用来维持液态氢长期处于 3~5 巴的压强和约−250℃的恒温。预计完全排空只剩一半的氢气罐需要九天时间。但在这一阶段，汽车仍然能够用储罐内剩余的氢气行驶约 20 公里（12 英里）。虽然具有一些技术限制，但液态的能量积累显然更符合汽车的需求。液态氢的缺点是系统的复杂性，不仅体现在车辆车载方面，还体现在分配和换料方面，并且还有高额的相关费用。液化的能量消耗也是相当大的，因为它大约等于 30%的燃料能量含量，而压缩氢的能量消耗仅为 4%~7%的燃料能量含量。

氢保持在液体状态的现象，与氢原子的电子自旋[39] 有关。氢分子由两个电子和两个质子组成，两个电子自旋的结合导致分子键的形成只在反平行的旋转。根据它们的核自旋，氢分子包括两种不同类型：

● I=0 反平行自旋；

● I=1 平行自旋。

当 I=0 时，氢被称为"仲氢"，而当 I=1 时，氢被称为"正氢"。

在室温（300 K）时，25%的氢为仲氢，75%的氢为正氢。通过冷却氢气，正氢的比例发生变化，在温度为 77 K 时，从 75%（在室温下）下降到 50%，液化温度（21 K）时，上升 0.2%。从正氢到仲氢的转化反应是放热反应，根据温度进行热量转换：在 300 K 温度时，转换热量为 270 kJ/kg；在 77 K 温度时，转换热量增加到 519 kJ/kg。在温度较低的情况下，转换焓恒定为 523 kJ/kg。这个值高于 21 K 温度时氢汽化的潜热（451.9 kJ/kg），因此，存储非转化的液态氢，正氢向仲氢的转换热量会引起氢蒸发。因此必须避免正氢转换为仲氢[40]：这种转换可以通过活性催化剂（活性炭），或者顺磁性物种（氧化铬和钆）进行，这样，核自旋可以转换，同时不引起 H-H 键断裂。

通过金属氢化物储氢

多种类型的纯金属或合金属都可以与氢结合，产生金属氢化物。这些化合物能够在相对低的温度下保存氢。氢渗透进入金属晶格，并占据间隙。

相比于简单的压缩方式，氢气可以在低压强下，以氢化物的形式储存，具有较高的密度，类似（根据文献数据，甚至更高）液态氢。该存储系统的使用安全有效，与鉴别金属在合适的温度区间有足够的吸收能力有关。

这种情况下的储存体积比压缩方式下减少了 3~4 倍，因此可以应用于汽车，而比能取决于基本金属的比重。氢含量占总重量的百分比范围在 1% 到 12.7%（氢化锂）之间。与普通汽缸比较，该比例略高于 1%，因此这个储存系统是非常有前途的。

该技术的一个弱点是存储系统的总重量。在运输中，相同的重量条件下，车辆自主性比液化氢或压缩氢储罐低 3 倍。但这种技术毋庸置疑的优势是其便利性、小巧性、储存稳定性和安全性。

图 3-21 为氢化物的储氢过程示意图：氢分子在金属表面上分离，移动（以原子形式）到原子间的空间。分子分离需要提供一定的能量，但这个总反应是放热反应。

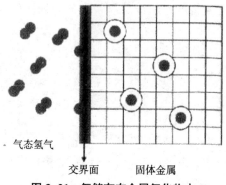

气态氢气

交界面　　　　固体金属

图 3-21　氢储存在金属氢化物中

氢的吸收和释放发生在不同的温度和压强下。图 3-22 显示了在不同的温度下，钯氢化物中的氢吸收。当氢的吸收和释放发生在室温下，"唯一"影响因素是压强时，会发生理想情况。

如图 3-22 所示，热力学中，气态氢形成氢化物，通过 LHV（压强组成的等温线）曲线描述。它们可得到：在一个给定的温度下，存在具有低压强的氢，最初主金属在固溶体中分离氢（α 阶段），分离的 H_2 分子在金属表面变为氢原子。随着压强的增加，金属中的氢浓度轻微增加，因此氢原子与主晶格原子之间的相互作用变得越来越重要，直到成核过程和氢化物开始形成的 β 阶段。固溶体和氢化物共存时，等温线（根据金属中的氢浓度，在给定的温度下的氢气压强）达到稳定水平，其长度表明在该温度下，轻微压强变化引起的可逆储存的氢的数量。当 α、β 阶段转变完成后，氢气压强随着浓度突然增加。两个阶段的临界点为

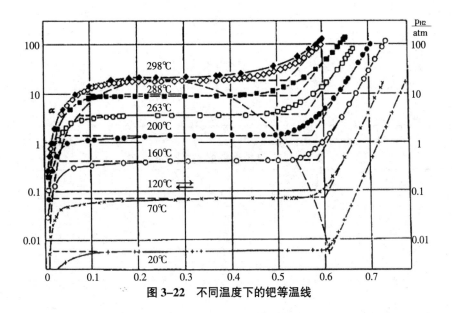

图 3-22 不同温度下的钯等温线

T_c，临界点上 α 和 β 阶段之间发生连续转变。平衡压强（稳定水平位置）很大程度上取决于温度，根据范托夫方程，熔反应 ΔH 和熵变化 ΔS 如下：

$$\ln (P_{eq}) = \frac{\Delta H}{RT} - \frac{\Delta S}{R} \tag{3-51}$$

可用于储氢的不同类型氢化物有：

● 简单金属氢化物；

● 复合金属氢化物；

● 轻金属氢化物。

表 3-14 显示了一些简单的金属氢化物的主要特点。

与简单金属氢化物相比，复合氢化物在吸收和释放氢方面，显示出类似的性能（或更好的性能）：成本低，但存储容量大。表 3-15 显示了一些轻金属二氢化物的吸收特征，而表 3-16 显示了一些复合轻金属氢化物的主要特征；它们有较高的理论含量，但使用它们的主要问题是困难的吸氢动力学。

表 3-14　简单金属氢化物的特征

金属	化合物	含量（重量百分比）	T（℃）（1 巴 H_2）	优　点	缺　点
钯	$PdH_{0.77}$	0.72	147	低温度和工作压强	高成本
钛	$TiH_{1.97}$	3.98	643	低成本	高工作压强
钒	VH_2	3.81	12	低温度和工作压强	高成本

表 3-15　一些轻金属二氢化物的特征

化合物	含量（重量百分比）	T（℃）（1 巴 H_2）	优　点	缺　点
LiH	12.7	894.000	高含量	高工作温度
NaH	4.2	421.000		高工作温度
MgH_2	7.6	287.000	低成本	吸收和释放动力
CaH_2	4.8	1.074		高工作温度

表 3-16　一些复合轻金属氢化物的特征

化合物	理论含量	释放温度		最小温度的含量（重量%）
		最小	最大	
$LiAlH_4$	10.6	100	150	6.40
$NaAlH_4$	7.5	180	250	4.30
$LiBH_4$	18.3	75	330	0.46
$NaBH_4$	10.7	240	400	0.69

美国、欧洲和日本正在研究氢化物技术（表 3-17），那里的汽车制造商设想在引进燃料电池的计划中使用专用钛合金。

表 3-17　储存氢的基本氢化物类型

储存氢的氢化物	
AB（$LaNi_5H_{6.5}$, $LaNi_{4.7}$ $Al_{0.3}$ $H_{6.5}$）	低含量（max 2%/w）高循环
AB（$FeTiH_2$）	低含量（max 1.9%/w）循环损失
AB2（$ZrV_2H_{5.5}$）	低含量（max 3%/w）需要激活
A2B（Mg_2NiH_4）	3.6%w，慢动力，高吸收，需要激活
MgH_2	7.6%w，慢动力，高吸收，需要激活
片状阶段	Ca Al X（X = Si），5%w，不可逆
复合氢化物	高含量，低可逆

镁合金的化学反应现象很有趣，伴随发光，并具有高储氢容量（重量的 7%，释放温度 300℃）。

关于储存容量，以氢键 1500 储罐系列为例，其主要特点如表 3-18 所示，可以很容易地计算出该储罐的储存特性（表 3-19）。

至于储存能量，请参阅氢化物形成的焓（在温度 21℃ 的情况下）[41]。

这种吸收氢的热含量为 30.1 kJ/mole，相当于近 12.5% 的储存氢的能量含量。

储存的一个重要作用是通过氢化物的动态行为表现出来，特别是吸附和解吸的动力。在实践中，即时氢气流的最大值是可得的——这导致了由于流量要求增加，实际上由氢化物[42] 提供的氢会减少。

表 3-18　氢键 1500 系列的氢化物储罐的特性

氢键 1500 系列的氢化物储罐	
可储氢气	1.5
高度	284
直径	145
重量	13 kg（包括 10kg 金属氢化物）
材料：铝合金物	型号 ENAA-6063
内部换热器	管：直径 10mm 长度 6m
安全阀	20
充电温度	20℃
放电温度	10~50℃

表 3-19　氢键 1500 系列的氢化物储罐的存储容量

氢键 1500 系列的氢化物储罐		
储存容量	1.0	%
体积能量密度	3412	kJ/litre
质量能量密度	1218	kJ/kg

　　在这方面，根据所需气流，图 3-23 显示了氢化物的最大维持时间。[43] 从图中可以定义，除了氢化物最大可用流量（将近 10 升/分钟）外的动态行为。例如，考虑氢气的流量值要求达到 1.5 升/分钟和 6.5 升/分钟的情况：在前一种情况下，最大维持时间为 900 分钟（即实际上氢解吸的数量达 1350NL），而在后者的情况下，维持时间为 40 分钟（氢解吸数量达 260 NL）。因此，在实际运行条件下，氢化物不能够释放出全部氢吸附量，而氢解吸的实际数量随流量需求的增加而减少。图 3-24 显示了与普通储罐相比，根据流量需求，氢的实际解吸率。

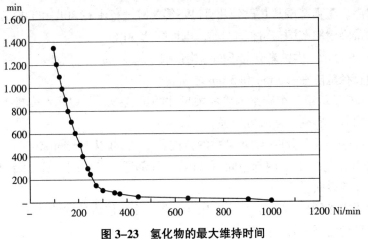

图 3-23　氢化物的最大维持时间

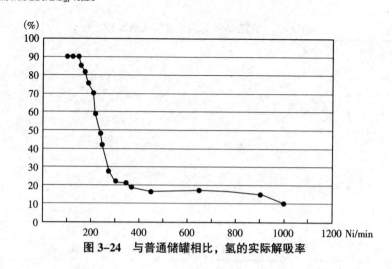

图 3-24　与普通储罐相比，氢的实际解吸率

图表显示，所需流量低时，解吸氢的比例是恒定的，几乎达90%。随着流量的增加，这一比例大幅下降（降至约20%），并且保持相当恒定（稍微降低）；超过一定的流量值（最大流量），它急剧下降。

在实践中，使用氢化物必须考虑其行为，也就是说必须检查所使用的储罐能够提供用户所需的流量，超出储罐本身的储存容量。

通过碳纳米材料储氢

碳纳米材料（碳纳米管和纳米纤维）可能表现出良好的氢吸附能力，在某些情况下，具有令人惊讶的结果。

一些工作团队正在对这些材料进行研究，但得到的研究结果往往形成鲜明的对比，在许多情况下，这些研究结果是不可比的，因为它们所针对的是不同类型的材料样品，在不同的温度和压强条件下进行的测试，并且测量使用的是不可比的测试程序。压强范围从几巴到几百巴不等，温度范围在80K和800 K之间，所得到的重量吸附率范围值可低于1%，也可高达60%。

图 3-25 显示了碳纳米管的不同结构：扶手椅形（a）、锯齿形（b）和手性（c）。纳米管的直径范围在 0.6 nm 和 3 nm 之间。

图 3-26 显示了一个碳纳米管相关尺寸的可能排列。在这种安排下，氢气可以储存，同时具有高密度和低压强。

图 3-27 显示了氢在碳纳米管中的"位置"：氢可以占据间隙空间（碳纳米管和其他内部结构之间）、内部空间（管内）、外部通道（碳纳米管与结构外部表面之间）和外部表面。

重大研究必须致力于确认所获得的结果，并评估该技术的技术经济可行性，提出作为车辆储氢最合适的技术。

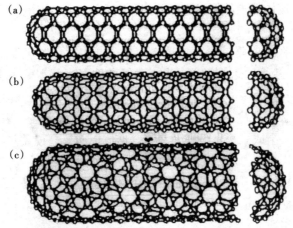

图 3-25　碳纳米管的不同结构：扶手椅形（a）、锯齿形（b）和手性（c）

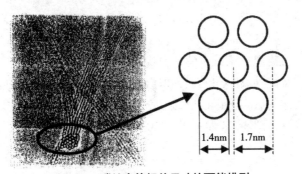

图 3-26　碳纳米管相关尺寸的可能排列

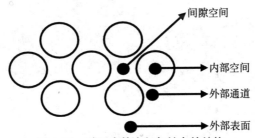

图 3-27　碳纳米管中氢气储存的结构

至于纳米管，据报道最大百分比为重量的 20%（掺杂锂的纳米管），比能和能量密度非常高，达 6.66 kWh/kg 和 66 kWh/litr，接近汽油的比能和能量密度（分别为 8.5 和 8.75），如果换作是纳米纤维，该值为 60%。

通过晶体微球储氢

晶体微球由空心的小水晶球组成，直径介于 25μm 和 500μm 之间，厚度只有 1μm。微球以流体粉末的形式进行处理和商业运输。它们可以用于在大型基地储存高压氢气。

封装氢通过在氢密集环境下加热空微球床层实现。鉴于发生过程中的温度（200℃~400℃），氢通过薄外部晶鞘渗透进入球体。当氢和球内达到相同的外部压力时，这个过程结束。床层最后冷却，非封装的氢被释放或保存在其他地方。因此，该过程的效率取决于一些参数的值，包括：氢气压强、床层温度和体积、微球的大小和化学组成。一旦冷却到室温，球体保留氢，覆盖并储存在低压储罐中，以细粉的形式运送。从微球中提取氢气可以通过加热、再次覆盖、回收其他封装完成。氢的释放也可以通过断裂球体完成；然而，缺点是不能在长时间内重新使用。这一过程的热量供应可以通过小型氢电池或电池驱动的电加热器，通过机械发电机充电实现。

通过氨储氢

使用氨作为储氢系统，需要从氢生产合成氨，在需要氢时进行分解。

非低温液态氨是储氢的一个很好例子，其中包括氢含量高的液体，按需提取这些元素，即用户需求。该方案的主要优点是液体的稳定性，在贮藏条件下，一般都不特别禁止有关的温度和压强，但会限制储存的氢气密度，甚至可能比液化氢更高。其他液体也可用于这种目的但氨具有这样的特性，让它成为除化石燃料外的一个能源载体，图 3-28 显示了 2020 年美国能源部的目标线。

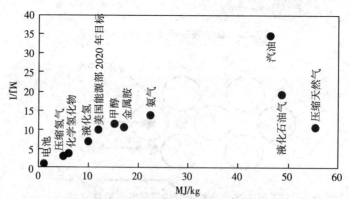

图 3-28　不同系统的储存容量以及 2020 年美国能源部的目标

其他的优点包括分解反应不需要任何额外的试剂（这可能降低实际液体的能量密度，例如甲醇，其分解反应需要水），在其分子中缺少碳原子（反应产物中不包括二氧化碳和一氧化碳）；事实上这是现在化学工业的基本产品（这排除了有关市场营销和分配的关键方面，在实验室外扩大使用新材料）。最有趣的特征是可储存氢的高密度（事实上，它的氢含量占重量的 17.6%），这甚至比通过纯氢获得的氢密度更高。

气态氨和氢气在温度 25℃和压强 1 巴的条件下密度分别为 0.771g/l 和 0.09g/l。由于这两个物质的分子量分别为 17 g/mole 和 2 g/mole，含有氢的氨气比纯氢的密度高 1.5 倍：

$$\frac{\rho_{H_2}^{NH_3}}{\rho_{H_2}} \approx \frac{0.136 \text{ gl}^{-1}}{0.09 \text{ gl}^{-1}} \approx 1.5 \qquad (3\text{-}52)$$

对于用于储存目的的设备的实际重量和体积密度，相比于氢气，氨的优势是巨大的，因为其液化温度较低（大气压强下达-33.4℃），以液体形式分配。此外，汽缸不要求高压，因为它等于该物质的饱和蒸汽压强（例如，从 0℃的 4 巴上升到 50℃左右的 20 巴）。

表 3-20 显示了市场上无水氨分配的汽缸。

表 3–20　目前市场上的氨汽缸示例

容量	尺寸	Nh₃ (kg)	汽缸重量 (kg)	储存容量	体积能量密度 (kJ/l)	质量能量密度 (kJ/kg)
1	1.5	0.4	1.5	3.7	2893	2224
5	9.1	2.5	10	3.5	2909	2112
20	31.1	10	27	4.8	3401	2855
40	54.0	20	47	5.1	3910	3153

更高的容器容量、氨的更高含氢重量百分比，明显对应于更高的能量密度；为了用于商业用途，目前使用的氨气储罐与 200 巴氢气储罐相同。氨是液体状态，缸内压强是在气缸温度时的饱和氨蒸气压强：从 0℃的 4 巴上升到 50℃左右的 20 巴。很明显，所使用的汽缸过大，因此，使用特制储罐可以减少体积和重量（给予相同的氨），并且可以增加储存容量、体积能量和质量密度。

如前所述，使用氨作为储氢系统，需要从氢中生产合成氨，在需要氢时再进行分解。氨的合成和分解反应如下：

合成：$3H_2 + N_2 \rightarrow 2NH_3$

分解：$2NH_3 \rightarrow 3H_2 + N_2$

在合成阶段，所需能量是使气体转变为反应条件（合成反应发生的压强和温度）的能量，以及反应焓和液化氨的能量。然后，还需要增加生产氮的能量消耗。

在分解阶段，所需能量是能使液氨转变为气态的能量，以及能使气体转变为分解温度的能量。

事实上，能量消耗很大程度上取决于每个产物和使用工厂的特性，因此可以根据"黑匣子"方案，从消耗系统本身，更现实地评估能量消耗。

关于生产过程，目前在工业水平上的评估主要是通过博世哈柏法或类似的（佛瑟法、卡萨莱、克劳德、NEC、塞尼）方法，随着时间流逝，博世哈柏法被证明在蒸馏硬煤或水解氰氨化钙 $CaCN_2$ 方面，比其他方法更方便。在实践中，该程序需要氢和氮在气态状态直接合成，根据工艺采用不同的温度和压强条件（不同合成工厂存在差异），但在大多数情况下，压强在 200 巴到 300 巴，温度在 400℃ 到 600℃ 之间。发生放热反应，但它具有高活化能（近 230~420kJ mol⁻¹），因此必须使用由镍—氧化铝、铁、钌组成的催化剂，如果没有使用催化剂，就必须在更高的温度下进行反应。

至于分解过程，它通常被认为是合成的逆过程，虽然两种反应的反应条件是不相同的。分解反应是吸热反应，需要的温度比合成时更高，近 700℃~800℃，压强更低。但是，必须强调的是，在这种情况下，使用催化剂可以在很大程度上降低反应温度，并且提高生产氨的百分比。根据文献资料，催化剂可以将反应条件降低至压强在 9 巴到 36 巴之间，温度在 400℃~600℃。表 3-21 显示了合成和分解过程的反应条件，以及相应的焓变化。

表 3-21　氨的合成和分解反应的压强和温度条件，以及反应的焓变化

反　应	T（℃）	P（bar）	ΔH（kJ mol⁻¹）
$3H_2 + N_2 \rightarrow 2NH_3$	400~600	200~300	−92.4
$2NH_3 \rightarrow 3N_2 + N_2$	700~800	9~36	66.5

关于能量消耗的计算，以 50 MW 风电场设备为例：45 MW 用于电解水生产氢，2MW 用于液化空气生产氮，3 MW 用于哈勃—博世合成工艺，这样可以每天生产 24 吨氢气（196 吨氧气），112 吨氮和 136 吨氨。为了分析用氨储氢的成本，有必要考虑从氢生产氮，再加上合成过程的能量消耗。基于以上考虑，能量消耗如下：

合成氧：37.0 kJ/mole of N_2

合成氨：32.4 kJ/mole of NH_3

氨的总产物：50.9 kJ/mole of NH_3

1 摩尔的氨（NH_3）含有 1.5 摩尔的氢气（H_2），能量消耗是指单位质量的含氨氢，近 16967 kJ/kg，相当于所储存氢的能量含量的 14.1%。

分解过程中，由于优先使用系统尚未确定，该领域的研究测试仍在进行。

例如，使用一个固体氧化物燃料电池（SOFC），阳极上使用氨气，阴极上使用空气，会发生氨转变为氮和水的分解反应（表 3-22）：

氨分解反应的能量消耗等于 11.25 kJ/mol H_2，也就是说 5625 kJ/kg 的氢气（占氢能量含量的 4.4%）。该值表示不考虑在阳极回收产生的热量，能显著提高

表 3-22　固体氧化物燃料电池中的氨分解反应

固体氧化物燃料电池中的氨分解	
阳极	$2NH_3 + calorie \rightarrow 3H_2 + N_2$
	$3H_2 \rightarrow 6H^+ + 6e_2^-$
阴极	$\dfrac{3}{2}O_2 + 6H^+ \rightarrow 3O^-$
	$3O^- + 6H^+ \rightarrow 3H_2O + calorie$
总反应	$2NH_3 + \dfrac{3}{2}O_2 \rightarrow N_2 + 3H_2O$

整体效率。

在实例的基础上,全部能量消耗(氨的分解和合成)可达 22592 kJ/kg 的氢,对应于氢本身能量含量的 18.8%。

在文献中,另一种未来可能的技术发展方向是使用固态氨(固态储氨 SSAS),这不是纯氨凝固的意思,而是生产氨的化合物,在室温和压强下,出现固体状态,类似于通过复杂的氢化物储氢。

虽然在文献中尚未公布有关生产和使用的数据,但该解决方案在规模和安全性角度是适用的。

其他储氢方法

在化学过程中,系统进行测试,允许在钠、钾或锂化合物的小型球体内储存氢。如果在水中释放,它们将释放出氢并产生化合物氢氧化钠、氢氧化钾等。美国电力公司测试了使用塑料覆盖的该系统,通过将该小型球体分开可以在需要时释放氢。目前仍处于实验阶段的另一种技术是使用粉末状的铁和水。在高温下,它们反应产生锈和氢。这个过程的成本很低,效率为 4.5%。唯一需要的是通过去除氧得到铁,以便回收利用。这一方法的缺点在于需要大量的铁。此外,类似于金属氢化物的系统正在进行研究,可以利用特定的碳氢化合物或化学产品(甲醇、甲烷和氨)替代金属,以及采用硼氢化钠(硼氢化钠粉末)。

氢的运输和分配

关于氢在非专用网络的运输,适用于表 3-2。

氢的低热值为 120000 kJ/kg;200 巴 [44] 压强下的压缩氢的 R_P 值为 0.07,-353℃温度 [45] 下的液化氢的 R_P 值为 0.27,表 3-23 [46] 中显示了这些值。

表 3-23　氢气运输的能量消耗

运输系统	能量消耗	
	压缩(200 bar)	液化(-163℃)
公路	31.4	8.1
铁路	15.5	4.0
海路	9.0	2.3

专用网络（氢气管道[47]）的运输可以使用天然气运输的输气管道技术，需要针对所使用的材料进行一些关键调整。

计算能量消耗，与天然气的计算过程相同。运用类推的方法，管道的条件相同：直径 1 米，压强 75 巴。给出相同的传输能量，氢的速度比天然气高出三倍，即 30 m/s。假设 λ = 0.0086 和 J = 0.39465，得出 Re = 197085200。运输距离为 1000 公里时，就可得到 L_u = 1402200 + 450 + 3781538 = 5184188 J/kg。

类似，根据天然气的集中损失和水泵站性能，可以获得：

$$L_{eff,D} = \frac{\Delta H}{\eta_{SP}} + \frac{J \cdot g \cdot 1.2}{\eta_{SP}} D \tag{3-53}$$

1000 公里的距离就可得到 $L_{u,eff}$ = 13.185.470 J/kg，相当于输送气体能源含量的 11%。

为了达到均匀性，氢气运输的能量消耗值设定为 1000 公里，与石油、煤炭和天然气相同。在这方面，需要适当强调，所提到的化石原本是一次能源，运输距离与资源地理位置和需求相关——事实上，这些载体需要运输上千公里。氢气不是一次能源，因此，它可以被"生产"。但显然，产物是在所需要的地方进行生产，因此，分配到那些工业区或一级城区的运输距离，最多可达 100 公里。

涉及分配，氢能够以液态和气态形式分配（图 3-29）。目前，已经有一些实验的各种类型的氢气加气站。图 3-29 显示了液化氢和压缩气态氢的供给站。

（a）　　　　　　　　　　　（b）

图 3-29　液态（a）和气态（b）氢的供给站

3.5.6　作为能源载体的合成燃料

通过处理生物质、天然气和煤等化石燃料，可得到合成燃料（在这种情况下，我们指的是生物燃料和可再生燃料）：

● 生物柴油；

● 乙醇；

● 甲醇；

● 合成气；

● 沼气。

3.5.6.1 生物柴油

生物柴油是从大豆、油菜和向日葵等农产品，动物脂肪，新的或废植物油和油脂如废食用油脂（废炸油）中得到的。上述提到的作物种子是基本材料：它们通过压榨获得植物油，然后在碱性催化剂下与甲醇反应，形成甲基酯和副产品原料甘油。可以有不同的生产程序，但在所有情况下，经历的化学过程称为酯基转移，它可以获得脂肪酸甲酯，被称为生物柴油。

3.5.6.2 乙醇

乙醇是一种短链醇，也就是酒精或葡萄酒的主要成分，它的化学式是CH_3CH_2OH。

在室温下，它是具有特殊气味的无色液体，具有挥发性和极易燃性。

它完全溶于水和许多有机溶剂，如氯仿，形成比例95∶5，由于共沸混合物的沸点低，导致不可能通过粗蒸馏获得高纯度乙醇。

100%的纯乙醇、绝对乙醇或无水乙醇，通过添加苯分馏可以去除共沸混合物中的水，或者通过将金属镁添加到水/乙醇共沸物，定量与水反应生产氢，通过脱气分离溶液，通过无水乙醇蒸馏得到氢氧化镁。这样，剩余的水将完全去除。

生物乙醇是通过生物质发酵产生的乙醇，即含有丰富的糖（糖精）的农产品，如谷物、糖料作物、淀粉产品和榨渣。

在能源领域，乙醇是一种高辛烷值的衍生物，可作为汽油或乙基叔丁基醚（ETBE）的备用成分。在发动机没有改装的情况下，它可以用来混合汽油，比例高达20%，在所谓的柔性发动机中达到更高的比例或更纯。

生物乙醇通过厌氧发酵生产葡萄糖，反应理论如下：

$$C_6H_{12}O_6 \rightarrow 2CH_3CH_2OH + 2CO_2$$

在该反应的基础上，1千克的糖可以获得0.51千克的乙醇和0.49千克的二氧化碳。事实上，根据生物质类型和使用过程中的水溶液，得到的乙醇含量为5%到15%之间。

全过程最耗能的阶段是通过蒸馏从水溶液中提取乙醇。

生物乙醇还可以从合成气体（合成气[48]）中产生，氢气也含有一氧化碳。生物乙醇，单独使用合成气，可根据下列反应得到：

$$2CO + 4H_2 \leftrightarrow C_2H_5OH + H_2O$$

另一种可能性是使用甲醇与合成气。在这种情况下的反应是：

$$CH_3OH + CO + 2H_2 \leftrightarrow C_2H_5OH + H_2O$$

3.5.6.3 甲醇

甲醇是最简单的醇，也被称为木精或木醇，其化学式为 CH_3OH。

在室温下，它是有特殊气味的无色液体，具有高挥发性和极易燃性。甲醇火焰是不可见的。

它完全溶解于水和许多有机溶剂，如氯仿。

甲醇是有毒的，能对视神经和视网膜造成伤害。对人的致死剂量为体重的 0.3 g/kg 到 1g/kg。

甲醇可以从天然气、煤和生物质中产生。

从能量的观点来看，甲烷转化为甲醇的平衡是负的，但就天然气以甲醇形式运输而言，同样的变换方式更方便。

考虑到甲醇的低热值以及毒性特点，与乙醇相比，后者通常为燃料的首选。

3.5.6.4 合成气

合成气源自气化过程，主要由一氧化碳、二氧化碳、氢气、水蒸气和甲烷组成，假设气化在空气中进行，比例如下：

● 氢气：9%~60%；

● 一氧化碳：14%~50%；

● 氮气：0~50%；

● 二氧化碳：9%~20%；

● 水：5%~30%；

● 甲烷：1%~7%。

低热值范围在 5400 kJ/Nm³ 至 11300kJ/Nm³ 之间。

除了这些物质，还有有害的化合物，微粒（气体中的固体颗粒），硫化合物（H_2S 和 COS）和氮化合物（NH_3 和 HCN），卤代化合物（HCl），焦油（气化过程随后的阶段，经过转化和热解过程产生的一种复杂的含氧化合物），碱（KOH，氯化钾），酚类及其他。

事实上，生物质中存在的硫和氮，主要转化成 H_2S 和 NH_3，但用于气化过程，生物质中的 S 和 N 含量极低（0.3%）。生物质是由超过95%的碳、氢和氧，另外还有硫、氮和其他元素组成，取决于土壤和水的类型，以及化肥和驱虫剂的类型。

3.5.6.5 沼气

沼气是一种混合气体，根据不同条件多次化合得到。它的热值低于甲烷，范围在 8.81MJ/Nm³ 至 27.17 MJ/Nm³ 之间。在任何情况下，该混合物主要由甲烷、一氧化碳和二氧化碳、氮、氢，以及较低的百分比的硫化氢等气体组成。通常，百分比如下：

- 甲烷：50%~80%；
- 二氧化碳：30%~40%；
- 氢气：5%~10%；
- 氮气：1%~5%。

3.5.6.6　合成燃料的能量效率

能量效率即生产过程中有效能量和消耗能量之间的比例。有效能量（E_u）除了燃料产生的能量含量，还有从供应链的其他产品中得到的能量。消耗能量（E_s）利用生物质作为主要的资源，在一般情况下，消耗能量用于农业和工厂中生产生物质，这个过程获得生物燃料能量效率：

$$RE = \frac{E_u}{E_s} \tag{3-54}$$

能量效率低于 1，为负能量效率，这意味着用于燃料产量的能量高于燃料本身的能量含量。能量效率高于 1，为正能量效率。

重要的是要思考从能源系统的可持续发展观点上，定义能量效率的意义。

此外，需要强调的是可持续性。在这个意义上必须考虑从可再生能源中获得燃料。如上述定义，在这种情况下，虽然能量效率值低于 1（负能量效率），但无论如何，其生产过程的优势在于不消耗不可再生能源（将取代化石燃料作为最终使用）。因此，它更适合区分能源载体生产的种类，改善不可再生能源消耗的能量效率；同时，如果非可再生能源消耗超过生产燃料的能量含量，得到的是一种负能源效率：这意味着有必要考虑只有不可再生能源作为能量消耗方式的可行性［公式（3-54）］。

能量效率的计算需要详细的分析过程（从农业到整个燃料循环），为了正确量化生产过程中的有效能量和消耗能量，需要掌握所有子流程的信息。

例如，生物柴油的生产（通常通过生物量的酯基转移作用）从种植向日葵开始，这一过程产生了生物柴油，从能量的观点生成单一产品。在这种情况下，用于生产的能量消耗还包括除了生产过程本身所需的能量，以及与种植向日葵相关的能量。另一个生产生物柴油的系统包括油渣使用（橄榄油生产过程中的副产品），这个过程除了生物柴油可以供应，同时有颗粒和合成气。在这种情况下，能量消耗仅包括生产过程本身，但在计算有效能量时，颗粒以及（或）合成气中包含的能量也必须考虑进去。

从甘蔗中生产生物乙醇，所有的能量消耗（生物乙醇生产过程和甘蔗种植）应归类于生物乙醇的生产。此外，在计算有效能量时，必须考虑植物的其他部分产生的合成气。

除了单一过程的能量效率（能量效率在任何情况下都能起到基础性的作用），很明显如何通过所有过程和子流程达到非常不同的能量效率，与生产过程的燃料多少有关。显然，能量效率受使用技术的影响：例如，适合热化学加工的生物量（从甘蔗生产生物乙醇的过程中，通过脱脂油渣从甘蔗渣和树叶中生产生物柴油）可以用不同的方式生产：直接生产（或在前期加工获得颗粒）作为可再生的固体燃料，或者间接地通过气化生产合成气。

3.5.7 作为能源载体的传热流体

3.5.7.1 热量运输

能量可以通过热量形式进行运输和储存。热量载体只适用于短距离运输，因为在长距离运输的情况下，会损失过多。以室内采暖系统作为热量传输的例子：在这种情况下，距离取决于所用的热系统类型。这些类型包括最短距离的独立加热系统，或者局限于单一单元的热量分配系统，或者是小区（小城市）集中供热系统，通过共管加热系统，热量可以分配到一个地区几公里范围内的所有用户。在所有这些情况下，传热流体是水：散热器使用的温度几乎达 70℃，而小区供热使用的过热水近 120℃。[49] 通常情况下，在特定需求的基础上，气体（热空气、二氧化碳、水蒸气等）是较好的传热液体。

3.5.7.2 热量储存

为了储存热量，经常使用水（电锅炉、热水器）或者其他具有适合物理特性的液体；当热量必须在高温中储存时，太阳能发电站为了生产电力和氢气（仍处于试验阶段），使用固体载体作为储热载体。在这种情况下，储存系统由一个适宜大小的绝热容器组成，装满小球（鹅卵石）或适当形状的其他固体物体紧凑分布（填充层），使气体可以通过它们。整套装置的热导率很低（最大限度地减少散热），但气体和"鹅卵石"之间的热接触是优良的（保证传热流体良好的热量交换）。运行示意图如图 3-30 所示。

3.5.8 作为能源载体的机械能

机械能的储存和传输，主要通过以下方式：

● 加压流体（运输、储存）；
● 飞轮（只能储存）；
● 弹簧（只能储存）；
● 轴和机械传动系统（只能运输）。

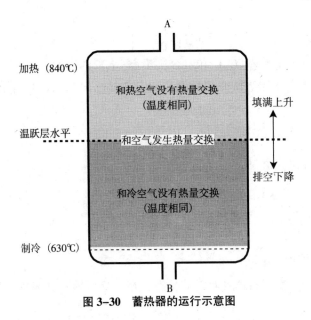

图 3-30　蓄热器的运行示意图

3.5.8.1　受压液体或压力传递液体

储存机械能的一种方式是压缩弹性液体。如图 3-31 所示，作用在液体上的力 F 储存在压缩液体中。

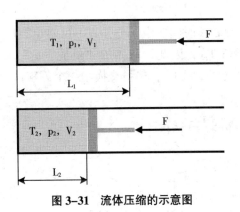

图 3-31　流体压缩的示意图

众所周知，封闭系统中的液体压缩的可逆功为：

$$L = -\int_1^2 p dV \tag{3-55}$$

如果压缩转换可以看作是绝热的，[50] 根据初始状态和最终状态，流体可表示为：

$$L = \frac{1}{k-1}\frac{p_1}{\rho_1}\left[\left(\frac{\rho_2}{\rho_1}\right)^{k-1}-1\right] = \frac{1}{k-1}\frac{p_1}{\rho_1}\left[\left(\frac{p_2}{p_1}\right)^{k-1/k}-1\right] \tag{3-56}$$

其中 k 是定压比热容（c_p）和定容比热容（c_v）的比值。

因此，一旦流体和机械能储存的初始参数是已知的（L_{12}），流体自身的最终参数可以计算为：

$$p_2 = \left(L\frac{k-1}{k}\frac{\rho_1}{p_1}+1\right)^{k/k-1}\cdot p_1 \tag{3-57}$$

通过绝热方程，可得出：

$$\frac{T_2}{T_1} = \left(\frac{p_2}{p_1}\right)^{k-1/k} \Rightarrow T_2 = T_1\left(\frac{p_2}{p_1}\right)^{k-1/k} \tag{3-58}$$

通过状态方程：

$$\frac{p_2}{\rho_2} = R\cdot T_2 \Rightarrow \rho_2 = \frac{p_2}{R\cdot T_2} \tag{3-59}$$

显然，液体从新状态膨胀回以前状态，在扣除压缩和膨胀损失后，压缩消耗的功返回：

$$L_e = \frac{1}{k-1}\frac{p_2}{\rho_2}\left[\left(\frac{p_1}{p_2}\right)^{k-1/k}-1\right] = L \tag{3-60}$$

这些损失可通过压缩（η_c）和膨胀（η_e）效率得出：储存效率（η_s）可通过这两个效率得出：

$$\eta_s = \eta_c\cdot\eta_e \tag{3-61}$$

如果压缩液体储存较长时间，由于与外界不可避免的热量交换，液体温度降低（最多回到对初始值 T_1），因此，液体的"能量含量"和储存的能量都降低。事实上，上述例子中（$T_3 = T_1 < T_2$），热量交换是一个等容过程（在恒定体积），表示如下：

$$\frac{p_3}{T_3} = \frac{p_3}{T_1} = \frac{p_2}{T_2} \Rightarrow p_3 = \frac{T_1}{T_2}p_2 < p_2 \tag{3-62}$$

因此可逆膨胀功为：

$$L_e' = \frac{1}{k-1}\frac{p_3}{\rho_2}\left[\left(\frac{p_3}{p_1}\right)^{k-1/k}-1\right] < L_e \tag{3-63}$$

根据同样原理，机械能可以通过加压流体从一个点运输到另一个点。事实上，加压流体的容器中，液体在各个方向的所有点上都释放相同的压力。如图3-32 所示，力 F_1 作用在部分 1 上的功 L，通过液体（显然总是亏损）返还到部分 2。如果流体是液体（不能压缩），那么将使用液压驱动的参考值；如果它是天然气（可压缩），那么将适用气动驱动定义。

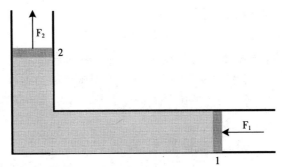

图 3-32 用加压流体传输机械能

A_1 和 A_2 表示部分 1 和部分 2 的表面积，s_1 和 s_2 表示该表面的运动，扣除损失的能量守恒为：

$$\left.\begin{matrix} A_1 \cdot s_1 = A_2 \cdot s_2 \\ F_1 = p \cdot A_1 \\ F_2 = p \cdot A_2 \end{matrix}\right| \frac{F_1}{p} s_1 = \frac{F_2}{p} s_2 \Rightarrow F_1 \cdot s_1 = F_2 \cdot s_2 \tag{3-64}$$

从部分 1 到部分 2，如果 $A_1 = A_2$，那么 $s_1 = s_2$，$F_1 = F_2$，只有机械能传输。相反，如果 $A_1 \neq A_2$，那么 $s_1 \neq s_2$，$F_1 \neq F_2$，由于特性改变，除了机械能运输，还有机械能转换。

3.5.8.2 飞轮

通过储存或释放动能，飞轮通常用于减少周期的不规则程度。ω 是角速度（rad/s），飞轮的惯性力矩为 I（$kg \cdot m^2$），储存的动能 E（J）为：

$$E = \frac{1}{2} I \cdot \omega^2 \tag{3-65}$$

质量 m，半径 R，惯性力矩 I（以能量储存容量表达）为：

$$I = \frac{m \cdot R^2}{2} \tag{3-66}$$

消耗的机械能使飞轮角速度从 ω_1 到 ω_2，通过施加飞轮储存的扭转力 C，以惯性力矩的形式，当扭转力停止（或减少）时"返回"。

3.5.8.3 弹簧

弹簧可以弹性势能的形式储存机械能。通过变形的弹簧，P 为所施加的力，f 为箭头，储存的弹性势能 $E_{p,el}$ 为：

$$E_{p,el} = \frac{1}{2} P \cdot f \tag{3-67}$$

扣除能量损失后，弹簧变形的机械能以弹性势能的形式储存，并且当弹簧恢复自由状态时（不发生变形）"返回"。

3.5.8.4 轴和机械传动

轴和不同类型的机械传动（齿轮、皮带、链条、曲柄连杆等）机制，可以在很短的距离内传输机械。这种运输方式的"能量消耗"与摩擦损失有关，以机械传动装置为典型代表。在许多情况下，除了机械能的运输，也有机械能的转换，改变运动特征（力矩、角速度）或运动类型（例如，往复旋转）。

3.5.9 作为能源载体的辐射能

如前所述，可以以电磁辐射的形式进行能量运输——但不能进行能量储存，例如：太阳能到达地球，通过辐射交换能量。由于要穿过大气层，到达地球的太阳能会被分散（即运输的能量"消耗"），这取决于穿越大气层的长度（地球和太阳的相对位置）和天气状况。

3.6 能源载体的时代

能源的未来发展取决于发展整合人工智能的能源载体开发系统。石油时代以后，等待另一种基础能源是不现实的；下一个时代是载体时代。时代的特性，即能量系统在不同地点，基于不同地域的社会经济条件，使用不同基础能源的能力，但同时也能够使能量和系统转化为相应的标准化程序。最灵活的能源载体，应该具有最高的生产潜力和最少的使用问题。

每个能源载体的成功构建，是因为它与当地和全球能源系统的适宜性、适应性和可积性。能源载体在当代能源体系中最重要的特征，是储存和运输的适宜性、不同能源生产的可能性，以及最终使用的最少浪费和对环境的最小影响。在这两种情况下，达到最高的效率。

通常能量系统中载体的一体化，是从能源到最终用途，在能量消耗、转换和转变方面都需要费用。这些费用可以全额收回，甚至在满足下列至少一个适用条件时带来优势：

● 能量消耗的可接受性：由于环境、科技或者社会经济原因，生产载体必须消耗能量；

● 运输或储存需求：能量的运输或储存，由于环境、社会经济或技术原因，必须通过载体的转换或变化进行；

● 最终用途的限制：能量的最终使用，由于环境、社会经济或技术原因，必须通过载体的转换或变化进行。

对能量系统的分析，甚至是发展预测，可以至少实现上述条件中的一个，并将越来越多。

条件一（能量消耗的可接受性），很容易注意到，这发生在资源使用和产出在不同时间或地点（这里以化石燃料为例，而如果是核能，能量在大型或超大型规模的工厂生产，产品几乎是不可调整的），或精确性不可预见时（以许多可再生能源为例）。

条件二（运输或储存需求），大量能量的实际可用性与能源载体在可用性、能量消耗、运输和储存方面的选择特点有关。

条件三（最终使用的限制），环境相容性和使用技术标准化的特点，表明能源载体的具体特点与用户相关需求，特别是越来越多的关注被放在载体被用于技术解决方案的可能性、提供最小或零污染排放和最广泛的使用范围（电力是明显的例子）方面。

因此，能源载体注定要与全球能源系统整合在一起，因为在大多数实际情况下三个条件越来越频繁地同时发生。在能源载体不断增长的时代，新的和重要的挑战与"是否"将一个或多个载体在任何水平分析没有太大联系，而是"哪种"载体更适合被选择来进行这样的整合。仅从能量的观点来看，载体的选择将能源消耗固定在其生产、运输、储存和最终使用这几个方面。这个路径一直被延续下来，因为能源系统的良好规划可以最大限度地减少浪费，因此也可以最大限度地将能源提供给最终用户。

能源和电力的转换和变化效率分析，已经不足以满足当代实际用户的需求。一些能源载体的特征及其在技术方面的开发利用可能性，能够保证质量水平要求以及日益严格的条件，这对技术和商业越来越重要。因此，考虑到这些特性，并根据这些特性选择载体，以最低的能量成本满足需求是非常重要的。

3.6.1 不同基础资源的产物

由于日益稀缺的非可再生资源问题，能源载体的时代开始了，但地球的许多地区也有不可预见的经济政治条件。能源载体注定要成为新时代的主角，因此必须保证生产的可能性，并且随着可用性条件的变化，可以从一种资源变为另一种资源。

这一章中分析的载体：电力、合成燃料（液体或气体）、传热流体和氢，显示出从不同资源生产的高潜力。这四个能源载体在现在和未来的能源系统中，能够提供基础来源的灵活性。这些载体在技术研究、生产、运输、储存和有效最终使用方面都具有战略价值和开发成就。

3.6.2　载体使用的环境兼容性

能源解决方案的环境兼容性，是影响政策制定者、管理者、商人、消费者和监管机构选择的一个重要条件。在全球能源系统中，不允许能源转换过程中存在对人类和环境造成伤害的物质排放，这在最终使用中更是绝对禁止的。

能源载体使用与能量需求的环境相容性、任何解决方案的经济成功和社会可接受性是必要条件。在封闭环境中，针对便携式应用，已越来越多地有效使用机械能、热能、电能和光能，达到零排放。这同样适用于旅游市场或环境建筑市场，涉及广泛的目标客户，可以某种方式与大众市场相联系。

因此，"零排放"的能量转换系统的载体能力，关键在于载体选择。"零排放"概念正变得越来越重要：二氧化碳排放量的潜在中性平衡，与气候变化相关的所有减排思考和行动都是非常受关注的，所有载体都可以通过可再生能源和核能生产，即电力、合成燃料（液体或气体）、热传递流体和氢气。

然而，最终用户能够直接发现的最明显的特征，是缺乏对使用时任何类型的污染排放的认知，不仅是二氧化碳，有关电力、传热流体和氢的大量证据表明，认知的缺乏限制了载体进一步发展"零排放"应用能力。

3.6.3　转换效率

上述所有载体——即电、传热流体、氢气和合成燃料的生产、运输和储存所需的显著的经济效益、能量和技术支出——需要在不同的转换和变化过程中实现更高的效率水平，尤其重要的是满足终端使用者所需的能量数量和质量。

转换系统的效率，特别是终端用户所使用的小型系统，成为能量系统的重要部分。这些小型系统依靠丰富资源，不需要复杂的转换过程就能生产最终的能源载体（特别是化石产地）。

因此，在复杂系统中选择合适的能源载体，高效能技术的可用性是另一个重要的特征。这一特征需要确保电力作为主要候选方案，要在未来载体的发展蓝图中，保持和提升成为主要角色。因为技术、运输和间接储存系统的高能量性能，电力得以被应用。

分析使用技术的能量性能水平，也证实了氢具有极高的潜力。事实上，燃料电池，因为没有与热力学性能的临界值相关联，可以让全球效率水平（电或热）非常接近临界值。

注 释

[1] 这方面对于固体和液体物质（在室温下）几乎没有关系。但是，对于低温液化压缩气体却非常重要，因为在这些情况下，容器的重量往往与所载气体同一量级。

[2] 也考虑动能和势能。

[3] 物理上，J 是一元方程。

[4] 可以假设，沿通路正向和负向的高度变化是相等的，也就是说起点的高度与终点相同。

[5] 原油的动态黏度是在 0.215 Pa 压强下，密度为 0.86 kg/l。

[6] 一般来说，与负载损耗相比，远程运输中（典型的输油管道）的动能可以忽略不计：$J \cdot g \cdot D > \frac{1}{2} \cdot v^2 \Rightarrow L \cong J \cdot g \cdot D$。

[7] 不同的国家和地区的边界区域，存在安全和破坏的风险。

[8] 丙烷和丁烷都包含在天然气内（详见第 2 章）。

[9] 在 75 巴压强和室温下，甲烷气体的密度为 55.9 kg/m³，而当它为液体状态时，密度为 424.7 kg/m³。

[10] 在一个阶段的出口和下一阶段的入口之间，液体在恒定温度下冷却。以这种方式，压缩需要做的功会减小。

[11] 考虑到不同阶段的压缩比相同。

[12] k 值是起点和终点之间的平均温度。可以通过以下过程计算：首先是假设终点温度，计算出平均温度，其次是计算 k 值和终点温度，与假设值相比。如果有显著差异，T_2 值就被定为计算值，同样的计算过程直到终点温度的假设值和计算值一致（或者更好的是，差异不限于一个给定的值）。

[13] 与压缩功相比，动能的变化可以忽略不计。

[14] 是指大气压（pr = pass−1 bar）

[15] 图中所示，有关运输的值，不考虑压缩，液化和再气化的能量消耗。

[16] 200 巴压强下，天然气密度为 159.5 kg/m³。

[17] 液化甲烷气体的密度为 427.4 kg/m³。

[18] 75 巴压强下，天然气的能量密度（kJ/m³）近似于 350 巴压强下的氢气（详见后文介绍）。

[19] 75 巴压强的天然气密度为 57.9 kg/m³。

[20] 通常，电力的运输和分配中运输是指从发电站到 AT/MT 转换站长距离

的高电压输送，而分配是指从 MT/BT 转换站到最终用户中短距离的低压输送。

[21] 表示电压和电流之间的相位移。

[22] 东京、札幌、仙台、川崎、横滨。

[23] 大阪、京都、名古屋、广岛。

[24] 即使用蓄能器提供的电能和为蓄电池充电的电能之间的比率。

[25] 众所周知，按照惯例是正电荷。事实上，它是负电荷进入，因此电子要用其他的方式。

[26] 当电流为 C（Ah），也就是说容量值，电池在 1 小时后放电。如果电流值是 5C，就表示电池的放电时间是一小时的 1/5（20 分钟），而如果电流等于 C/10，电池将在 10 ore 放电。

[27] 理想的可极化电极是具有无限极化电阻的电极；同时，在 i/V 曲线图上是一条水平直线。相反，理想的不可极化电极，其极化电阻为零，并且在 i/V 曲线图上是一条垂线。在前一种情况下，电势可以在没有任何电流泄漏的电路中变化；在后一种情况下，电势无法从平衡值转变为产生的高电流值（无限）。在实践中，极化电阻的完成值范围可以从 Ω 到 $M\Omega$。

[28] 相对介电常数是指在真空情况下，电容器板块之间的电场减少的次数。例如，使用水（$\varepsilon_r = 80$）作为电介质，板块之间的电场比在真空情况下低 80 倍。

[29] 整体效率，即给定数量的水的重力势能所生产的电能与用于储存的电能之间的比值。

[30] 氢气：10692 kJ/Nm^3；甲烷：34535 kJ/Nm^3。

[31] 在一个阶段的出口和下一个阶段的入口之间，流体在恒定温度冷却。通过这种方式，总压缩功减少。

[32] 考虑到不同阶段的压缩比相等。

[33] Blugas：http：//www.blugas.com/prodotti-bombole-acciaio.php

[34] 通过范德瓦尔斯方程计算。在高压下，由于气体粒子之间的相互作用影响，粒子本身的体积是不可忽略不计的（在理想气体定律中被视为零），理想气体定律是不适用的，因为它明显错误（在 200 巴压强 25℃温度下，理想气体定律计算出氢气密度是 16.16 kg/m^3）。

[35] 理想气体，自由膨胀，温度保持不变。

[36] 所有气体都具有转化温度，低于焦耳—汤姆逊系数为正，而高于焦耳—汤姆逊系数则为负。

[37] 也可以使用其他气体，比如氦气。

[38] 氢的最小液化功（300K 的气态氢和 20 K 的液体氢之间的 ΔG）和实际消耗能量之间的比值。

[39] 电子与磁性有关的内在角。此属性定义为电子的自旋，具有两个不同的阶段，ms 是自旋磁量子数，只有两个值：+1/2 或−1/2。

[40] 从理论上讲，正氢向仲氢的转换过程是自发的，但非常缓慢：在 77K 温度时，一半转换的时间是一年以上，这意味着，考虑到冷却时间，这种转换事实不会发生。此外，从能量的观点来看，在高温下，由于随着温度的降低，转换焓增加，非常方便进行转换。

[41] 形成焓随温度的变化而变化。

[42] 与其他蓄电池发生的情况相似。

[43] 这一现象取决于温度和热交换的条件。图中是指用内部热交换器在温度 50℃进行的试验（见表 3.18）：这种热交换模式比恒温池更有效，其中的热功率是通过罐体的外壁提供。

[44] 200 巴的压缩氢密度为 14.2 kg/m³。

[45] −253℃的液化氢密度为 71 kg/m³。

[46] 表中显示的有关运输的数值，是不考虑有关压缩和液化所需的能量。

[47] 世界各地（美国、日本、法国、德国、意大利等）目前有数千公里的管道是用于氢的运输。

[48] 参见第 3.5 节。

[49] 在这种情况下，用于运输的液体（基础）和到达散热器的液体（二级）是不一样的，前者在热交换器中释放热量给后者。因此，为了达到热传导，有必要使液体温度明显高于终端使用。

[50] 由于热量传输是一个"慢"现象，快速转换可被认为是一个近似绝热过程。

参考文献

1. ENEA，Rapporto energia e ambiente（2010）；also：European Environment Agency（2008），Energy and Environment Report 2008，Rep 6/2008，ISBN 978-92-9167-980-5.

2. Zuttel A.（2004）Hydrogen storage methods. Springer，Heidelberg.

3. Innocenti L.，Il consumo energetico nella produzione，stoccaggio e dis-tribuzione dell? idrogeno，http：//didattica.dma.unifi.it/website/pub/Energetica/EMT 1_05_matdid/Idrogeno.pdf.

4. Zamfirescu C.，Dincer I.（2008）Using ammonia as a sustainable fuel. J Power Sources185（1）：459-465.

5. Modak J. M. (2002) Haber Process for ammonia synthesis. Resonance, 7 (9): 69-77 DOI: 10.1007/BF02836187.

6. Holladay J. D., et al. (2009) An overview of hydrogen production technologies. Catalysis Today. 139 (4): 244-260.

7. Gruhn S., Sackett B. (2008) Wind to NH3: Freedom fertilizer -Green fertilizer and fuel for thefuture, the 5th Ammonia Fuel Conference; Minneapolis.

8. Zamfirescu C., Dincar I. (2007) Ammonia as a green fuel and hydrogen sources for vehicularapplications, Elsevier.

9. Maccari A., Vignolini M. (2001) Progetto di massima di un impianto pilota per la produzione di 2000 m³/giorno di idrogeno solare basato sul processo UT-3. ENEA Report, Rome.

第❹章　能源转换以及能源转换装置

4.1　概　述

用于最终用途的必需能源具有不同的形式（机械能、光能、电能、热能），也有不同的来源以及作用过程。

在获取用于最终用途的最适能源形式的过程中，那些自然界中可以直接使用的一级来源并不总是有效可用的。基于上述原因，几乎在所有的情况下，一级来源经过转变与转换过程，成为所谓的二级来源。

转化过程的特征在于从一种能源形式转换为另一种形式（如在电动机中，就是把电能转换为机械能），然而在转换过程中，尽管会表现出不同的特征，但仍然会保留相同的能源形式（如在电力变压器中，电流强度与电压强度不断变化，扣除能量损失后，依然保持相同的能源形式，又如在热能交换器中，能量像温度一样，只有流动的变化，而非形式的变化）。

4.2　能源转换装置

正如以上所述，能源的生产过程包括一系列单一能源的转换和转化过程，通过该过程使其转换成为所需要的可用能源形式。根据所采用的技术手段，这些过程可以增加或减少能源的数量，或者使其成为不同的类型，例如，对于电能生产流程而言，能源转换装置会根据所使用的转化和/或转换过程的数量及类型的不同而进行分类（图4-1）。

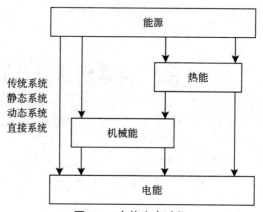

图4-1 电能生产过程

在所谓的常规系统中，例如热能发电装置中，通过燃烧过程将燃料的化学能转化为热能；这种热能又转化成为机械能，通过一种热力学的循环，[1] 反过来通过发电机又转化成电能。

在所谓的动态系统中，我们所使用的资源是以机械能的形式提供的，即水力发电站的水动能和风力发电站的风动能，这些资源被转化成在一个轴上的可获得的机械动力后，又可以反过来通过发动机将其转化为电能。

在静态系统中（该系统基于其没有移动部件而得名），像磁流体、热电、热离子管，燃料的化学能被转化成为热能，[2] 而该种热能不用通过机械能的中间形式，可以通过电磁、热电以及热离子的转化过程，直接转化为电能。

最终，直接系统把可利用的资源直接转化成为电能：这类系统就是光伏电站，它通过光电过程，直接把太阳能转化为电能以及燃料电池，燃料电池可以通过电化学过程将燃料中的化学能（通常为氢气）直接转化成电能。

上述所提到的所有系统也可以设想出其他的转换过程，例如机械变化系统（或者减少或者增加）。举例来讲，要获得发电机转子的合适旋转次数，需要从涡轮轴的旋转次数开始考虑。而电压和电力频率的转换系统是为了得到适当的使用性能。

本段中包含了关于最常见转化装置的描述，这些转化装置用于热能、电能、氢能此类主要能源载体的生产。

表4-1总结了相关转化过程下的系统。

表4-1　一些能源转换装置

转换		装置	转化和转换
转换前	转换后		
机械能	电能	水力发电厂	水的势能转换为动能
			通过轴将动能转换为机械能
			从机械能转化为电能
		风力发电厂	通过轴将空气的动能转换为机械能
			从机械能转化为电能
辐射能	电能	光伏发电厂	直接转化
化学能	电能	热电厂（气体、蒸汽、燃气—蒸汽发电厂）	燃料化学能转化为热能（燃烧）
			热能转化为机械能（热力学循环系统）
			从机械能转化为电能
		燃料电池	直接转化
化学能	机械能	内燃机	燃料化学能转化为热能（内燃机）
			热能转化为机械（热力学循环系统）
化学能	电能	MHD（磁流体力学）	燃料化学能转化为等离子体的热能
			等离子体的热能和机械能转化为电能
辐射能	化学能	平板集热器	直接转化
		集热器	直接转化
热能	化学能	化学反应堆	直接转化
电能	化学能	电解装置	直接转化
辐射能	化学能	光电解	辐射能转化为电能
			电能转化为化学能
电能	热能	压缩热泵	电能转化为机械能（制冷流体压缩）
			机械能转化为热能（热流）
		帕尔贴效应热泵	直接转化
电能	辐射能	白炽灯	电能转化为热能（焦耳效应）
			热能转换为光辐射能
		放电灯	直接转化

4.2.1　机械能—电能转化装置

4.2.1.1　水力发电厂
电厂循环和布局

水力发电厂的电能生产循环可以总结如下：由于太阳能的作用，海水、河水以及地表的湿气会蒸发，大量潮湿的空气，通过风的传递，遇到有利的冷凝条件就会形成降雨，落在山上的雨水具有潜在的机械能，这种潜在机械能一般会在向下流动所产生的摩擦当中分散；通过适当的途径可以限制这种能量的浪费，就是在扣除了不可避免的损失之后，将能量转化为一种可以利用的动能，而不是让其以热能的形式逐渐耗散，然后通过水轮机，将水的动能转化为机械能。

基本上有两种工厂布局，一种是径流式水电站，运用河流自然变化的水流速度，另一种是水库，水库存储了大量的水资源，可以在容积范围内，根据能源的需要而使其发挥相应的作用，水电厂建设的关键步骤包括：

● 水堰：在水库中，取水工程由水坝完成，然而在径流式水电站中，取水工程由一些简单的水堰完成。大坝之所以建得很高，是由于它不仅可以拦截水流，而且还可以创建一个有效调节水流速度的水库。与之相反，水堰的高度适度，一般限制河床的上游水流位置。

● 取水工厂：将水从水堰运送到发电厂。它们由包含分流管道的取水装置（具有网格和拦截装置）构成，这种分流管道可以是无压管道，也可以是压力管道。无压管道一般拥有一个梯形截面，附有混凝土涂层可以深入地下；相反，压力管道拥有钢管制成的圆形截面。

● 电厂的内收与运输工作：从前池水库或者是稳压罐开始就设有这些管道，通过这些管道将水运送到电厂的机器中；这些圆形的管道用钢板制成，并且严重倾斜。管道上面有许多阀门以便在需要的时候阻止水流通过。

● 断流工厂：如果引水渠是一个开放的通道，或者稳压罐在遇到压力的情况下，引水渠的底部会设有一个前池水库。切断工作的目的在于减少由于发电调节水流量，造成水流发生急剧变化所带来的影响，在引水渠的底端安装稳压罐不仅可以暂时吸收溢水，还可以在需要的情况下提供额外的水流。

● 发电厂：可以建筑在露天地面、凹陷处、竖井里、地面以下以及洞穴中。发电厂包括水轮机、电力变压器和所有的辅助部件。

● 输出工厂：它们由一个开放通道或者压力管道组成，能够把所使用的河道中的水流运送回去，从而把水从发电厂运送到河道中。

这些工厂的施工标准是以工厂的不同类型而变化的，如表4-2所示：

表4-2　水力发电厂的建造标准

工作功能	水库装置	径流式水电站
堰	坝	堰
进入	压力	自由表面
输送	压隧洞	露天或隧道
切断	调压井	前池水库
工厂内收	压力管道	压力管道
生产能源	露天或山洞	露天
排水	露天或隧道	露天

关于水轮机的简单说明

安装在水电厂的水轮机的类型取决于可用的扬程以及流量，图 4-2 表示了三种最普遍使用的水轮机示意图：水斗式、混流式和灯泡式水轮机。遵循相似的原则，扬程和流量两个参数定义了特征速度或特定速度，表征了"液压相似"机，该参数可以用以下公式来表示：[3]

$$N_s = \frac{n\sqrt{N}}{H_m^{5/4}} \tag{4-1}$$

式中，N_s 是特征速度，n 是机器的额定速度，N 是额定功率，H_m 是液压压头。

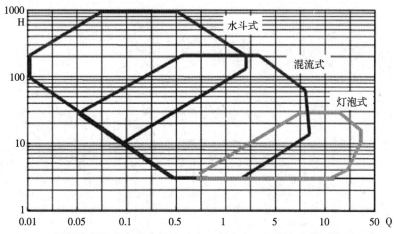

图 4-2 根据流量和扬程得出的水斗式、混流式、灯泡式水轮机的利用率

特征速度具有非常重要的实际意义，因为在给定相同液压压头和功率的前提下，它与机器的旋转速度成正比，另外，机器的重量以及成本会随着速度的增加而降低，所以人们致力于制作具有尽可能高的特征速度的机器。表 4-3 列出了常用水轮机[4]的特征速度指示值。

表 4-3 不同类型水轮机的特征值

涡轮机	N_{sq}
水斗式	5~22
混流式	20~100
卡普兰	100~300

净落差

水轮机的净落差是液压负载的差异，也就是液体机械能在上下游水流之间的差异，这些结构选自不同类型水轮机的操作标准。

假设 H_i 和 H_o 为液压负载，z_i 和 z_o 为高度（单位：m）（相对于任意基准），p_i 和 p_o 为压力（单位：kg/m^2），V_i 和 V_o 为与上述提到的机器的输入输出部分相对应的速度（单位：m/s），净落差用米表示为：

$$H = H_i - H_o = (z_i + \frac{p_i}{\gamma} + \frac{V_i^2}{2g}) - (z_o + \frac{p_o}{\gamma} + \frac{V_o^2}{2g}) \tag{4-2}$$

式中，γ 是水的比重（单位：kg/m^3）。

参考图如图 4-3 所示：z 代表几何高度，p/γ 代表静压头，$V^2/2g$ 代表速度头。

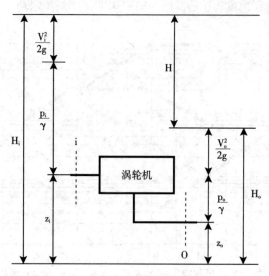

图 4-3　水力发电厂的布局

冲击式水轮机[5] 的叶轮在空气中完全自由转动时，受到一个或多个喷流的击打，因此出口压力就等于大气压：$P_o = P_a$。此外，将水轮机当中相应能量（动能）的消耗考虑在内（事实上，水轮机所承担的损失与它无关），可以假设出口速度为零。所以就冲击式水轮机而言，适用于以下情况：

$$H_o = z_o + \frac{p_a}{\gamma} \tag{4-3}$$

作为出口段，要考虑到在车轮平均直径内的喷注轴接触点的高度；就水平轴两喷水轮机而言，考虑的是上述定义的接触点的平均高度。就多喷水轮机而言，包含它们在内的水平高度也要被考虑到。作为入口部分，要考虑压力管道与机器之间的连接轮缘。把式（4-2）代入到式（4-3）中，可得出冲击式水轮机的净落差，如下所示：

$$H = \frac{V_i^2}{2g} + \frac{p_i}{\gamma} + z_i - z_o - \frac{p_a}{\gamma} \tag{4-4}$$

反击式水轮机（法式水轮机和开普兰水轮机），由于它们拥有高耸的扩散管道，所以其出口压力与大气压力不同，这不会损失与排放渠机器出口段高度相对应的净落差。图 4-4 显示在机器的出口段（o）与排放段（d）之间应用了没有能量损失的伯努利原理，如下所示：

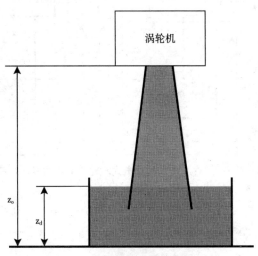

图 4-4　水轮机扩压器的布局

$$\frac{V_o^2}{2g} + \frac{p_o}{\gamma} + z_o = \frac{V_d^2}{2g} + \frac{p_d}{\gamma} + z_d \tag{4-5}$$

在放电过程中，速度可视为零，压力与大气压相等，因此（4-5）式变换为：

$$\frac{V_o^2}{2g} + \frac{p_o}{\gamma} + z_o = \frac{p_a}{\gamma} + z_d \tag{4-6}$$

牢记（4-2）式，从它可以推导出反击式水轮机的净落差方程式：

$$H = \frac{V_i^2}{2g} + \frac{p_i}{\gamma} + z_i - z_d - \frac{p_a}{\gamma} \tag{4-7}$$

为了确定根据进水库高度、排放管道高度以及机器高度所得出的液压头的表达式，图 4-5 是在进口段和机器的进口部分之间应用伯努利原理，得出以下结果：

$$\frac{V_{in}^2}{2g} + \frac{p_{in}}{\gamma} + z_{in} = \frac{V_i^2}{2g} + \frac{p_i}{\gamma} + z_i \tag{4-8}$$

在进口段，速度可视为零，压力与大气压相等，因此（4-8）式可以变换为：

$$\frac{p_a}{\gamma} + z_{in} = \frac{V_i^2}{2g} + \frac{p_i}{\gamma} + z_i \tag{4-9}$$

图 4-5 具有冲击式和反击式水轮机的水力发电厂布局。

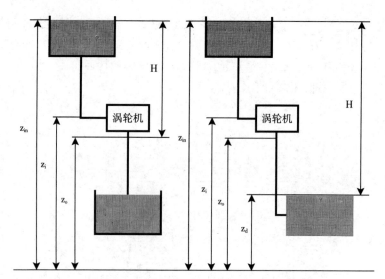

图 4-5　具有冲击式和反击式水轮机的水力发电厂布局

把式（4-4）与式（4-7）代入到式（4-9）当中，可以分别得出冲击式水轮机与反击式水轮机净落差的表达式：

$$H = z_{in} - z_o \tag{4-10}$$

$$H = z_{in} - z_d \tag{4-11}$$

因此可以得出，在冲击式水轮机中，与排放渠相比，与机器出口段高度相对应的净落差是如何损失的。

水轮机的应用领域和效率

现在可以说明培尔顿水轮机适用于最高的净落差（冲击涡轮机，图 4-6），

图 4-6　冲击式水轮机

法式水轮机适用于中等高度的净落差（图 4-7），而开普兰水轮机适用于高度最小的净落差（图 4-8）。一般来讲，水轮机的应用领域如表 4-4 所示。

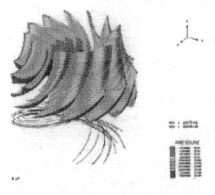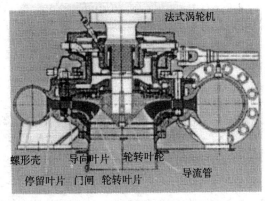

法式涡轮机

螺形壳　　　导向叶片　　轮转叶轮

停留叶片　门闸　轮转叶片　　　　导流管

图 4-7　法式水轮机

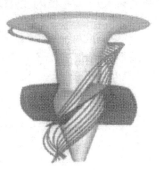

图 4-8　灯泡式水轮机

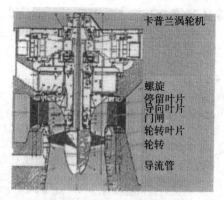

图 4-8　灯泡式水轮机（续）

对于不太高的落差，使用法式水轮机是非常便捷的，甚至在可以使用培尔顿水轮机的情况下也是如此。随着水轮机轮叶流体力学设计方面的不断微调，关于解决高落差方面问题所获得的经验，以及高排放落差的使用，法式水轮机占领培尔顿水轮机的应用领域成为了趋势。然而，随着落差的增加，由于密封装置的不断恶化和气蚀问题，法式水轮机的经济便捷性随之减小。

对于大流量的小落差，多使用开普兰水轮机：对于水轮机而言，可调节的轮叶不仅可以通过调节保持高效运作，而且在净落差变化的情况下，可以通过调节保持良好操作。[6] 出于这个原因，尽管已经考虑到建造复杂性以及高成本，开普兰水轮机仍然倾向于侵占法式水轮机的应用领域。

至于水轮机的效率，培尔顿水轮机和开普兰水轮机都有一个调节系统，可以在面对大幅度流量变化时保持良好的工作效率，给予相同的液压落差和功率，其中培尔顿水轮机的喷气段可变，开普兰水轮机的螺旋桨叶片角度可变；培尔顿水轮机没有调节系统，由于流量的变化，其效率大大降低。

表 4-4　水轮机的应用领域

涡轮机	Hm（m）
水斗式	>500
混流式	70~500
卡普兰	<70

抽水蓄能水电站

水力发电厂的一个显著特征就是允许建造抽水站，可以在低电力的条件下，用电能把上游的水抽送出来。

这些装置是典型的蓄水装置，通过消耗电能（电能通常在夜间需求较低），用泵把下游的水运送回上游（其中，法式水轮机的工作过程是可逆的，不仅可以作为水轮机工作，还可以用作泵，因此在一些情况下，仅有一台机器来使用）。交流发电机作为一种可逆发动机，当它进行泵送工作时又可作为电动机使用。显而易见，考虑到效率问题，泵送阶段所消耗的电能远大于发电过程中产生的电能，所以在整个过程中所浪费的电能是其产生的全部电能的一部分。然而，还有一些因素是需要考虑在内的。泵送过程不允许大幅干预，因此阻断水流在某种情况下会产生电力。这种中断会带来管理问题，同时产生高于泵送装置能量消耗的能量浪费。另外，更为重要的是，这个过程要求热力发电厂的转化工作更加有效，因为相较于水力发电厂，热力发电厂的表现受负载骤变的影响更大。

对于不太高的液压压头（最高 600 米），可以使用法式水轮机，由于法式水轮机是一种可逆机器，在泵送过程的逆旋转中，可以把它当做一台泵使用。这种只运用一台水轮机的解决方案，从经济角度来讲是更为便捷的。

如果液压压头更高，就有必要使用两种不同的水轮机：一台培尔顿水轮机和一台泵。培尔顿水轮机作为冲击式水轮机，总是高于尾水水库的水平面，而泵为了避免产生气穴，必须建造在较低流域的水平面之下；通过这种方式两台机器分别放置于相离比较远的位置，同时这会带来连接这两台机器轴长的建造问题。所以这个解决方案要比前一个花费更多。

一种替代的解决方案可以解决轴长问题，轴的长度太长可能会引起轴振动问题，而把轴长控制在一点上进行工作又不切实可行，可以建造一个包含两个独立发电厂的重叠洞穴，其中一个是建在较高位置的水斗式交流发电机组，另一个是建在较低位置的泵电发动机组。在重叠洞穴中的这些发电厂的成本要远远超过单个洞穴发电厂的成本。

另一种已经成功测试并执行的解决方案是通过多级泵的反向转动使其作为水轮机来工作。叶轮所采用的特有外形使其在发电和泵送过程中都能获得良好效率。这类型的机器为迎合高液压压头（600~1300 米）和高功率（150 兆瓦）可以采用二进制群，也就是只有一台水轮机的机群。

由于液压机没有扩压器，并且在全压和无压的情况下都工作，所以多级可逆机群的一个局限就是不能调节电源供给。

水力发电厂的一般分类

水力发电厂的功率从千瓦到几兆光瓦不等。显然对于不同的型号有不同的建造标准，可以将发电厂的分类定义为以下几种：

● 最高 100 千瓦的微型水力发电厂；
● 100 千瓦到 1 兆瓦的迷你水力发电厂；
● 1 兆瓦到 3 兆瓦的小型水力发电厂；

● 13兆瓦以上的水力发电厂。

较大的水力发电厂，包括小型水力发电厂以及大多数水力发电厂都需要较长的建设时间和较大规模的前期投资，对于土木工程而言尤为需要。这类型水力发电厂的建造成本非常高，而电力供应生产成本在不同类型的发电厂中最低。

潜在的能源电力转换效率几乎可以达到80%，并且几乎主要由涡轮机效率（约90%）、管道中的能源浪费（1%~2%）以及交流发电机效率（大约90%）所决定。

利用率取决于发电厂的类型：在河床发电厂中，电力供应的变化遵循自然流量，平均每年的供应时间是5000小时。相反，在池塘发电厂中，可以根据需求调节电力供应，平均每年的供应时间最长达到大约588小时。

4.2.1.2　风力发电厂

概观

风力发电厂把流动的空气团动能转换成螺旋桨叶片旋转的机械能。每组叶片代表风力涡轮机的旋转器，机舱里包含能量转换所需要的所有其他元素，并且由塔架作为支撑（图4-9）。

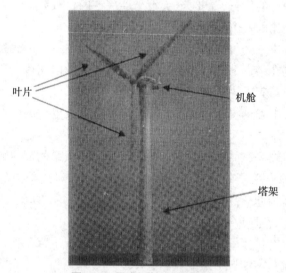

叶片

机舱

塔架

图4-9　风力涡轮机的主要组成

一般情况下，螺旋桨叶片旋转的机械能表现为以下两种不同的方式：

● 作为机械能，如操作泵（风力泵）；

● 把机械能转换成电能（航空发电机，通常也叫作风力涡轮机）。

考虑到显著且不断增长的重要性，航空发电机已经被世界市场所接纳，在本章的参考文献中专门就风力发电厂被用作电力生产的问题作出进一步阐释。除了这一区别以外，风力涡轮机有多种分类如下所示。

风力涡轮机的分类

第一种对风力涡轮机的分类以螺旋桨叶片旋转轴的位置为基础，可以分为水平轴涡轮机和垂直轴涡轮机。垂直轴涡轮机，也叫达里瓦涡轮机，尽管该种涡轮机在极低风况下工作的可能性和瞬间对准风向方面有明显优势，但直到今天，这种涡轮机的运用情况都不佳，因为相较于水平轴涡轮机而言，它的转换效率更低，这是垂直涡轮机的主要局限。

考虑到旋转器和机舱的位置，风力涡轮机应该分别放置在逆风向和顺风向。

几乎所有的方案都采取逆风向，流动的空气先后"遇到"旋转器、机舱和塔架。逆风位置可以将风力遇到旋转器之前所受到的来自塔架和机舱的干扰最小化。

装置专门用在特定情况，像一些小型横摆涡轮机，它们的机舱是被动对齐风向的。然而这种选择却是空气流受到塔架和机舱的巨大干扰，将导致以下后果：

● 增加作用在机器上的震荡力；

● 降低转换效率；

● 增加声波排放量。

风力涡轮机可以被个体用户使用，或者同时给电网提供电力。当风力涡轮机连接到电力网络时（现在最常见的现象），对所产生的能量在电压和电频的质量方面严格要求是很有必要的。假设通过连接到涡轮机旋转器的交流发电机进行发电，就必须考虑到依赖于电频的交流发电机的转速：

$$n = \frac{60 \cdot f}{p} \tag{4-12}$$

式中，n 是交流发电机的转速（每分钟的旋转速度），f 是电源频率（Hz）[7]，p 是发电机两个电极的数量。

发电机电极的数量是有限的，考虑到电极的型号和相对于发电机的成本，一般最多为三个。因此在频率为 50Hz 的情况下，可能达到每极每分钟 3000 转的速度，或者每两极 1500 转和每三极 1000 转的速度。例如，一个直径为 40 米，电极转速为每分钟 1000 转的涡轮机，其螺旋桨叶片尖端的圆周速度可以达到 2000m/s。显然这样的速度会给螺旋桨叶片带来过度压力。因此有必要根据发电机的速度来区分螺旋桨叶片的转速。

许多制造商通过安装一个比例为 1∶50 的减速齿轮来解决这个问题。这种装置会直接连接到电源，因此可以使风力涡轮机的旋转器保持一个恒定转速。但是当条件与上述设计不符时，这种选择是不适用的。

另一种选择是使用轴向磁通永磁慢发电机，例如一种具有 30 个电极，转速为 200 转/分钟的发电机。由于小型涡轮机（几十千瓦）的标准半径比较小，所以这种转速产生的圆周速度对于小型涡轮机仍然适用。例如，一个直径 8 米、电功率为 10~20 千瓦的涡轮机，对应 200 转/分钟的旋转频率，其螺旋桨叶片尖端的速度可以达到将近 84m/s。这种装置的存在，可以使旋转器和发电机产生直接耦合，无须使用减速齿轮，从而减轻重量，减少成本以及能量损失。

然而，最常采用的无须使用减速齿轮的装置没有直接连电网。这种装置的同步发电机（交流发电机）直接连接旋转器，通过转速的变化来产生多频交流电的电能；交流电通过整流器转换成为直流电，进而通过变流器把直流电转换成恒定频率的交流电流。

这种装置的一大劣势是增加了转换设备的额外成本。但其优势却包括无须使用减速齿轮，螺旋桨叶片可以获得可变转速，以及随更大的风速范围所带来的优化效率。

螺旋桨叶片的尖端速率 λ 被定义为螺旋桨叶片圆周速度的最大值，也就是叶片尖端速度与风速（v）之间的比率：

$$\lambda = \frac{v_p}{v} = \frac{\omega \cdot \gamma}{v} \tag{4-13}$$

此外，功率系数 c_p 被定义为转换到旋转器的能量与包含在风海流中的能量的比率。这里要注意，c_p 与机器效率成正比，尽管并没有考虑到其他部件的机械损失，例如减速齿轮的机械损失，也没有考虑到发电机的电能损失，但它仍然具有较高价值。

风力涡轮机的功率系数随 λ 值变化，在给定一个适用值时会达到最大值。图 4-10 显示了功率系数随 λ 值变化的定性趋势。

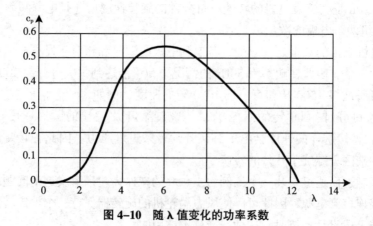

图 4-10　随 λ 值变化的功率系数

对于固定转速的涡轮机，其 λ 值随风速变化而改变，只有当风速达到一个特定值时，λ 达到最优值。相反，对于转速可变的涡轮机而言，由于它们可以适应随风瞬时速度变化的旋转频率，所以其 λ 可以在更宽泛的风速范围内达到最优值，因此就可以保持 λ 值恒定不变。风力涡轮机所选择的螺旋桨叶片数量的最优值与 λ 比率相关。螺旋桨叶片数量多的涡轮机，在给定相同风速的情况下，其圆周速度（K=1）的最优比值较低，并且其转速也较低。然而这表明了一个显著的起动转矩，这就是这种涡轮机会用于泵水和一些直接需要机械能的其他用途的原因。高转矩要求旋转器有强大的力量，因此也就需要高数量的旋转器叶片。

相反，少数螺旋桨叶片的涡轮机用于电力发电，并且具有高转速和高 λ 值。

现在，λ>8 的涡轮机已经不再生产了，因为考虑到噪声，要使 λ 与螺旋桨叶片的圆周速度成正比，噪声将达到不可接受的程度。

当前制造的用于电力发电的大型涡轮机几乎都是三个螺旋桨叶片。事实上，在给定相同风速的情况下，叶片需要具备较长直径来承担叶片尖端的高圆周速度。在实践当中，这就意味着需要一个较高的 λ 值。由于三叶片涡轮机在高 λ 值时工作效率最高，所以它们是最优选择。考虑到可以达到的成本削减问题，双叶片，甚至是单叶片涡轮机成为当今趋势。第一代所有大型涡轮机都具有双叶片旋转器。时下采用的是一种不同的方法，根据所选出的最优三叶片旋转器，将其重量均匀分布在所扫过的面积上。这种情况需要作用在结构上的压力更均匀，叶片旋转过程中的视觉冲击更小。

根据当前对风力涡轮机的认证条例，其电阻元件必须经过低频强风（50~70m/s）的测试。很显然，由于额外成本巨大，同时考虑到强风低频，额外能源生产的增长忽略不计，所以设计一台在如此低风速下工作的机器很不方便。出于这一原因，设计师倾向于采用随风速增加而减少风力涡轮机吸收功率，并在风速过大时停止使用涡轮机的措施。根据国际规定，该操作包含两个制动系统，一个用于日常操作，一个用于紧急情况。也就是说，执行功率调节。这种操作可以分散多余能量，并且在给定风速下，防止损害发电厂。

通常情况下，有以下四种与风力涡轮机相关的运行速度：

● 静止旋转器；
● 部分负载运行；
● 可调节额定功率运行；
● 停止。

为了描述风力涡轮机的运行，可以定义一系列与旋转器撞击的风速值（图4-11）。

直到风速达到最小值时，称之为"切入"，转移到螺旋桨叶片的能量不足以克服旋转器和发电机的惯性，涡轮机就不能再次启动。额定速度的定义与机器额定功率相关，在"切入"和额定速度之间，机器在部分负载的情况下运行。当速

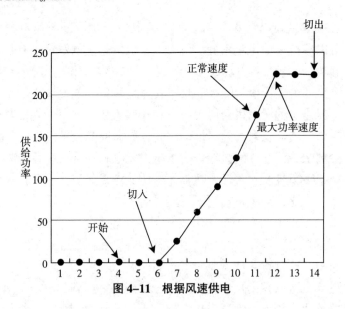

图 4-11　根据风速供电

度高于额定速度时，涡轮机会在一个控制速度的功率下工作，直到速度达到"切出"，此时机器不再受到风力作用，避免了结构损坏。在任何情况下，保证机器达到耐生存速度。关于描述现代涡轮机的速度指示值总结如下：

● "切入"速度：3.5 m/s；
● 额定速度：13 m/s；
● "切出"速度：25 m/s；
● 生存速度：70 m/s。

功率调节最为普遍的方法有如下几种：

●节距调节可以通过围绕其纵轴旋转来改变螺旋桨叶片的间距，以便从风中抽离出。由于存在这种调控，当速度超过额定速度时，仍然可以保持额定功率。尽管需要一种叶片旋转机制，以及对输出功率的主动控制来调控间距，但是节距变化仍可以对功率进行轻微调节。

●失速基于同向现象。失速在于流体随着风速变大从叶片表面分离出来。随着这种分离，叶片转速导致升力减小，同时多余能量以涡流形式分散，相较于节距变化调控，失速现象的"消极"应用既不需要围绕其纵轴叶片旋转机制，也不需要调控机制。另一方面，失速需要一种高级空气动力设计，并且引领风力设备振动的发展。

●偏航：旋转器由风通过绕垂直轴旋转"取出"。
●倾斜变化：旋转器由风通过绕水平轴旋转"取出"。

通常情况下，高功率涡轮机通过失速或者节距变化来调控，而小型涡轮机通过偏航或者倾斜变化来调控。

事实上，偏航装置用于所有涡轮机，将机舱指向于盛行风方向，这一方向是随时间变化而变化的。这种变化可以通过风标，或者风速表的主动控制来被动执行。风速表的信号记录了风向并且把这些信息传达给偏航系统。直径最大为 10 米的旋转器允许使用风标，因为更大的涡轮机使用风标将失去经济便捷性。正如已经强调过的，风力涡轮机所产生的功率依赖于风速。额定功率与给定机器的额定速度相关。事实上，能量是机器在给定时间段内生产出来的，通常这段时间为一年，由于速度随时间不断变化，所以能量不能简单地通过乘以运行小时数的额定功率来计算。

风力发电机的可生产性与每个站点的速度分布强烈相关，可以表示为等效小时，这意味着在额定功率下的运行小时数通常会达到每年 3000 小时的最大值。从经济的角度来看，在那些运行等效小时每年在 1500~2000 小时之内的站点，使用风力发电机发电很便捷。

4.2.2 辐射能—电能转换厂

这些发电厂的运行是光伏效应的结果，把太阳的辐射能"直接"转换成为电能。

4.2.2.1 光伏电站

光伏电池

光伏设备的基本元素是光伏电池（图 4-12）。光伏电池可以做成不同材质的不同型号。使用最为广泛的光伏电池由晶体硅构成，包括单晶硅和多晶硅，并且都是无定型晶体。[8] 光伏电池典型的形状是表面积大约为 $100cm^2$ 的方形，尽管可以把它们做成更大的形状。

 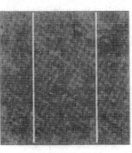 

单晶硅晶体电池　　　多晶硅晶体电池　　　非晶硅晶体电池

图 4-12　光伏电池

特征曲线描述了电池电流随电压变动的趋势，表明了电池在黑暗中与光亮中的活动（图 4-13）。

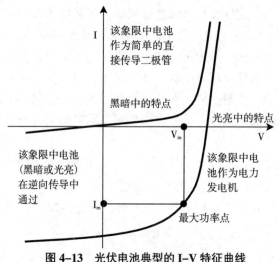

图 4-13 光伏电池典型的 I-V 特征曲线

在黑暗中通过采用电势差，电池只有超过给定的界限值时才会有电流通过。

与此相反，把电池放置在光亮中，在任何情况下都可以产生电力；如果电池主节点短路（V=0），可以产生最大电流（I$_{sc}$），然而在开路状态时（I=0），最大电压由这两方面共同决定（Voc）。

标准硅电池（10cm×10cm）的 I$_{cc}$ 接近 3A，Voc 大约是 0.6V。考虑到发电机的功率是由其电流所产生的电压而产生的，所以在以上所描述的两种情况下，功率为零，并且从特征曲线可以找出系统提供最大功率值的点。

电池特征曲线不仅取决于其固有属性（材料），还取决于两个重要的参数：发光辐射的强度和电池本身的温度（图 4-14）。显然随着 I 和 V 的变化，在最大

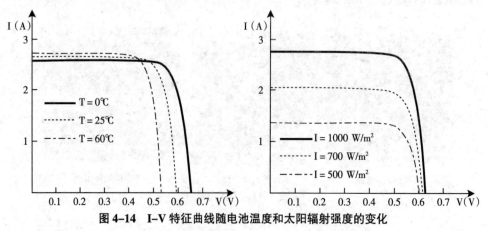

图 4-14 I-V 特征曲线随电池温度和太阳辐射强度的变化

功率值时这两个参数取不同数值，此时对应最大电流（I_{pmax}）和最大电压（V_{pmax}）。

温度上升会引起光伏设备电气性能的衰减。例如硅电池，虽然由温度上升引起的短路电流的变化可以忽略不计，但同时会引起开路电压将近 2mV/℃ 的下降。因此，光伏电池加热过程的整体性能是下降的。

由于光伏发电系统均采用可变来源，并且正如上述分析所示，其性能与太阳辐射特征相关。为了量化光伏电池的性能，以及任何更普遍的光伏发电设备的性能，有必要借鉴精确的条件，正如我们公认的标准条件：

● 辐射强度：1.000 W/m²；

● 电池温度：25℃；

● 太阳光谱 AM1，1.5（与太阳顶角 4819 相对）。

光伏电池发电产生的额定功率由峰值功率（W_p）表示；峰值功率是满足上面所提标准条件的电池产生的。转换效率是电功率（P）和辐射功率的比率，其中，电功率由电池提供，辐射功率由辐射撞击正面表面而得，表示为入射幅度 I（W/m²）和所暴露的表面积 A（m²）的乘积：

$$\eta = \frac{P}{I \cdot A} \tag{4-14}$$

标准转换效率是在标准条件下计算而得的，因此入射辐射密度是 1000 W/m²，并且用 P_n 表示电池的峰值功率：

$$\eta_n = \frac{P_n}{1000 \cdot A} \tag{4-15}$$

单晶硅商用电池的额定效率通常达到 18%，多晶硅商用电池不超过 14%，而非晶硅商用电池的额定效率达到将近 8%。

实际运行中所产生的功率常常与最大额定功率不同。实际上，光伏发电机的产出受到两个重要因素的影响：辐射密度和光伏电池的温度（图 4-14）。

第一个因素影响短路电流以及随后在最大功率时产生的电流。可以近似说明短路电流随辐射的减小成比例减小。

相反，第二个因素作用于开路电压，因此也作用于最大功率。在这种情况下可以假定最大功率电压随温度上升而直线下降。

结果与参考值（最大功率值或者峰值）相比较，运行功率会下降。

光伏技术的应用

光伏技术可以应用的地方很多，包括应用到功率设备从几百瓦的袖珍计算器和手表到几兆瓦的发电厂不等。

过去，考虑到光伏系统高昂的成本，它们主要应用到一些小型设备上，因为这样不需要过大的投资。然而，随着模块（组合）成本的下降，直到 20 世纪 90 年代，越来越大的光伏设备应用到了光伏电站。证明了光伏技术可以很容易地产生大量电能，并且唯一制约其发展的因素就是成本因素。如果价格水平下降到可以与传统资源发电价格相制衡的程度，那么光伏技术的蔓延将不受任何阻碍。模块成本的持续下降使得部门运营商会对那些不直接取决于光伏模块的成本进行仔细评估。由于这一方法的出现，学者和设计师的注意力都从具有高成本承重结构的大型发电厂转移到了建筑物中较小的集成系统，这代表了光伏系统最有前景的解决方案。

光伏电站

通过根据用户需求调节电池组的电压与电流，可以从完成的电池开始构成成本模块。单个电池的电压实际上低于所有材料的平均电压（大约 0.5V），然而串联电池可以获得期望的电势差，相当于不同极化电位的总和。几个控制板串联形成的电压将会是不同控制板各自串联的电压总和，而形成的电流与单个控制板的电流相同。并联多个串联串就会形成光伏区域：该区域电压与其中的串联电压相同，电流是一排电流的总和。

光伏电站的另一个组成部分是最大功率点跟踪仪（MPPT）。MPPT 允许在任何运行情况和负载条件下的工作电压和工作电流都对应最大功率点的电压和电流。

发电厂的其他组成部分依据以下发电厂的类型而变化：

● 单机系统；
● 电网连接系统。

单机系统设有一个存储系统来确保低照明或者黑暗时的电力供应，组成单机系统的元素包括光伏区域、充电控制器、电池以及变频器，其中变频器用于装置需要在交流电供电时。[9]

存储系统通常是一个电化学系统（蓄电池），一般会选择普遍使用的铅酸蓄电池、镍镉电池、镍-金属氢化物电池以及相对比较昂贵的锂电池。

充电控制器相当于对蓄电池的保护。事实上，根据所选电池的型号，在充电和放电过程中，在电压方面必须采取一些预防措施。当超过电压的极限值时，充电控制器切断电流，只有当电压重新降低到极限值时，充电控制器才允许电流通过。

这种类型的发电厂用于没有电网或者电网难以进入的情况下，例如偏远住房、山中避难所、泵送系统、电信系统、中继站和标记浮标等。

连接电网的系统可以释放出日照时产生的多余能量，并且把这些能量运用到不够满足整体需求的发电机。这些系统需要一个变频器来把光伏发电机产生的直接电流转换成与电网提供的尽可能相似的交流电流。然而，电流随时间变化的周期函数显现出一个完美的正弦曲线，不同于应用在单机系统的变频器，几乎总能够提供一种对它们所提供的设备不产生任何问题的方波信号——一种低质量信号。这种情况需要获得高纯度的输出信号，并且要求输入到电网的电流与电网本身是"同步"的。

光伏系统产生的能量

由于光伏发电厂的额定功率（峰值功率）只是一个参考值，所以关键是要评估电厂自己在给定时间段内能够实际生产的能量。

除了电厂自身的标准特性，包括控制板的数量和效率以外，这些能量同样依赖于以下参数：

● 安装站的日照条件：入射太阳能（每年 kWh/m^2）；

● 空中模块的位置：倾斜度，方位角和最终阴影；

● 平衡系统（BOS）的效率：发电厂中所有其他系统的效率，像变频器或者蓄电池，以及连接电缆的损失等。

一旦已知场地特征（纬度、海拔、水平辐射）和控制板（倾斜度、方位角、最终阴影）的位置，就可以计算出入射到控制板上的具体能量 H_p（kWh/m^2）是多少（图 2-9）：若控制板的可用表面积 A（m^2）已知，就可以计算出作用到控制板上的全部入射太阳能是多少。光伏区域产生的直流电流电功率 E_{dc}（kWh）是：

$$E_{dc} = H_p \cdot A \cdot \eta_p \tag{4-16}$$

这种能量可以被转换成交流电进而传送给用户，在这个运行过程中会有部分能量损失，BOS 效率测量了上述所有损失。[10] 因此发电厂生产的可用能量 E_u 为：

$$E_u = E_{dc} \cdot BOS = H_p \cdot A \cdot \eta_p \cdot BOS \tag{4-17}$$

在公式（4-17）中，引用单位表面积并假设 $\eta_p = 16\%$，$BOS = 90\%$，可得：

$$E_u = E_{cc} \cdot BOS = H_p \cdot 0.144 \tag{4-18}$$

上式也就是说可用能量占入射太阳辐射能的 14.4%。用一个例子来说明，每年每平方米控制板的 $H_p = 1.800 kWh/m^2$,[11] 那么每年所生产的可用能量为 260kWh/年。

把发电厂的额定功率 P_n 代入到公式（4-17）中，控制板的额定效率可以定义为：[12]

$$\eta_p = P_n/A \tag{4-19}$$

把公式（4-17）代入到公式（4-19）中，得到如下：

$$E_u = H_p \cdot P_n \cdot BOS \tag{4-20}$$

至于单位额定功率，可用能量是具体入射太阳能量的一部分，与 BOS 的相等。H_p 和 BOS 的乘积代表光伏面板的等效小时数。以 1kWp 发电厂生产将近 1.600kWh/年为基础。

成本和尺寸的一般标准

根据是否为单机发电厂或电网连接发电厂，光伏系统的尺寸选择遵循不同的方法。

事实上，单机系统在任何情况下都要保证满足用户的预期消耗，光伏系统和蓄电池的整套装置也必须满足全部的电力需求，因此光伏系统的尺寸与消耗量直接相关。

对于电网连接系统，由于电网直接供应用户需求，且其拥有几乎无限的存储容量，所以电网连接系统没有任何新限制。因此，尺寸的选择因消耗量而不同，尤其与可得表面积、初始投资预算以及上网电价规定相关。

光伏组件的成本依据所建发电厂的大小不同而有显著差异，并且这种差异在不断演变。光伏组件目前依据"功率基础"销售。也就是说，在额定功率相同的情况下，几个多晶硅组的价格与单晶硅组提供的较小数量的价格是相同的。

价格在不断发展，同时考虑到现行的激励机制，当前趋势表明价格在逐步降低。

4.2.3 化学能源—电能转换厂

4.2.3.1 燃气涡轮机发电厂
热力循环

基准循环是由两个绝热过程（压缩和膨胀）以及两个等压过程（加热和冷却）构成的布雷顿循环（图 4–15 [13]）。

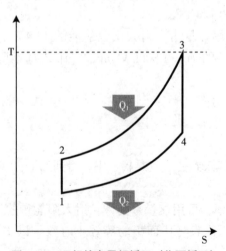

图 4–15 理想的布雷顿循环（焦耳循环）

事实上，由于一般的发电厂都是开放式循环的发电厂，所以并不存在冷却过程，当膨胀结束后，空气就会释放到大气当中。

来源于大气并在轴向式压缩机（转换 1-2）当中压缩的空气之后被运送到燃烧室，燃烧室的温度在恒定压力下不断增加（转换 2-3）；在这之后空气在涡轮机中膨胀（转换 3-4）并释放到大气中。

具体工作和效率

如上所述，由于开放式循环发电厂是一种内部燃烧装置，所以必须注意到这种循环会有可变的质量，因为给定数量的空气团被压缩机压缩，与进入到燃烧室的燃料一起在涡轮机中膨胀。将 α 定义为空气与燃料的比率，LHV 为燃料的低热值，可得如下：

$$Q_1 = \frac{LHV}{\alpha+1} = c_p(T_3 - T_2) \Rightarrow \alpha = \frac{H_i}{T_3 - T_2} - 1 \tag{4-21}$$

举例来考虑以下这些特征参数值：

LHV = 10000kcal/kg（千卡/千克）（柴油）；

$T_3 = 1300K$；

$T_2 = 549K$（$T_1 = 27℃$，$\beta = p_2/p_1 = 9$）；

$C_p = 0.26$（T_2 与 T_3 之间的平均值）。

从公式（4-21）中可以得出 $\alpha = 53.8$，意味着每公斤空气与 0.0186 公斤燃料反应，进而可以获得一个近似常量。

这里我们回顾 1-2（实际情况是 1-2′）的压缩过程以及 3-4（实际情况是 3-4′）的膨胀过程起源，图 4-16 分别描述了压缩工作 L_c 和膨胀工作 L_t。理想循环[14]的效率如下：

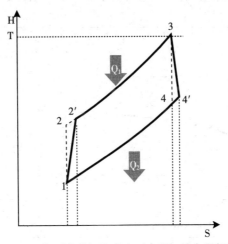

图 4-16　理想（虚线）和真实（实线）的布雷顿循环

$$\eta_l = \frac{L_t - L_c}{Q_1} = \frac{c_p(T_3 - T_4) - c_p(T_4 - T_1)}{c_p(T_3 - T_1)} = 1 - \frac{T_4 - T_1}{T_3 - T_2} = 1 - \frac{T_1 T_4 / T_1 - 1}{T_2 T_3 / T_2 - 1} \tag{4-22}$$

考虑到状态方程和流程，可得如下结果：

$$\frac{T_1}{T_2} = \left(\frac{p_2}{p_1}\right)^{\frac{k-1}{k}}; \quad \frac{T_4}{T_1} = \frac{v_4}{v_1}, \quad \frac{T_3}{T_2} = \frac{v_3}{v_2}; \quad \frac{v_3}{v_2} = \frac{v_4}{v_1} \Rightarrow \frac{T_4}{T_1} = \frac{T_3}{T_2} \tag{4-23}$$

接下来将压缩比率 β 和参数 ε 定义如下：

$$\beta = \frac{p_2}{p_1} \tag{4-24}$$

$$\frac{k-1}{k} = \varepsilon \tag{4-25}$$

把公式（4-23）、（4-24）、（4-25）代入到公式（4-22）中，可得理想效率 η_i：

$$\eta_i = 1 - \frac{1}{\beta^\varepsilon} \tag{4-26}$$

η_c 表示压缩机效率，η_t 表示涡轮机效率，真实循环 L_r 的具体工作是：

$$L_r = T_{tr} - L_{cr} = c_p \eta_t (T_3 - T_4) - \frac{c_p}{\eta_c}(T_2 - T_1) \tag{4-27}$$

经过合并，再除以 $C_p T_3$（由于技术原因将 T_3 固定在最大值），并且考虑

$$\tau = \frac{T_3}{T_1} \tag{4-28}$$

通过与前面相似的做法，可以得到：

$$\frac{L_r}{c_p T_1} = \eta_t \left(\tau - \frac{\tau}{\beta^\varepsilon}\right) - \frac{1}{\eta_c}(\beta^\varepsilon - 1) \tag{4-29}$$

根据 β 所得的效率和具体工作的趋势如图 4-17 所示。不同的压缩比率可以得到各自不同的最大值。假设 $T_3 = 1.300K$，$T_1 = 300K$，$k = 1.38$，$\eta_c = 0.88$，$\eta_t =$

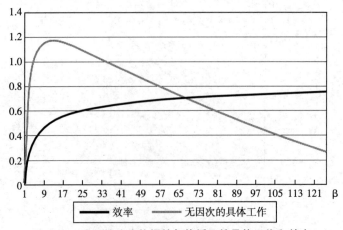

图 4-17　以压缩比为依据的气体循环的具体工作和效率

0.9，当 $\beta = 8.4$（$L = 1.0231$ kJ/kg，$\eta = 0.3454$）时，得到具体工作的最大值，然而当 $\beta = 20$（$\eta = 0.388$，$L = 859.4$ kJ/kg）时，得到效率的最大值。考虑到效率趋势接近最大值的曲线要比具体工作趋势曲线更为平坦，所以采用压缩比的中间值，尽管该值更接近具体工作的最优值：$\beta = 10 \div 12$（当 $\beta = 12$ 时，$\eta = 0.3716$，$L = 996.3$ kJ/kg）。

正如上文所提，循环过程的最高温度由一些技术因素决定，要考虑高温下涡轮机螺旋桨叶片的电阻：机械强度、抗蠕变、耐腐蚀。通过使用冷却叶片，目前可以达到的最高温度是 1300~1350℃。当 $T_3 = 1350$℃，$\beta = 12.9$（$L = 2147.4$ kJ/kg，$\eta = 0.4088$）时，可得到具体工作的最大值，然而当 $\beta = 38$（$\eta = 0.4605$，$L = 1777.8$ kJ/kg）时，得到效率的最大值。

热能再生

当循环温度取上述最大值 T_3 时，压缩比取 β，可以得到压缩后温度 $T_2' \approx 320$℃以及膨胀后温度 $T_4' \approx 500$℃。由于考虑到 $T_4' > T_2'$，所以有可能产生热能再生。这一过程在于使用涡轮机排气过程中的烟道气热量（对应于图 4.18 的 CF4'D 区域）对进入燃烧室之前的空气进行预热。考虑到热交换过程所必需的温度梯度，将不可能执行完整的热能再生过程；实际不能用于预热空气的热量对应于图 4–18 的 C'F'4'D 区域，将进入燃烧室前的空气温度加热到 TP'（理想的完整再生过程，其温度达到 TP）。再生程度 R 在此方面定义为：

$$R = \frac{c_c (T_4' - T_F')}{c_p (T_4' - T_F)} \tag{4–30}$$

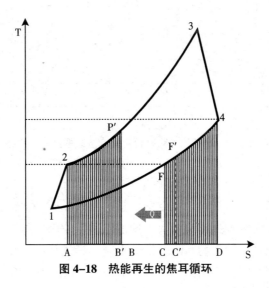

图 4–18　热能再生的焦耳循环

与外部流体交换的热量 Q_1 和 Q_2 写成：

$$Q_{1R} = c_p \left(T_3 - T_4'\right) + (1-R) c_p \left(T_4' - T_2'\right) \tag{4-31}$$

$$Q_{2R} = c_p \left(T_2' - T_1\right) + (1-R) c_p \left(T_4' - T_2'\right) \tag{4-32}$$

因此，根据特征参数和再生程度得来的效率是：

$$\eta_R = \frac{\eta_c \eta_t \left(1 - \dfrac{1}{\beta^\varepsilon}\right) - \dfrac{1}{\tau}\left(\beta^\varepsilon - 1\right)}{\eta_c \eta_t \left(1 - \dfrac{1}{\beta^\varepsilon}\right) - (1-R)\left[\eta_t\left(1 - \dfrac{1}{\beta^\varepsilon}\right) - 1 + \dfrac{1}{\tau}\left(\dfrac{\beta^\varepsilon - 1}{\eta_c} + 1\right)\right]} \tag{4-33}$$

图 4-19 描绘了根据 β 变化而得到的不同 R 的效率趋势。随着再生程度的增加，效率的最大值也随之增加，并且该值可以通过更低的 β 值获得。事实上，过低的压缩不利于具体工作；基于这个原因，并且考虑到随着再生程度增加引起的热交换器成本与尺寸的增加，不能采用太高的 R 值，即采用 70%~75%（当 β = 8 时，R = 0.7、η = 0.4189，R = 0.8、η = 0.4332，R = 0.9、η = 0.4486）。再生过程需要热交换器的存在，否则燃气发电厂就不能进行热能再生。

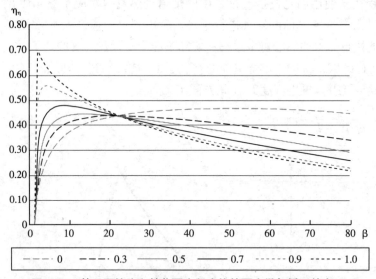

图 4-19　基于压缩比和某些再生程度值的再生燃气循环效率

开放式循环系统

由于开放式循环的燃气涡轮机发电厂是一种内部燃烧系统，所以当燃烧产物进入到涡轮机中会接触到螺旋桨叶片；这可以避免使用"差"的燃料。不论使用何种燃料，都有两种"污染物"耐受性的限制：超过某尺寸和引起侵蚀的固体颗粒物以及造成腐蚀的化学污染物（钒、钠、钾、铅、镍、钙）。在任何情况下，涡轮机螺旋桨叶片的侵蚀和腐蚀问题仍然是这些系统最为严重的问题。

这类发电厂最具吸引力的特点之一就是相对简单的结构。其中最简单的构成，其系统平面图如图 4-20 所示。

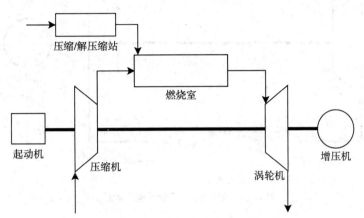

图 4-20　开放式循环燃气发电厂的设计

涡轮机、压缩机和交流发电机安装在同一根轴上，由涡轮机来操作压缩机和交流发电机的运行。为了将燃料注入到燃烧室中，必须给定燃料通常接近 20 Pa [15] 的压强。由于燃气输配网络的类型不同，所提供的燃气压力也有所不同；不管怎样，一般都不能保证提供恒定压力。

在减压站，气体减压通常会发生在供给压力接近 35 Pa，或者当供给压力降低到某些给定值以下时，因此需要在燃烧室的入口处保持一个恒定压力。

在发电厂的开端，涡轮机由一个适宜的启动发动机推动，通常是柴油发动机，直到开始供应燃料，后面是点火的火花塞。随后，为了避免热量过度，燃料容量会随一个明确的时间规律而增加。然而，任何启动带给发电厂的压力作用都会带来老化影响，同时在燃料满容量下花费几小时的运行时间。

封闭式循环系统

前面已经提到，一般情况下发电厂均为开放式循环系统。但是在燃气发电厂的情况下，有可能实现封闭式循环系统（图 4-21）。这就循环效率而言将带来不可否认的优势：

● 通过调节压缩机入口处的压力，流量有可能在相对稳定的效率下获得广泛的负载变动；

● 有可能选择具有方便物理特性的工作流体；

● 给定相同压缩比，可以与压力液体在循环中较高平均压力的条件下工作，因而在给定相同的其他电参数的情况下进行更具体的工作；

● 该系统是一个外部燃烧系统，因此流体进入到涡轮机时都是"干净的"，

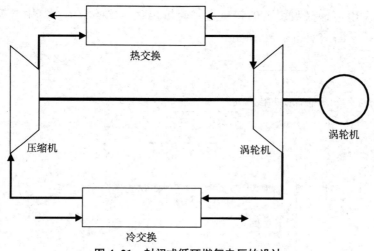

图 4-21　封闭式循环燃气电厂的设计

不论使用何种燃料，都可以大幅度降低螺旋桨叶片被腐蚀的问题。

　　另一方面，在封闭式循环发电厂中需要一冷一热两个热交换器，这在开放式循环中是不存在的，因此这种发电厂更复杂也更昂贵。此外，冷交换器需要使用一定的冷冻水，这在开放式循环解决方案中也需要使用。考虑到系统简洁性是涡轮增压系统的主要优势，这就容易理解为什么几乎都使用开放式循环。出于相同原因，在建造每一个独立系统时也要对热再生的便利性进行评估。

　　进一步改善

　　进一步提高涡轮增压装置性能的措施已经得到研究。除了已经提到的热再生，现在介绍两种主要的改善措施：

- 冷压缩；
- 通过再加热分次膨胀。

　　功率调节

　　通过改变作用于燃料流量的初始膨胀温度 T_3 可以达到供电调控。[16]

　　考虑到流体变化条件，以及转速必须保持恒定（至少在电能生产中，保持与电网频率同步的速度），当脱离计划所提供的条件时，涡轮机效率和循环效率都将大幅下降。然而，同样考虑到涡轮机提供的大约 2/3 的功率被压缩机吸收，将近 1/3 的功率被交流发电机吸收，同时流体条件在压缩开始和压缩结束时均不发生变化，压缩机所吸收的功率保持不变，因此涡轮机所提供的功率的减少远低于试图获得的电功率的减少。[17] 这使得在没有过度损害效率的情况下实现对供电更广泛的调控。

　　允许效率有限降低的供电调控的电厂解决方案由两轴发电厂提出。这种发电厂有两个不同的轴：一个驱动交流发电机，另一个驱动压缩机。显然，涡轮机必须安装在每一个轴上，因此膨胀必须按所产生的功率比率分配到两个机器上，大约 2/3 用于压缩机，1/3 用于交流发电机。

这样的话压缩机的转速与交流发电机的转速是不相关的，并且随负载变化，转速有可能分配给压缩机，直到达到某负载值下最大效率的速度。两台涡轮机可以串联或并联使用。

一般特性

在过去的几十年中，燃气涡轮机经历了巨大的技术发展，与上文所提到的一些改进措施的引进，共同给燃气发电厂的效率带来了巨大增长：从 20 世纪 70 年代的 25%~27%增长到如今发电厂 32%~35%的效率。这些发电厂的独特特点是其显著的灵活性；极短瞬态（发电厂在几十分钟内从静态位置达到最大稳态）允许发电厂快速适应供电需求。这些特征使发电厂能够覆盖负载图的顶端，也就是说可以为电网提供在最高消耗量期间所需的电力。电厂有一些涡轮增压群组；通过作用于同时运行的涡轮增压群组来调节供电，此外可以在区间为满负荷运行到 50%额定功率运行的范围内调节每一个涡轮增压装置的功率。每年的运行时间在 4000~4500 小时。与蒸汽发电厂相比，燃气发电厂的功率较低，从不足几百 kWe 到几百 MWe。

4.2.3.2　蒸汽发电厂

热力循环

基准热力循环是 Hirn 循环（图 4-22），设想两个恒温恒压［水分蒸发（2-3）、蒸汽冷凝（3-6）］，一个等压面（空气过热），两个隔热转换（3-4）［水分压缩（6-1），蒸汽膨胀（4-5）］。

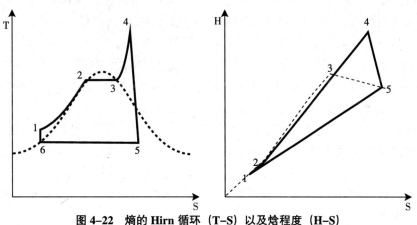

图 4-22　熵的 Hirn 循环（T-S）以及焓程度（H-S）

水分蒸发发生在蒸汽发生器中。第一阶段（燃料节省器），水分被加热到温度 T_2，这一过程通过回收余热达到（转换 1-2）。第二阶段（蒸发器），通过燃烧利用燃烧器产生的热量实现蒸发（转换 2-3），最后在过热器中，蒸汽过热达到所允许的最高温度（转换 3-4）。在这一点，饱和的过热蒸汽在涡轮机中膨胀（转换 4-5），并且到达冷凝器。在这里，保持恒定压力与温度，通过与冷却水交换热量进行冷凝（转换 5-6）。泵将水分运送回蒸汽发生器中并加大压力（转换 6-1）。

图 4-22，循环效率和具体工作分别表示为：

$$\eta = 1 - \frac{H_5 - H_1}{H_4 - H_1} \tag{4-34}$$

$$L = H_4 - H_5 \tag{4-35}$$

蒸汽发电厂为提高效率，在尽可能低的压力下进行冷凝是非常便捷的。将真空注入到冷凝器中之所以非常重要是因为在给定相同 $\Delta \rho$、低密度 ρ 值，也就是低压力的情况下，工作的 $\int dp/\rho$ 比较高。对于饱和蒸汽而言，其压力由温度而定；因此冷凝器中的压力由制冷器的温度所决定：正常工作的温度大约为 35℃，由此而定的正常工作压力为 0.05 Pa。在冷凝器中，除冷凝之外，通过连接最冷区域的提取器来进行除气工作。冷凝器中的除气选择是基于其存在的条件，空气在水中的溶解度以及空气密度是干燥饱和空气的 2 倍以上，因此大量本来会随空气不可避免地释放的水蒸气被留下了。

一旦设置了冷凝器的条件，那么循环性能就取决于蒸汽发生器出口处流体的条件。通过预先设定过热温度（循环的最高温度）来搜寻最优条件，这就是在需要温度尽可能高的热力学需求（卡诺效应）与技术经济方面带来的一些限制之间做出折中选择。将这些因素考虑在内，过热温度通常设置为 550~600℃。当温度处于这一范围时，与最优选择相对应的压力会超过水的临界压力（218 Pa）；事实上，尽管存在超临界发电厂（在大规模机群的情况下），但在大多数情况下，蒸汽发生器出口处的压力为 100~180 Pa。这是因为随压力增加，效率的增加比 $\Delta\eta/\eta$ 减小，因此对推动最大压力值超过某些值时所带来的成本、安全性以及管理容易性方面的弊端，有必要对其便捷性进行评估。

根据上述蒸汽条件，特定体积可以在一个工作周期以内增加 1000 倍以上。基于这个原因，涡轮机可以分成三部分（高压、中压、低压），以便每一部分特定体积的压力都有限地增加。低压部分经常被分为平行放置的若干元件（通常为两个元件）。到目前为止，所描述的循环都参照基本循环，在其中做出一些改变是为了提高效率，主要是热再生和反复过热。

热再生

热再生使用蒸汽冷凝器中膨胀结束之前可利用的热量 Q（图 4-23 的 CEFD 区域）来预热来自于冷凝器、未进入到蒸汽发生器的水分（区域 A12B）。

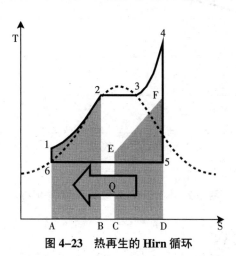

图 4-23 热再生的 Hirn 循环

然而由于膨胀结束时（F 点处）的蒸汽馏分过低，以至于通过热量加减的热再生并不便捷，至少会损害涡轮机的完整性或其效率。

通过从膨胀过程中去除蒸汽而非热量，并将这些蒸汽与将要预热的水分混合，也可以获得相同的再生效果。通过这种方法，在加热阶段，被去除的蒸汽直接将它的热量提供给流体，而存在于涡轮机中的蒸汽将不受干扰，继续膨胀。事实上，实际的热再生过程通过膨胀中给定数量的释放蒸汽来进行，废气的数量和位置由技术经济的最优标准来确定。

再生程度 R 定义为通过再生赋予流体大量焓交（$h_{x_1}-h_0$）与总体焓交（h_1-h_0）的比率：

$$R = \frac{h_{x_1}-h_0}{h_1-h_0} = \frac{h_{x_1}-h_0}{\lambda} \tag{4-36}$$

式中，

$$\lambda = h_1 - h_0 \tag{4-37}$$

用 z 来表示蒸汽释放的数量，则得到最大效率值：

$$R = \frac{z}{z+1} \tag{4-38}$$

基于这些假设，随 z 值增加的效率比（$\Delta\eta/\eta$）与 z 的关系如图 4-24 所示，效率以较低速度增加；除给定值外，不便于增加其他释放量，因而不能带来效率增加的有价增量将使发电厂进一步复杂化。大型安装功率的 z 值是 8~10。

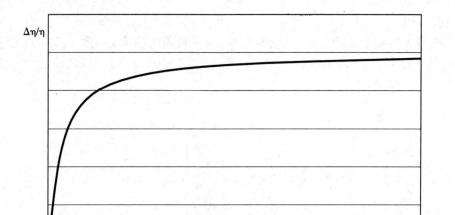

图 4-24 依照释放数量而定的效率增益

反复过热（再加热）

在过去，用于优化具体工作和效率的低过热温度和其他高压导致潮湿蒸汽，以及膨胀结束时的蒸汽馏分和水分的存在对涡轮机螺旋桨叶片造成侵蚀。为防止这一情况的发生，建立了反复过热程序。当膨胀到 40~50 倍之后（图 4-25），蒸汽在恒定压力（转换 30~40）下加热到等于或略低于温度 T_4。尽管双重过热已经用来解决与膨胀结束时过低蒸汽馏分相关的问题，但这些优势仅仅是从热力学的角度来看待的：基于多源理论，通过在高温下增加热量释放部分，达到整体效率提高。基于这一原因，尽管目前过热温度不会带来任何低蒸汽馏分问题，但是双重过热仍然具有非常广泛的实践性。

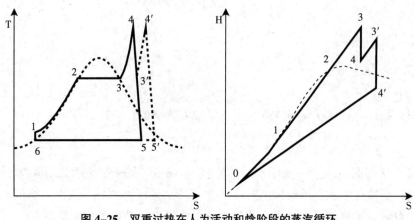

图 4-25 双重过热在人为活动和焓阶段的蒸汽循环

发电厂

图 4-26 描述了双重过热和释放蒸汽的蒸汽发电厂示意图（S 的混合）。

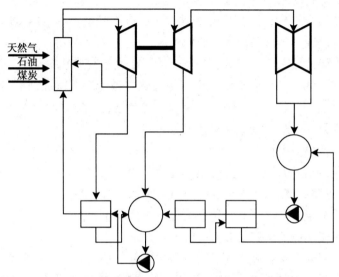

图 4-26 具有双重加热的多种蒸汽发电厂示意图

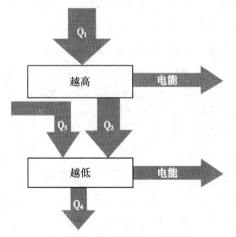

图 4-27 联合发电厂示意图

蒸汽发电厂可以使用任何种类的燃料，包括核燃料，最常使用的燃料是石油、煤炭和天然气。也就是说，发电厂锅炉的燃烧系统允许使用不同燃料，并无区别。这一方案可以根据市场需求和产品供应情况来变换所使用的燃料种类，带来了巨大的灵活性。

蒸汽释放与再热流体之间的热交换可以在混合蓄热室和表面蓄热室中发生。

尽管从热交换的角度来看，混合蓄热室是有效的，但却显示出了不同发电厂的缺陷。混合蓄热室庞大而笨重，但其最大的缺陷是需要加速泵 P_R，需要引入在蓄热室的下行处以寒气冷凝形式存在的流体，因为此处压力较大。运用混合蓄热室，除了浅池泵以外，还需要使用具有 z 加速器的泵（尽可能多的流量），这些泵的容量将接近于蒸汽蓄热室需要的容量。

使用表面蓄热室可以避免这些复杂性，在表层蓄热室中，热交换的发生是通过管束壁完成的，这种管束壁包含将被加热并被冷凝蒸汽在外部研磨过的水分。在这些蓄热室中，热交换发生的两个区域之间是完全独立的，因此不会影响存在于其中的压力。由此可见，在阶梯式分布中，仅一个单台泵就可以将冷凝推动到各种不同的蓄热室中。

冷凝蒸汽流可以通过流速调节阀门从一个蓄热室运送到紧接着的上游蓄热室，或者通过泵以较高压力运送到下游蓄热室，其中泵只处理有关蒸汽流冷凝的速率。也就是说，在不同混合物的情况下，蓄热室容量非常有限。通常采用可以将冷凝蒸汽流运送到上游蓄热室的方案。

虽然表面蓄热室有许多优点，但通常发电厂都设有混合蓄热室。由于表面蓄热室承担了送水泵的功能，所以事实上它所需要的来自泵的插入功能不成问题，但需要混合蓄热室是为了让送水泵和排水泵共同承担将液体从极低压力的冷凝室运送到极高压力的锅炉房的任务。

此外，如果在平衡条件下进行操作，混合蓄热室可以出色完成脱气装置的任务，这在蒸汽发电厂是非常重要的，特别是对于高功率发电厂而言，那种单独冷凝室是无法圆满完成该任务的。出于这一原因，发电厂中唯一混合蓄热室（脱气装置）的压力充当了平衡冷凝室废气温度的角色。这一压力必须超过大气压以便利于水蒸气系统的自然爆发。

冷凝室的冷却循环

如果有足够的水流，那么这一冷凝流程是开放的。在该流程中，经过热交换的水被重新引入到原始水体中。相反，如果连续水流不足，将运用闭合冷凝流程，其中经过热交换的冷却水在相应冷却塔中被冷却。

在冷却塔中，水和气流建立了一种密切的联系：气流不仅按照惯例吸热，并且通过增加其馏分的方式吸热（冷却塔出口部分的一次风率接近一个单位），随之冷却水的一小部分蒸发掉。

水被注入到一定高度的塔中，然后降落到层叠的塑料、木板或者镀锌板上，为的是使水分分散或者存在于薄层之上，通过这种方式增加水分与空气的接触面，接着将这些水分收集到冷水罐中。与此相反，来自塔底部的空气覆盖在塔的顶端，遇水产生对流并从塔顶部射出。

自然空气循环抑或强制空气循环

自然通风塔中，基于烟囱作用，意味着空气流具有巨大高度和巨大面积，塔顶端的压痕导致速度以及气温下降，因此，其中部分水分冷凝，随后下降再恢复。一般空气速度不会超过 3m/s，"降雨密度"约为 $0.001m^3/m^2s$。

在强制通风塔中，风扇将空气设置于动态中，尽管风扇的能量消耗以及系统维护会带来更高的建设与运营成本，但仍然允许使用更小的通风塔。在这种情况下，空气速度可以超过 10m/s，"降雨密度"大约接近 $0.003m^3/m^2s$。

如前所述，冷冻水蒸发的小部分：蒸发引起的水分消耗 G，将空气进入值和空气排出值分别定义为 x_1 和 x_2，G_a 为气流速度，可得到：

$$G = G_a(x_2 - x_1) \tag{4-39}$$

该值通常与经过处理的水流得到一个非常有限的百分比。然而，经恢复的水流量一般多于蒸发消耗的水流量，因为后续系统不允许水中含盐浓度增加，所以有必要进行排水使其含盐浓度抵消下降。

蒸汽冷凝需要的水流量巨大。例如考虑到膨胀开始和结束时的如下条件：

● 涡轮机蒸汽流进入值 p = 150 bar，T = 540℃；
● 相对冷凝器的蒸汽流 p = 0.05 bar，T = 33℃；
● 涡轮机膨胀效率：0.86。

可以计算出为产生 1 千瓦时电能大约需要 3 千克蒸汽，也就是说为提供 1 千瓦功率大约需要 3kg/h 的蒸汽流。

在一个 1200 兆瓦功率的发电厂中，通常由四组 300 兆瓦发电机组成，其每组蒸汽流大约为 250kg/s。在冷却水和蒸汽之间热交换的平衡方程中，m_a 为水流速度，c 为其比热容，假定 $\Delta T = 15℃$（为了能够较大幅增加温度，需要较大的热交换表面），$\Delta H_c = 2.440kJ/kg$，蒸汽冷凝热量如下：

$$m_v \Delta H_c = m_a c \Delta T \tag{4-40}$$

因此：

$$m_a = \frac{m_v \Delta H_c}{c \cdot \Delta T} \cong 9.720kg/s \tag{4-41}$$

与其相对应的体积流速大约为 $10m^3/s$，因此四组的整体流速为 $40m^3/s$。

一般特征

蒸汽发电厂表现出相当高的效率，在可能的最好情况下，可以达到 46%；只有在给定限制下可以进行负载调节，超过限定条件其效率急剧下降，由于瞬变对发电厂寿命有负面影响，所以会有害于发电厂。在任何情况下，涉及大量流体的热能不能产生快速反应，这种情况相反在涡轮增压发电厂中可能会产生。基于这些原因，蒸汽发电厂用于基本电力生产，也就是说覆盖在负载图下端，常为大型发电厂（超过 1000 兆瓦功率），并且具有巨大满负荷等效操作小时数量，为 6000~6500h/年，甚至更长时间。一个发电厂通常由几组发电机群构成，其功率在 300~660 兆瓦。

4.2.3.3 联合循环发电厂

热力学循环效率随循环运行温度最大值与最小值之间比率的增加而增加。在蒸汽和燃气发电厂循环中，蒸汽发电厂循环的最高温度被相对较低的水分临界温度所限制（374.1℃），然而在燃气发电厂中，该限制涉及经过设置初始膨胀温度与压缩比之后，室温作用到涡轮机废气上的温度。由于这两种限制相辅相成，所以联合两种循环使得气体循环的废弃热量代表蒸汽循环的热量源，或者部分热量源。从热力学角度来看，燃气发电厂（较高端）与蒸汽发电厂（较底部）互相重叠，从两种简单循环的联合"派生"出循环，其温度最大值与最小值分别是气体循环的最高温度（超过 100℃）和蒸汽循环的最低温度（大约为 30℃）（图 4–28）。

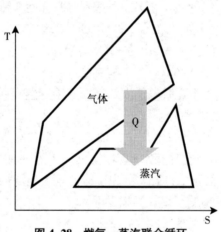

图 4-28 燃气—蒸汽联合循环

联合循环的效率依赖于两种循环的效率，在任何情况下，会高于各个循环单独的效率。图 4–28 将联合循环效率、气体循环效率以及蒸汽循环效率分别定义为 η_c、η_g 和 η_v，得到：

$$\eta_c = 1 - \frac{Q_4}{Q_1 + Q_3} \Rightarrow 1 - \eta_c = \frac{Q_4}{Q_1 + Q_3} \tag{4-42}$$

$$\eta_v = 1 - \frac{Q_4}{Q_3 + Q_2} \Rightarrow 1 - \eta_v = \frac{Q_4}{Q_3 + Q_2} \tag{4-43}$$

$$\eta_g = 1 - \frac{Q_2}{Q_1} \Rightarrow 1 - \eta_g = \frac{Q_2}{Q_1} \tag{4-44}$$

假定：

$$\mu = \frac{Q_1 + Q_3}{Q_1} \tag{4-45}$$

把公式（4-45）、公式（4-44）和公式（4-43）代入到公式（4-42）中可以得到：

$$1 - \eta_c = \frac{Q_4}{\mu \cdot Q_1} = \frac{Q_4}{Q_2 + Q_3} \cdot \frac{Q_2 + Q_3}{\mu \cdot Q_1} = (1 - \eta_v) \frac{Q_2 + Q_3}{\mu \cdot Q_1} \tag{4-46}$$

存在：

$$\frac{1}{\mu}\left(\frac{Q_2 + Q_3}{Q_1}\right) = \frac{1}{\mu}\left(1 - \eta_g + \frac{Q_3}{Q_1}\right) = 1 - \frac{\eta_g}{\mu} \tag{4-47}$$

将公式（4-47）代入到公式（4-46）中得到如下：

$$1 - \eta_c = (1 - \eta_v)\left(1 - \frac{\eta_g}{\mu}\right) \tag{4-48}$$

从联合发电厂效率导出：

$$\eta_c = \eta_v + \frac{\eta_g}{\mu}(1 - \eta_v) \tag{4-49}$$

如果 $Q_3 = 0$，$\mu = 1$，则联合循环效率变为：

$$\eta_c = \eta_v + \eta_g - \eta_v\eta_g \tag{4-50}$$

公式（4-50）假定常数 η_v 和 η_g，在公式（4-49）中得到最大值。

两个基本方案可用于燃气—蒸汽联合发电厂：附带或不带助力气体涡轮机排放气体。

根据公式（4-49），联合循环效率取决于各循环组各自的效率；过去的几年，气体涡轮机技术的发展使得联合发电厂的效率大大增加，其当前效率超过 55%。

高效率以及诸如甲烷一类的"干净"燃料的使用，减少了 NO_x、SO_x、CO 以及 CO_2 的排放，以及与传统方案相比的颗粒减排。

4.2.3.4　燃料电池

上述分析的能量转换系统，所涉及的化学能和电能的转换表现为一种热力学转换。然而基于电化学原理的转换往往较前者效率更高也更有效，我们将在本节对其进行描述。

概述

燃料电池的起源可以追溯到 1839 年，英国的威廉·格鲁夫从含有磷酸的电池中生成电力，通过分别由氢和氧达成的两个电极分隔开来。

操作的基本原理如下：细胞由多孔材质的两个电极构成，并由一种电解质分离。电极作为试剂分解成离子的催化剂，电解质传导离子，阻止电流通过，将离子传送到外部电路两个电极的尖端。

燃料电池是一种根据恒温恒压过程，直接把燃料（一般是氢气）化学能转换为电能的电化学系统。因此消除了燃烧的不可逆性，不考虑经过热能的阶段，允许背离以卡诺效率为代表的热机最大效率临界值。

与传统的通过氧化反应将化学能转化为电能相比，燃料电池操作的一个显著特征就是这种装置不是直接将燃料和氧气结合成离子形式，而是通过电解质的途径结合。此种情况下，试剂从外部到达电池（不同于一个正常电池）；另一方面，在复杂反应中既不消耗电极也不消耗电解质。

理论上讲，任何氧化反应和还原反应都可以在燃料电池的基础上发生。然而其根本是离子反应以及电荷运输的迅速发生。

燃料电池的工作原理

电池由多孔材料的两极（正极和负极）构成，由电解质分隔（图 4-29）。电极作为化学反应的催化剂，分解消耗燃料和氧化剂。通常在燃料与氧化剂之间的反应中会生成反应物，并且产生的电压差可以被外部电路所利用。电解质负责传导其他反应产生和消耗的离子并闭合电路。负极表层储存负电荷，吸引电介质中的正离子，产生双电层。同时，正极失去电子产生正电荷层，吸引电介质中的负电荷。双电层不断增加其浓度直到电势阻止电解质与气体燃料的进一步反应为止。通过关闭电路，电子移向正极参与反应；电子移动通过外部负载形成电流，进行工作。因此这种方法可以直接从化学过程获得电力。

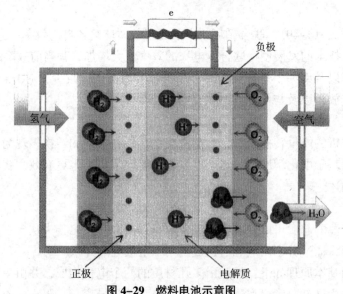

图 4-29　燃料电池示意图

电极充当电池反应的催化剂，该反应主要消耗氢气和氧气，产生水以及作为外部电路的电流通道。电化学转换同时伴有热量产生。

正极反应：$H_2 \Rightarrow 2H^+ + 2e^-$

负极反应：$\frac{1}{2}O_2 + 2H^+ + 2e^- \Rightarrow H_2O$

总反应：$H_2 + \frac{1}{2}O_2 \Rightarrow H_2O$

堆栈

暴露表面必须要有足够区域来获取适应需要的电流强度，通过分层可以获得所需表面积。通过这种方法获得的电池堆栈形成所谓的燃料电池堆栈（图4-30），它代表了燃料电池典型技术的应用。

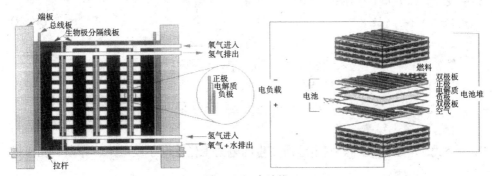

图4-30 电池堆

燃料电池的热力学

在分析有关燃料电池工作的现象中，1 mol 电子允许一次标准充电，这被称作"法拉第常数"（记作 F）。考虑到 1 mol 有 6.023×10^{23} 个电子，一个电子的电荷有 1.062×10^{-19}C，可得出 $F = 96485$ [18] C/mol。

法拉第定律关于电解的解释可总结如下：在电池运作过程中，进行一次 96485C 的充电存放或消耗每个电极上 1g 当量的物质。根据公式，干预电子反应的物质重量与输送的电荷有关：

$$q = n \cdot z \cdot F \qquad (4\text{-}51)$$

式中，n 是反应中克当量-原子数量或摩尔数量，z 是由每个离子所运送的电子数量。

考虑到以下形式的热力学第一定律：

$$\Delta U = Q - L_{tot} \qquad (4\text{-}52)$$

在燃料电池中，L_{tot} 不仅指电力工作 L_e，还指扩张机械工作 L_m。电力工作最大值可达到电池的电动势，E 表示电流通过它的次数：

$$L_e = E \cdot q \qquad (4\text{-}53)$$

另一方面，使用公式（4-52），公式（4-53）可以写成如下形式：

$$L_e = n \cdot z \cdot F \cdot E \qquad (4-54)$$

因此，整体工作式如下：

$$L_{tot} = p \cdot \Delta v + n \cdot z \cdot F \cdot E \qquad (4-55)$$

考虑公式（4-55），公式（4-52）可变为：

$$\Delta u = Q - p \cdot \Delta v - n \cdot z \cdot F \cdot E \qquad (4-56)$$

因此，引入热力学第二定律：

$$\Delta u = T \cdot \Delta S - p \cdot \Delta v - n \cdot z \cdot F \cdot E \qquad (4-57)$$

由于燃料电池的反应发生在常温与常压下，因此吉布斯自由能的变化[19]（G）和焓变[20]（F）如下所示：

$$\Delta G = \Delta H - T \cdot \Delta S \qquad (4-58)$$

$$\Delta H = \Delta U + P \cdot \Delta v \qquad (4-59)$$

将公式（4-59）代入到公式（4-58）中，得到如下：

$$(\Delta G)_{p,T} = \Delta U + p \cdot \Delta v - T \cdot \Delta S \qquad (4-60)$$

因此，考虑公式（4-57），有可能获得如下结果：

$$(\Delta G)_{p,T} = -n \cdot z \cdot F \cdot E \qquad (4-61)$$

公式（4-61）表明燃料电池所产生的电力工作等同于反应中吉布斯自由能的减少。

使用这个表达式可以获得电池最大电势；因此从公式（4-61）和公式（4-54）中可以得到：

$$E_0 = -\frac{\Delta G}{n \cdot z \cdot F} \qquad (4-62)$$

在标准条件下，氢气和氧气反应生成水[21]可以得到 $E_0 = -1186V$。理想的热力学效率（可逆变换下）是：

$$\eta_t = \frac{\Delta G}{\Delta H} \qquad (4-63)$$

在标准条件下可得 $\eta_t = 0.9548$。[22]

吉布斯自由能和焓变依赖于温度和压力，因此，随着温度与压力的变化，理想电压（开放电路中）与理想热效率会随之相应变化。不需要计算细节就可以得出，理想电压与理想热效率随压力增加而略有增加（图4-31），然而却随温度增加而减少（图4-32）。

前述反应是在考虑到所有过程可逆的情况下得出的。如果考虑不可逆性，ΔS^* 指实际变换（不可逆）时的熵变，ΔS_{irr} 是基于不可逆性的变化，ΔS 是基于可逆性变化，可得如下：

$$\Delta S^* = \Delta S_{irr} + \Delta S \qquad (4-64)$$

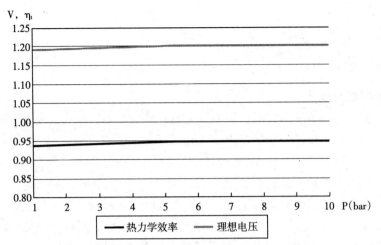

图 4-31 根据压力变化的理想电压 (V) 和热力学效率

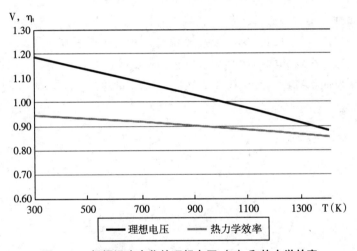

图 4-32 根据温度变化的理想电压 (V) 和热力学效率

根据热力学第二定律，当 $\Delta S_{irr} > 0$ [公式 (4-64)] 时，表示：

$$\Delta S^* > \Delta S \tag{4-65}$$

在实际变换情况下，公式 (4-58) 变为：

$$\Delta G^* = \Delta H - T \cdot \Delta S^* \tag{4-66}$$

通过公式 (4-65)，当 T>0 时，公式 (4-66) 表示为：

$$\Delta G^* < \Delta G \tag{4-67}$$

因此在不可逆变换情况下，电力工作较低。V 表示闭合电路电压（不可逆），[23]
如下可得：

$$V < E \tag{4-68}$$

至于效率，回顾公式（4-67），可得：

$$\eta_t^* = \frac{\Delta G^*}{\Delta H} < \eta_t \tag{4-69}$$

燃料电池效率

燃料电池不可逆的主要原因在于电流产生的热量，而电流是由通过其电解质的焦耳效应所产生的。此外，当电路闭合时产生不可逆现象，引起电势降低。这些现象发生于三种不同的形式：欧姆极化，由于电离子通过时电解质膜的电阻以及电子通过时电极的电阻；浓差极化，由于没有足够的电极孔隙度以及传播介质；活性极化，由于电极表面的双电层决定了一个激活电压，减少了化学反应动力学速度。

因此，尽管温度增加降低了热力学效率，但是欧姆极化（增加了电解质的离子导电性）和浓差极化（改善了运输活化现象以及完善了反应动力学），以及普遍提高的存在于供给气体中杂质的耐受性，这些使整体效率上升。然而过高温度会加快腐蚀现象，引起催化剂的烧结和结晶现象，使得电解质降解。

相反，当压力上升时，热力学效率增加，试剂局部压力将升高，可以改善气体运输现象以及电解质的溶解性，这样有助于减少电解质的损失，因此可以提高整体效率。然而过高压力会引起不同物质的电阻问题，所以需要一个精确的压力控制（图4-33）。

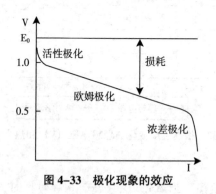

图4-33　极化现象的效应

上文所指效率是单个电池的效率；一个燃料电池发电厂由一个（或几个）电池堆栈、一个逆变器以及辅助系统（正负极供给、制冷等）构成。还可能有一个燃料处理系统以及热回收系统。

至于整个系统，顾名思义它所表达的是发电厂效率 η，它是可用电功率（$P_{e,u}$）与燃料质量流率 $\dot{m}_{comb}$ 以及燃料较低热值乘积的比率：

$$\eta = \frac{P_{e,u}}{\dot{m}_{comb} \cdot LHV} \tag{4-70}$$

用 V_r 和 I_r 表示堆栈终端的实际电压和实际电流，公式（4-70）变为：

$$\eta = \frac{P_{e,u} \cdot V_r \cdot I_r}{V_r \cdot I_r \dot{m}_{comb} \cdot LHV} = \eta_{sist} \cdot \frac{V_r \cdot I_r}{\dot{m}_{comb} \cdot LHV} \tag{4-71}$$

将系统效率 η_{sist} 定义为可用电功率与燃料电池堆栈产生的电功率之间的比率，也就是：

$$\eta_{sist} = \frac{P_{e,u}}{V_r \cdot I_r} \tag{4-72}$$

定义电池效率 ε 为实际电压与理想电压之间的比率，公式（4-71）可描述为：

$$\eta = \eta_{sist} \frac{V_r}{V_{id}} V_{id} \frac{I_r}{\dot{m}_{comb} \cdot LHV_{comb}} = \eta_{sist} \cdot \varepsilon \frac{V_{id} \cdot I_c}{\dot{m}_{comb} \cdot LHV_{comb}} \tag{4-73}$$

法拉第电流（I_F）是根据法拉第定律，在没有不可逆性以及其他损失情况下电池中的电流，也就是：

$$I_F = z \cdot \dot{n} \cdot F \tag{4-74}$$

式中，$\dot{n}$ 是正极消耗氢气的摩尔比（moles/s）。

法拉第（或电流）效率是实际电流与法拉第电流比：

$$\eta_F = \frac{I_r}{I_F} = \frac{I_r}{z \cdot \dot{n} \cdot F} \tag{4-75}$$

基于公式（4-74）和公式（4-75），公式（4-73）可以写成如下：

$$\eta = \eta_{sist} \cdot \varepsilon \frac{I_r \cdot V_{id} \cdot z \cdot \dot{n} \cdot F}{z \cdot \dot{n} \cdot F \dot{m}_{comb} \cdot LHV_{comb}} = \eta_{sist} \cdot \varepsilon \cdot \eta_F \frac{V_{id} \cdot z \cdot \dot{n} \cdot F}{\dot{m}_{comb} \cdot LHV_{comb}} \tag{4-76}$$

并不是所有氢都会到达正极反应，有一小部分进入到正极放电。将正极供电的摩尔比定义为 $\dot{n}_a$，氢使用系数 U_{H_2} 是正极氢的消耗率正极供电氢率之间的比率：

$$U_{H_2} = \frac{\dot{n}}{\dot{n}_a} \tag{4-77}$$

对于公式（4-77）和公式（4-76），乘以和除以 $\dot{n}$，变为：

$$\eta = \eta_{sist} \cdot \varepsilon \cdot \eta_F \cdot U_{H_2} \frac{V_{id} \cdot z \cdot F}{\dot{m}_{comb} \cdot LHV_{comb}} \dot{n}_a \tag{4-78}$$

回顾公式（4-54），摩尔电力工作 $L_{e,id}^m$ 的结果是：

$$L_{e,id}^m = z \cdot F \cdot V_{id} \tag{4-79}$$

因此，用 M_{H_2} 表示氢的摩尔质量（kg/mole），LHV_{H_2} 表示较低热量值（单位质量），理想（热力学）效率可以描述为如下：

$$\eta_{id} = \frac{z \cdot F \cdot V_{id}}{M_{H_2} \cdot LHV_{H_2}} \tag{4-80}$$

根据公式（4-80），公式（4-78）变为：

$$\eta = \eta_{sist} \cdot \varepsilon \cdot \eta_F \cdot U_{H_2} \cdot \eta_{id} \cdot \frac{\dot{n}_a \cdot M_{H_2} \cdot LHV_{H_2}}{\dot{m}_{comb} \cdot LHV_{comb}} \qquad (4-81)$$

氢元素质量率为：

$$\dot{m}_{H_2} = \dot{n}_a \cdot M_{H_2} \cdot LHV_{H_2} \qquad (4-82)$$

燃料处理系统效率是该系统输出能量流与输入能量流之间的比率，这就是说：

$$\eta_{stc} = \frac{\dot{m}_a \cdot LHV_{H_2}}{\dot{m}_{comb} \cdot LHV_{comb}} \qquad (4-83)$$

因此考虑到公式（4-82）和公式（4-83），效率可以表述为如下：

$$\eta = \eta_{sist} \cdot \varepsilon \cdot \eta_F \cdot U_{H_2} \cdot \eta_{id} \cdot \eta_{stc} \qquad (4-84)$$

在电池运作中由于熵变（$T\Delta S$）和不可逆性将会产生热量，因此，每摩尔试剂的产热量可表示为：

$$Q = \left(\frac{T \cdot \Delta S}{n \cdot F} + \Delta V \right) \cdot I = \left(\frac{\Delta H - \Delta G}{n \cdot F} + \Delta V \right) \cdot I \qquad (4-85)$$

式中，ΔV 表示浪费引起的电势[24]下降，I 是电流。这种热能可以便捷用于废热发电，利用这种方法，可以回收燃料电池运作中所浪费的能量，从而获得接近百分之百的整体效率（电功率+热能）。

我们现在需要考虑一些燃料电池整体效率的问题。关于系统效率，有用电力功率可以表达为堆栈所产生的电功率与辅助剂所吸收的电功率之间的差异。整体效率如下：

$$\eta_{sist} = \frac{P_{e,u}}{V_r \cdot I_r} = \frac{V_r \cdot I_r - P_{e,aux}}{V_r \cdot I_r} = 1 - \frac{P_{e,aux}}{V_r \cdot I_r} \qquad (4-86)$$

辅助剂吸收的电功率是与泵（用于液体流通或者电池增湿）、压缩机和鼓风机（正极供电和负极供电）相关的电功率：如果电池在低压下工作，则由鼓风机供电，然而如果电池在高压下工作则需要利用压缩机。一侧采用高运作压力可以增加理想效率，在另外一侧，由于压缩机吸收的功率远高于（在相同流速下）鼓风机所吸收的功率，所以会降低系统效率。

至于氢的利用率，我们有必要了解提供电池的氢总量常常会超过正极有效反应的氢总量。这是因为如果不存在这种"超量"情况，由于不可避免氢分配不均的现象，正极表面会出现低于正极反应所必需的氢浓度区域，这将大大减少电池的（实际）电势。简言之，电池的实际电势随着氢过量的增加而增加，因此增加氢过量一方面减少了利用系数 U_{H_2}，另一方面增加了电池效率 ε。U_{H_2} 的最佳值取决于电池类别，其取值范围在 0.75~0.85。过量的氢气可以明显恢复和再利用，通过这种方法可以在不降低 U_{H_2} 值的情况下增加过量氢气（并且因此增加 ε）。我们有必要考虑为了恢复氢气过量所进行的抽水开支，这会降低系统效率 η_{sist}。

至于法拉第效应，我们必须知道它常常接近于1，作为第一个近似值，可以当作 $\eta_F = 1$。在发电厂由氢（通过其他方式产生）直接供电的情况下，燃料处理系统效率必须接近1。

燃料电池分类：不同技术解决方案

燃料电池通常根据它们所包含的电解质类型分类：

● 聚合物电解质膜燃料电池（PEMFC），使用高质子传导聚合物膜作为电解质，并且温度在70℃与100℃（"高温"情况下的PEMFC，温度可达120~130℃）之间；它们大多是用于小型发电厂或者热电厂，以及车辆动力系统（1~250kW）。

● 碱性燃料电池（AFC），使用由氢氧化钾构成的电解质，并且在温度为100~250℃（一些特殊情况，250℃实际在25~70℃）之间运作，他们主要用于特殊用途，达到很好的技术发展水平。

● 磷酸燃料电池（PAFC），在温度接近200℃以及由浓硫酸组成电解质的情况下运作，他们代表了最成熟的技术，用于固定场合、住宅的热电应用与三级应用（100~200kW）。

● 熔融碳酸盐燃料电池（MCFC），电解质溶液是在电池工作温度（650℃）中融合而成，并且包含一种多孔陶瓷基；这种电池特别是在电力产生以及一些几百千瓦和几十兆瓦的热电联产中应用前景光明。

● 固体氧化物燃料电池（SOFC），它们在高温（900~1000℃）下运作以确保对于陶瓷材料（掺杂氧化钇的氧化锆）组成的电解质有足够的导电性；作为碳酸盐燃料电池，它们特别是对于一些几千瓦到几十兆瓦之间的发电和热电联产前景光明。

● 直接甲醇燃料电池（DMFC），在温度为70~120℃运作，与PAFC一样，它们使用聚合物膜作为电解质，DMFC由正极甲醇直接供电，因为甲醇在常温下是液体形态，所以会比纯净氢气更好保存。

每种类型燃料电池的应用领域取决于它的运作条件，特别是所处的工作温度以及所使用燃料的类型。表4-5总结了不同类型燃料电池以及它们的主要特点和技术现状。

电池的运作温度影响动力反应，随温度升高而增大。当温度极高时，产生的热量有利用价值，可以提高产电系统的普遍效率，但这也会产生一系列弊端：热膨胀造成元件组装困难，热应力要求使用材料可以应对工作条件，电池的生命周期主要受其运作周期影响，并且需要一个相当长的启动时间。

另外一个与高温运作有关的重要方面是电池从传统燃料开始，进行了内部改革之后产生氢气的可能性。由于这种可能性可以消除外部处理器对传统燃料的需

表 4-5　不同燃料电池的分类和特点

燃料电池种类	电解质（离子交换）	温度（℃）	催化剂	燃料	氧化剂	电热效率
PEFC	聚合膜（H+）	70~100	铂	氢气、修正气体	氧气、空气	40~60
AFC	KOH（OH-）	60~120	铂/钯、镍	纯净氢气	氧气	60
PAFC	磷酸（H+）	160~200	铂	氢气、修正气体	氧气、空气	40~50
MCFC	锂和钾的碳酸盐（CO3-）	600~700	镍	氢气、修正气体	氧气、空气	45~55
SOFC	锆氧化物（O-）	800~1000	—	氢气、修正气体	氧气、空气	45~60
DMFC	聚合物膜（H+）	90~130	铂、铂钌合金	甲醇	氧气、空气	40~60

求，直接给电池提供传统燃料，使系统更具简捷性。

因此高温燃料电池（MCFC 和 SOFC）适用于与电功率相关的应用，该电功率用于电—热的热电联产以及燃气—蒸汽发电厂的固定使用。

聚合物电解质膜燃料电池：该种类型的燃料电池是由具有导电性聚合物膜的质子构成。

聚合物膜的使用使当前工作温度限制在 70℃到 90℃之间，因此动力反应需要使用催化剂（主要是铂）。然而一种新膜正被开发，这种膜可以在较高温度下工作，不仅有利于反应动力学，还有可能利用电池产生的热能，特别是在固定应用当中。

如下反应发生在聚合物电解质电池中：

正极反应：$H_2 \Rightarrow 2H^+ + 2e^-$

负极反应：$\frac{1}{2}O_2 + 2H^+ + 2e^- \Rightarrow H_2O$

总反应：$H_2 + \frac{1}{2}O_2 \Rightarrow H_2O$

电解质由离子交换膜，一种厚度为 50~250μm 的氯化硫酸聚合物（通常是 Nafion 117）构成。电极由一种厚度为 5~50μm 的附有特氟龙（防水性）涂层的铂浸渍多孔材料[25] 构成。

通过把催化剂放置于导电基质上，从而获得多孔结构的电极。导电基质由一层煤粉组成，在煤炭的多孔基底上绑定一种聚合物。

目前这种较低工作温度也需要使用有贵金属（铂）构成的催化剂，当氢气不够纯净时这种贵金属容易产生毒害作用。因此在电池运作之前的燃料处理部分中，必须存在消除杂质的阶段，特别是消除 CO。相反，一般都是用空气来满足正极供电。

直接甲醇燃料电池（DMFC）代表了 FC 的最新一代，可以认为是由 PEFC 派生而来的，因为两者都是用聚合物膜作为电解质。然而 DMFC 可使用的燃料与其他不同；实际上由于 DMFC 使用一类新催化剂，可以通过电化学方法氧化甲醇，所以它们可以用甲醇直接供电。

DMFC 中发生的反应如下：

正极反应：$CO_3OH + H_2O \Rightarrow CO_2 + 6e^- + 6H^+$

负极反应：$\dfrac{3}{2}O_2 + 6H^+ + 6e^- \Rightarrow 3H_2O$

总反应：$CO_3OH + \dfrac{3}{2}O_2 \Rightarrow CO_2 + H_2O$

在电池中直接使用液体甲醇的可能性使得 DMFC 特别适用于便携式电子设备以及移动领域，这要归功于系统显著的简捷性和它体积的削减，以及打破了整体低效率。

当电池在温度为 70℃到 100℃之间运作时，其理论效率为 35%~40%；更高的温度可以获得更高的效率。

对于这类技术的巨大关注是站在需要解决限制它们直接应用的开放技术问题这一角度得来的。事实上，DMFC 依然有急剧衰减的时刻，也会有低效和表现出燃料"交叉"问题（通过激活催化剂，供给正极的部分甲醇穿过电解质膜到达负极）的时候，此外与 PEFC 相比，DMFC 所需的催化剂量更多。

这类电池中的碱性燃料电池，它们的电解质是液体状态，并且由氢氧化剂溶液（KOH）组成，该溶液的浓度（重量）依据电池运作温度（通常在 70℃到 250℃之间）在 30%到 85%之间变化。电极由镍网格上的碳多孔基底构成，这种镍上面具有疏水性涂层，含有低铂成分的聚四氟乙烯。

AFC 中发生的反应如下：

正极反应：$H_2 + 2OH^- \Rightarrow 2H_2O + 2e^-$

负极反应：$\dfrac{1}{2}O_2 + H_2O + 2e^- \Rightarrow 2OH^-$

总反应：$H_2 + \dfrac{1}{2}O_2 \Rightarrow H_2O$

电解质（液体）循环允许使用电解质本身作为冷却物，并且当电池处于停止工作状态时排空电池，因此可以避免碳化电池，增加电池使用寿命。另一方面，由于电解质具有腐蚀性，所以必须使用诸如不锈钢和高分子材料（PVDF-聚偏二氟乙烯。PFA-由 PVDF 和 HFP 组成-六氟丙烯）的特殊材料。这些电池必须使用极纯净的氢气来供电，此外还表现出对 CO_2 的极低耐受力，因此有必要设想一个系统，将空气中的 CO_2 除去来为正极供电。

碳酸燃料电池：这类电池的电解质（液体）由碳化硅基体中的磷酸（H_3PO_4）

浓溶液（85%~100%）构成。电极由石墨构成，该石墨具有应用 PTFE 和铂（正极 0.1g/cm²，负极 0.5g/cm²）的碳催化剂。

PFAC 发生的反应如下：

正极反应：$H_2 \Rightarrow 2H^+ + 2e^-$

负极反应：$\frac{1}{2}O_2 + 2H^+ + 2e^- \Rightarrow H_2O$

总反应：$H_2 + \frac{1}{2}O_2 \Rightarrow H_2O$

为避免电解质凝固，电池经常需要被加热；[26] 由于运作温度高，它们表现出对杂质良好的耐受性（对 CO 大约为 1%）。

熔融碳酸盐燃料电池：这类电池的电解质由锂–铝合金多孔基质中的碱性碳酸盐（锂，钾，钠）混合组成。电极正极是含有 10%铬含量的镍合金，负极是含有 1%~2%锂含量的多孔镍氧化物。

MCFC 的反应如下：

正极反应：$H_2 + CO_3 \Rightarrow H_2O + CO_2 + 2e^-$

负极反应：$\frac{1}{2}O_2 + CO_2 + 2e^- \Rightarrow CO_3$

总反应：$H_2 + \frac{1}{2}O_2 \Rightarrow H_2O$

这些电池需要在正极供电，除了使用氧气（空气中），也需要二氧化碳。[27] 这使得这类电池非常适合用气体转换产生的氢气对其供电：这种情况有可能使用电池负极供电的转换系统所产生的 CO_2。基于高运作温度（为了保持熔盐状态，电池的运作温度必须超过 600℃），内部转换有可能发生，通过给电池提供 CH_4 和 H_2O（气体），首先发生转换反应，紧接着可以看到正极反应。此外，高温使这些电池呈现出对杂质的高耐受性。

固体氧化物燃料电池：这种类型电池的电解质由厚度为 30~40μm 的陶瓷材料（钇–氧化锆）构成。电极由铂释放，正极由钴铬氧化物或镍镉氧化物构成，负极由掺杂镧的磁铁矿构成。

SOFC 中的氢气反应如下：

正极反应：$H_2 + O \Rightarrow H_2O + 2e^-$

负极反应：$\frac{1}{2}O_2 + 2e^- \Rightarrow O$

总反应：$H_2 + \frac{1}{2}O_2 \Rightarrow H_2O$

SOFC 中的联合反应如下：在这些电池中，气体和固体单独存在的阶段减少了腐蚀问题，而高温减少了极化损失，并且显著提高了对杂质的耐受性。对于

SCFC 而言，CO 不是中毒剂，而是以后总燃料（也就是说，它会积极参与电化学反应）；CH_4 可能是惰性的（当它不参与反应时不会引起任何危害），也可能是一种燃料；H_2O 和 CO_2 都是惰性的，而硫化合物在浓度超过 1ppm 时是有害的。

燃料电池的应用领域、成本以及前景

近来，燃料电池在应用于空间领域之后，广泛地应用在电力生产领域，不论是大型发电厂还是小规模发电站。发电厂建造在日本、欧洲和美国几个地区，这些地区都经历了从原始阶段到技术经济评估阶段的过程。

在军事领域，燃料电池应用在潜艇和地面车辆上，这要归功于它们噪声水平低，并且其热"跟踪"使得对它们进行红外探测很困难，而它们在海军水面的最小应用程序正在研究当中。

通常最具吸引力的应用是燃料电池技术的大规模发展，包括固定使用的电力发电（热电联产）、车辆领域和便携式电子产品。

固定用途：对于电力生产，与传统系统相比较，燃料电池显示出一些优点：

● 使用灵活性更高：它们更适合满足可变负载的需要，而且它们的效率与电厂规模没有关系；

● 发电效率更高；

● 对环境影响更小；

● 规划建设更容易：基于燃料电池的模块化结构，建造时间可以大幅减少，同时随着时间的推移，发电厂功率也会增加。

热电联产（通常是分散发电）符合环保（低排放）和社会政治（当地的管理和控制水平、竞争力、质量要求以及服务的灵活性）需求，这在未来的中长期会越来越重要。因此预期在小—中型发电技术方面会有成长空间（如燃料电池），具有高效率和对环境的有限影响。我们可以预测在短—中期内，根据不同运作特点划分的不同类型电池，可以用于几千瓦到几兆瓦范围内的分散发电以及民用和工用的热电联产。

运输：相较于内部内燃机和装有蓄能器的电动车，燃料电池在运输方面显示出优势。氢供电燃料电池的使用实现了无污染车辆（ZEV）的使用，通过这种方式消除了与使用 ICE 相关的污染问题，这种内燃机没有蓄能电动车（重量大、自主性低、充电池时间长）的限制。至于电动车，强调一点很重要，那就是不论是由燃料电池供电的车还是通过蓄能器供电的车，都是由一个电动马达驱动：所以这两种方案并不是可替代的。相反，过去几年的发展经验表明采用"混合动力"方案可以灵活应用蓄能电动车的高效率而不受有限范围以及充电时间长所带来的限制。

在所有类型的电池中，考虑到运作温度、功率、重量和大小，高分子电解质

膜燃料（PEM）电池适于运输。

便携式产品运用：在便携式电子产品领域，电池是目前为止对于需要高达 100 W 功率产品的唯一选择。以笔记本电脑为例，电池应用限制取决于重量、大小、有限自主性、充电时间以及更换时的处置问题。相反，燃料电池的供给时间比目前的锂电池长很多。此外，在同等重量下，富氢燃料所包含的电化学能高于任何电池两个数量级。这些因素引领了一些燃料电池检测活动的发展，这类燃料电池用于需要优质电源供给的小型电子装置。

需要解决的主要问题与这些装置内部设计的复杂性有关，尤其是关于储存氢的子系统、燃料和氧化剂的控制，以及冷却系统。因此微型化要求不同要素之间存在一种微妙平衡，如功率、尺寸、便捷性与成本。

成本与前景

目前的发展可以获得非常具体的功率：比如像我们说过的 PEM 就特别适用于驱动器，具有大约 1kW/I 的特定功率（相当于一个中等动力汽车 50 升的体积）。燃料电池发展的另一个关键因素是持续时间，目前，低温电池的持续时间是 3000~3500 小时，然而在高温电池中，持续时间可以接近 5000 小时。根据电池的不同类型和大小，其成本也不尽相同。

以下是站在市场角度设立的关于电池成本与持续时间的目标：动力装置中低温运作 5000 小时，成本是 100 欧元/千瓦。安装在汽车上的该系统装置的电池持续时间大约与 100000 千米的行驶路程相对应。固定发电厂的电池目标成本不超过 1000 欧元/千瓦，持续时间超过 40000 小时。

4.2.4 化学能—机械能转换厂

4.2.4.1 内燃机

在这些系统中，燃料的化学能通过燃烧转化成热能，这种热能又会通过热力学循环转换成机械能。其最广泛的应用是在运输过程中，这种情况下的"有用"能量是机械能。在任何情况下，通过连接到轴上的发电机（内燃机电源设备）都可以很容易地将机械能（存在于旋转轴上）转换为电能：在这种情况下，该系统作为一个整体将化学能转换为电能。

内燃机可以根据热力学循环来进行分类：主要分为奥托循环和迪塞尔循环。

奥托循环

图 4-34 显示了理想的奥托循环 p-V。发动机采用这一循环可以用汽油、液化石油气（LPG）、氢气和甲烷，或者是它们的混合物作为燃料。

奥托循环可以定义为以下几个阶段：

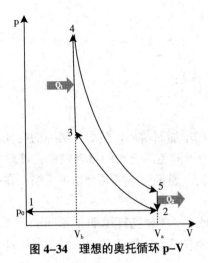

图 4-34　理想的奥托循环 p-V

- ● 1-2：恒压下吸入空气汽油混合物；
- ● 2-3：快速压缩混合物，理想情况是绝热混合物；
- ● 3-4：通过等容加热的燃烧；
- ● 4-5：快速膨胀，达到理想绝热；
- ● 5-2：等容减少压力的开放式排气阀；
- ● 2-1：在恒压下排气。

热力学循环的理想效率是：

$$\eta_{id} = \frac{L}{Q_1} \tag{4-87}$$

对于奥托循环有：

$$L = Q_1 - Q_2 = c_v (T_4 - T_3) - c_v (T_5 - T_2) \tag{4-88}$$

结合以上两个方程，并假定 c_v 恒定不变，得到：

$$\eta_{id} = 1 - \frac{T_5 - T_2}{T_4 - T_3} \tag{4-89}$$

应用有关热力学转化（绝热和等压）循环的方程，得到：

$$\frac{T_3}{T_4} = \frac{T_2}{T_5} \tag{4-90}$$

得到：

$$\frac{T_5}{T_4} = \left(\frac{V_b}{V_a} \right)^{\gamma-1} \tag{4-91}$$

结合公式（4-90）和公式（4-91），公式（4-89）可以写成如下：

$$\eta_{id} = 1 - \frac{T_5}{T_4} \cdot \left(\frac{1 - T_2/T_5}{1 - T_3/T_4} \right) = 1 - \frac{T_5}{T_4} = 1 - \left(\frac{V_b}{V_a} \right)^{\gamma-1} \tag{4-92}$$

将压缩比 r 定义如下：

$$r = \frac{V_a}{V_b} \tag{4-93}$$

奥托循环的理想效率是：

$$\eta_{id} = 1 - \frac{1}{r^{\gamma-1}} \tag{4-94}$$

理想效率随压缩比的增加而增加，然而在实际的奥托循环中，压缩比是不可能超过 8~10 的，这是为了避免混合物的自燃现象，该现象发生在压缩阶段，在活塞到达上止点中央之前，燃料—空气混合物被压缩，在一定的温度与压力条件下会自发燃烧。

实际循环（图 4-35）与理想循环是非常不同的，考虑到转换的不可逆性，以及多数情况下感应和消耗不会在恒压条件下发生，这种方法会在循环中产生消极工作。

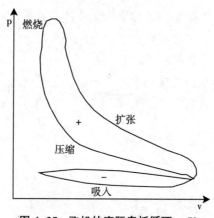

图 4-35 飞机的实际奥托循环 p–V

实际循环的最大效率值[28]大约达到 25%。如果发电机是在可变速度（汽车动力系统）下操作的，考虑到可变速度下的操作，平均效率会减低接近 18%~20%。

迪塞尔循环

图 4-36 显示了迪塞尔循环 p–V 图。采用这一循环的发动机可以用柴油作为燃料。

迪塞尔循环可以定义为以下几个阶段：

● 1–2：只有在恒温下吸入空气；

● 2–3：快速压缩，理想为绝热状态；

● 3–4：燃烧，发生在当空气达到适合空气—燃料混合物自发燃烧的条件下

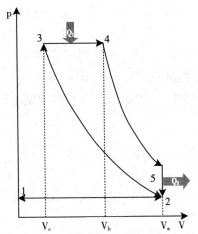

图 4-36 飞机的理想迪塞尔循环 p–V

引进燃料时，可以当作是等压加热现象；

● 4–5：快速膨胀到类似绝热状态；

● 5–2：等容减少压力的开放式排气阀；

● 2–1：在恒压下排气。

对于迪塞尔循环有：

$$L = Q_1 - Q_2 = c_p(T_4 - T_3) - c_v(T_5 - T_2) \tag{4-95}$$

因此，将 c_p 与 c_v 定义为常数，理想效率如下：

$$\eta_{id} = \frac{L}{Q_1} = 1 - \frac{c_v}{c_p} \frac{T_5 - T_2}{T_4 - T_3} = 1 - \frac{1}{k} \frac{T_5 - T_2}{T_4 - T_3} \tag{4-96}$$

应用有关热力学转化（绝热和等压）循环的方程，得到：

$$\frac{T_4}{V_c} = \frac{T_3}{V_b} \tag{4-97}$$

考虑到公式（4–96），公式（4–97）变为：

$$\eta_{id} = 1 - \frac{1}{\gamma} \cdot \frac{1}{(V_a/V_b)^{\gamma-1}} \left(\frac{(V_c/V_b)^{\gamma} - 1}{(V_c/V_b) - 1} \right) \tag{4-98}$$

定义如下比率：

$$r = \frac{V_a}{V_b} \tag{4-99}$$

$$e = \frac{V_a}{V_c} \tag{4-100}$$

将公式（4–99）和公式（4–100）代入到公式（4–98）中，效率可写成：

$$\eta_{id} = 1 - \frac{1}{\gamma} \cdot \frac{(1/e)^{\gamma} - (1/r)^{\gamma}}{(1/e) - (1/r)} \tag{4-101}$$

同样在这种情况下，效率会随着 r 的增加而增加。然而在迪塞尔循环中，r 的实际值比奥托循环中的 r 值高，因为只压缩空气不会出现自燃现象；有效的 r 值可以达到 18~20。当 r=18（e=9）时，理想的效率值可以达到 63.2%。此外在这种情况下，由于上述的这些原因，实际循环（图 4-37）与理想循环大为不同。实际循环的最大效率值大约为 35%，并且在可变速度下操作，效率的平均值会降低 25%~28%。

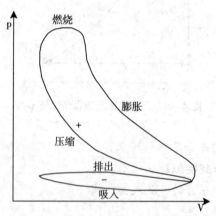

图 4-37　飞机的实际迪塞尔循环 p-V

4.2.5　辐射能—热能转化厂

太阳能可以被以热能的形式利用，并且可以在有或没有浓缩（低温下的太阳能热）的情况下都发生。

在浓缩发电厂中有两种不同的应用：

● 有限浓缩系统，在这种情况下热能具有相对较低的操作温度（即高达 250℃），并且热能用于加工用途，如用于农业干燥或者化学工业生产过程；

● 高浓缩系统，在这种情况下操作的最大温度值很高，应用包括工业生产以及用来发电的热力学转化。

4.2.5.1　低温热太阳能发电厂

这种转换技术的主要应用是获取太阳辐射能，并通过它来加热水温（40℃~70℃），提供居民卫浴使用。

根据不同的集电器性能，发电厂所在位置以及服务的用户类型，存在几种不同用途的发电厂类型。

一个基本的太阳能系统由如下所列示的四个主要部分组成：

● 太阳能板（集电器）；

● 储存库；
● 控制单元；
● 管道系统和循环泵。

平板太阳能集热器

平板太阳能集热器（图 4-38）由在吸收板顶部覆盖的一个或几个玻璃片或者塑料片的透明板组成，用于减少平板与大气层之间的对流和热交换，一个黑色吸收板用于吸收辐射，同时将所收集的能量转移到传热流体，以及一个热绝缘层，用于尽可能减少平板的导电损失，还有一个负责封隔和保护其不受灰尘，湿度等影响的平行六面体。

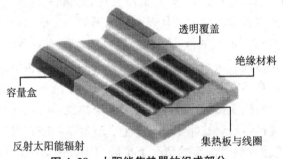

透明覆盖

绝缘材料

容量盒

反射太阳能辐射　　　集热板与线圈

图 4-38　太阳能集热器的组成部分

图 4-39 显示了一个典型的太阳能平板集热器的能量流动。入射太阳能的一部分在玻璃板涂层上被反射，一小部分被玻璃板本身所吸收，另外一部分到达捕获板。到达捕获板的能量，一部分被反射，另一部分被吸收。被捕获板反射的一定能量反过来又被玻璃板涂层反射，因此会重新回到捕获板上，这种现象重复发生，在集热器内部产生一种"温室效应"。

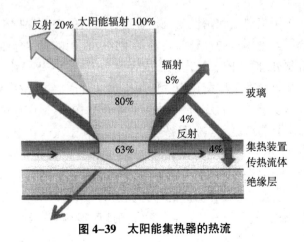

反射 20%　太阳能辐射 100%

辐射 8%

玻璃

80%

4%

反射

63%　　　4%　集热装置

传热流体

绝缘层

图 4-39　太阳能集热器的热流

基于上述描述，显然为了找到一个合适的入射能量捕获量，覆盖片必须极度透明（$\tau \approx 1$），在此波长下可能获得太阳辐射能的最大值（在0.4lm和2.5lm之间）。在太阳辐射能到达之后，吸收板吸收了大部分太阳辐射能，随后以热辐射形式发出能量，依据维恩定律，其波长（μm）取决于温度T（K）水平：

$$\lambda = \frac{2897.8}{T} \tag{4-102}$$

由于集热板的操作温度通常大约为100℃（373K），由集热板释放的能量落在与红外线相对应的波长（约为7.7μm）区域。因此为了最大限度地利用能量，这些透明覆盖板应该能够反射（$\rho \approx 1$）这些波长。显然，集热板应该尽可能（$\alpha \approx 1$）吸收各种波长，并且对红外形的波长具有低顺从性。

集热板由铜板或者钢板构成，其表面经过黑色不透明涂料处理，为的是减少反射，增加其吸收性（波长的低辐射，以红外线辐射为典型）。集热板的主要功能是转移热量，并将其运送到管道：上述成分之间的热阻被降低到最小值（如焊接管道和焊接板）是非常重要的，通常，管道可以抵抗6~7 Pa的压力。

具有多孔结构的绝缘材料，可以把传导到集热器横表面和下表面的损失减少到最小。常用的材料包括聚氨酯、聚酯羊毛、玻璃羊毛或者岩棉（片、卷、压力喷射泡沫）。热绝缘在储存湿度的情况下扩散（因此通常把铝片放置在绝缘板上来停止冷凝，并且将来自集热板的辐射反射到集热板本身）。

如上述所提到的透明覆盖物，对于典型的太阳辐射波长来说必须极度透明，同时对于红外辐射也如此。此作用最常使用的材料包括：单层玻璃（不阻断对流损失情况下具有良好的透明性，较沉重且脆弱），双层玻璃（透明度降低但保温能力增加），蜂窝状聚碳酸酯（质轻、价格低廉、耐腐蚀，其最大特点是与单层玻璃相比减少了对流损失，尽管它没那么透明，并且迟早会变得不透明，因此其生命周期比集热器短）。

密封外壳给予了集热器致密性与机械强度，其目的在于保护集热器内部元件不受灰尘和大气层其他因素的污染。通常实现这一作用的材料包括不锈钢（一般会镀锌或者进行预处理），阳极氧化铝，或者更为罕见的玻璃纤维。

传热流体必须符合有限体积（为了使用小尺寸管道），高浓度和高比热条件。对于电路它不应该具有腐蚀性，并且在温度大约为100℃时具有化学惰性和稳定性。所选流体除了具有低凝固点和低浓度（为了有利于流体在电路中不引入过量负载情况下的易流动性），还应该具有低硬度以限制石灰石的沉积。在这些情况下，集热器可以供给卫浴热水，所以不应该具有毒性（否则将会引起系统安全方面的重大问题）。与这些特征相对应的流体具有有限成本，包括水（然而水的问题在于其不可忽略的硬度，以及在温度适宜的地区很容易达到冰点），水和乙二醇溶液的混合物［有毒，并且不适合用作生产卫浴热水（SHW）］，大多数情况下还有水和丙二醇溶液混合物。

Q 代表入射流，Q_u 代表有用热量流，Q_p 代表散热量，则平衡式可以写成：

$$Q = Q_u + Q_p \tag{4-103}$$

τ 代表透明涂层的透射率，α 代表集热板的吸光度，I 代表入射太阳辐射，A 代表集热器的活性表面，所以总入射流量为：

$$Q = I \cdot \tau \cdot \alpha \cdot A \tag{4-104}$$

参照专业文献，散热量（热损耗和光损耗的总和）可以表达为：

$$Q_p = U_c (T_p - T_a) \tag{4-105}$$

式中，T_a 为环境温度，T_p 为集热板平均温度，U_c 为集热器的热扩散系数，它取决于与环境的对流和辐射热交换系数，并且可以认为在有限温度范围内恒定不变。

从公式（4-103）、公式（4-104）以及公式（4-105）中可得到：

$$Q_u = (\tau\alpha) \, I - U_c (T_p - T_a) \tag{4-106}$$

然而在公式（4-106）中，有用能量是根据集热板的平均温度来表述的，这对于我们是未知的。从可操作的角度来看，根据位于集热器入口处的流体温度 T_i，使用布利斯方程来表述有用能量：

$$Q_u = F_r \left[(\tau\alpha) \, I - U_c (T_i - T_a) \right] \tag{4-107}$$

F_r 是集热器的热去除系数，通常小于 1。它在物理学上表示实际收集到的有用能量与当整个集热板的温度与出口流体温度相同时可以收集到的能量之间的比率。这种情况只能在理想条件下进行评估：无限流体流速以及流体和集热板之间不存在热阻。F_r 主要取决于流体与集热板的对流系数以及集热板与河道之间的导热性。

布利斯方程中所使用的一些参数参考值如表 4-6 所示。

表 4-6　计算有用能量的参数值

有用能量计算的参数		
热损耗系数（U_c）（W/m²K）	非选择性平板和单玻璃透明覆盖物	7~8
	非选择性平板和双层玻璃覆盖物	4~6
	选择性平板和双层透明覆盖物	3~5
有效产品 τα	单玻璃覆盖物	0.9
	双层玻璃覆盖物	0.8
热去除系数 F_r	液体集热器	0.9
	空气集热器	0.7

太阳能集热器的效率定义为在给定时间内收集到的有用能量和相同时间内入

射太阳能之间的比率：

$$\eta = \frac{Q_u}{I} \tag{4-108}$$

把公式（4-107）代入到公式（4-108）中，得到：

$$\eta = F_r(\tau\alpha) - \frac{F_r U_c (T_i - T_a)}{I} \tag{4-109}$$

由于把 $F_r(\tau\alpha)$ 和 $F_r U_c$ 视为常数，效率取决于可变量 $(T_i - T_a)/I$，如图 4-40 所示。

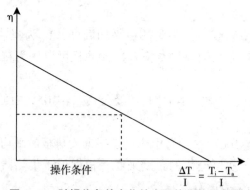

图 4-40　随操作条件变化的太阳能集热器效率

所得结果得到实证分析的验证，从中看出效率几乎呈现出一种线性趋势，由于 U_c 的变化，效率随温度增加而降低。随风速的增加，效率会降低几个百分点，当风速超过 5m/s 时，并且随集热器温度的增加，效率会呈现出更显著的变化。对于那些具有两个或更多透明覆盖物的集热器来说，风的影响可以忽略不计。

将效率线与横轴的交点定义为驻点温度，在设置完室温以及入射辐射强度后，驻点温度表示在零有用能量条件下集热板所采用的温度。

平板式集热器性能的影响参数

对于非选择式平板集热器和玻璃覆盖层而言，在其通常的操作温度（40~60℃）下，热分散体只会在后侧和外侧产生 10% 的传导损耗。剩余部分被等分成平板和玻璃之间对流与辐射产生的损耗。出于这一原因，通过增加绝缘层后面部分超出通常使用 5~10 厘米的厚度是不可能获得显著优势的，然而通过消除所有的热桥效应却可以使损耗显著减少，其中最常见的以板外覆盖与集热器外部接触为代表。

由于强烈的热应力使得绝缘材料不会随时间的推移而变质，这一特性非常重要。因为辐射交换取决于绝对温度的第四量级，随温度升高，辐射分散体也随之增加，这解释了为什么在操作温度较高时使用选择性平板。然而这种干预降低了玻璃的平衡温度，以及平板和玻璃之间的对流损失；但是，这种增加低于辐射引起的分散体的减少。

由对流引起的分散体可以大幅度降低，在平板与玻璃之间产生真空环境，像发生在真空集热器中一样其压力低于 10 mPa。

增加 F_r 可能会提高包含在最小值 $0.007kg/m^2s$ 和最大值 $0.03kg/m^2s$ 之间的流速，最低值可以保证管道内有充足的流量，最高值可以使最佳热交换的优势通过增加泵送活动来实现。当流速降低时，集热器入口处与出口处的温度下降，因此瞬时效率也会降低，该瞬时效率在长期会导致整体效能恶化。通过关注平板与管道之间的热交换可以使 F_r 增加，但在管道焊接在平板上时也会受到限制。此外有一点很重要，就是使用铜（表现了最佳的导热性）、铝、钢这类材料制成的平板具有良好的导热性。

显然，由于短期内有利开发的不可能性以及多变气候的特点，集热器性能会随其热容量的增加而恶化。

平板太阳能集热器的类型

除了上述所提到的玻璃覆盖层之外，还有其他几种类型的集热器：无覆盖层集热器，内部存储集热器以及真空集热器。

无覆盖层集热器由塑料管（丙烯、氯丁橡胶、合成橡胶、PVC）构成，尽管没有任何类型的绝缘物和透明覆盖物，并且只有在夏季用于发电工作时其表现才令人满意，此时来自太阳光源的可用性弥补了它的低效性，但在某些条件下却符合成本效益。

在内部存储集热器中，一种独立部件取代了集热板、线圈和外部存储器，这种独立部件可以由壁板管道（直径大约 10cm）、相对的两个平板之间的大管道以及不同形状的独立大容器组成。用户所需的水仍然残留在集热器内部（通过对流运动缓慢加热）。

为了得出不同平板集热器之间差异，需要充分考虑水容量达到 $80\sim100$ l/m² 对应典型外部存储装置 $0.6\sim2$ l/m² 的传热流体。由于仍然是四面里有三面绝缘的"水库"，集热器类型以不可忽视的渗水现象以及适用于极其温和的气候为特征。

真空集热器是非常高效的，能将空间中存在的空气减少到最低水平，事实上这可以尽可能避免对流运动所引起的损耗。尽管真空集热器的成本比平均水平更高，但这种集热器在残酷气候下也能表现出良好性能。

图 4-41 显示了不同类型平板集热器之间效率曲线的比较，可以发现不同类型太阳能集热器的效率在集热器温度与环境温度差异值低的情况下基本相同。事实上采用不同的方案（具有覆盖物，最终选择内部真空）都是为了减少渗水现象。显然，这些渗水现象任何情况下都会在集热器温度与环境温度差异值低的时

候受到限制；随温度增加，不同类型的渗水现象显著增加。尤其对于真空集热器而言，它保持高效率的同时，也保持高温度。

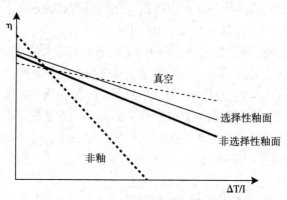

图 4-41　不同类型平板集热器的效率曲线

发电厂解决方案

提到发电厂的配置问题，考虑使用自然循环发电厂和强制循环发电厂。

在自然循环发电厂中，热交换流体受力的发生基于流出集热器最热水柱之间密度的不同，其受力往往趋于增加（图 4-42a）。两个流体水柱之间的温度差异越大，循环中可接受的受力程度也越大。在自然循环系统中，镶嵌板的位置要低于存储区域的位置。这两个水平位置的差异也在一定程度上产生受力。

在强制循环发电厂中，通过离心泵将流体设置成运动状态（图 4-42b），显然在那种情况下会发生存储器位置的不同。

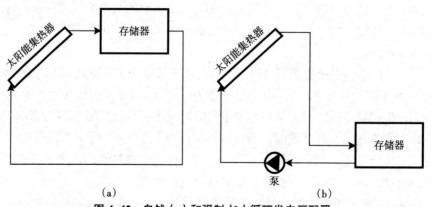

图 4-42　自然（a）和强制（b）循环发电厂配置

发电厂配置的另一个特征是发电厂停止工作时的循环状态：存在封闭循环系统和回水系统（图 4-43）。

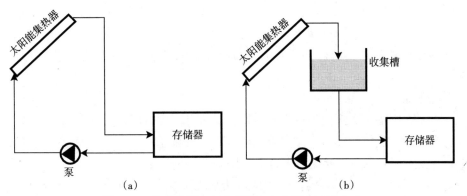

图 4-43　发电配置：闭合系统（a）和回水系统（b）

在封闭循环系统中，太阳能集热器通常装有液体，甚至在循环泵停止工作时也如此。在这种情况下，热交换流体必须在面对低温时也不会冻结，并且利用防冻液：这样可以防止直接交换。封闭系统常常有必要干预太阳能循环与用户之间的热交换器。

在回水系统中，只要循环泵停止，排水水库就能清空太阳能循环，将其放置在集热器自身中。由于避免使用防冻液会更好，开放式系统可以用于直接交换，而不需要在发电厂与用户之间设置任何交换器，这显然会带来更高的系统复杂性以及更多的整体效率损失。相反，直接交换系统的缺点是使用流动的水作为传热流体会带来管道内壁钙质沉积。

低温太阳能发电厂的另一种变型涉及存储系统，一般而言，发电厂含有一个整合性储水器或者一个外部储水器。

整合性储水器的每个面板都有自己的"整合"储水器。事实上，一般来讲该系统更为紧凑，安装更容易，并且去除了不美观和笨重的外部储水器，还可以消除集热器、存储器以及存储热交换器之间的液压回路，这些通常都意味着效率损耗。

当用于有大量热负荷的情况下，附有外部储水器的系统是非常必要的，太阳能集热器循环与用户循环之间的热传递发生在存储阶段。

两种热交换器可以使用：管束热交换器和腔体热交换器。

在管束热交换器中，一连串管子插入到存储器的较低部分。有时，两组管子同时插入存储器中，通过两种不同热源（太阳能系统与一体化锅炉）来加热存储器中的流体。

为了避免形成电流，会插入所给定的不同材料盐溶液（通常是包含溶解盐的水）的正极（与其他相比属于负极金属），这样会消除形成电流的问题。正极被插入到储水器底部的节流孔。探测器，温度计以及所有的控制设备都从同一点插入。

一个空腔交换器由存储器圆筒壁得到的中空空间构成。来自太阳能集热器的流体与存储器包含的流体交换热能。有时管壁会形成两个腔体来交换两种不同热源。

热存储

由于太阳辐射和热能消耗不同时发生，所以在发电厂设置一个热能存储器是很有必要的。热能存储可以天、周、季为单位。热能存储量的多少（一般指每天的）需要参考每天的产热量以及耗热量图表。

按季存储是可以做到的。有两种存储系统：第一种是通过挖一个岩洞实现，其存储量在 $100\sim1000m^3$。如果附近没有蓄水层，岩石一旦充满热水就会达到稳定的热平衡。水库的大小以满足从当年 9 月到次年 2 月的热需求为基础。3 月的直接用水会再次从太阳能集热器开始获得。跨季存储的热量常常与烟囱锅炉整合到一起。第二种（在中东用的比较多）存储系统为"太阳池"。这些都是巨大的人工水库；水库底部由黑色塑料或者其他安全材料（有时也用海藻）构成。通过一种聚乙烯薄膜或者透明塑料可以把水库分成两层：最表层是淡水，最深层是海水。其中透明薄膜扮演一种选择性材料。深层海水温度甚至会达到 90℃。

周存储量旨在确保长期较低或极低太阳辐射期间的热能可用量。这种情况下存储系统是像该尺寸一样的水库，以确保热能储备。存储可以通过一个水库或者几个水库完成，其中一个的尺寸大小要符合正常使用期间的每天需要量，而次级水库的使用则根据所选热能存储量而定。在气候温和地区，可以避免应用周覆盖方案，因为周覆盖方案更适用于气候严寒地区。

集成发电厂

在来源不确定的情况下，为了保证对用户的持续供热，太阳能集热发电厂通常需要与传统发电厂整合利用。太阳能产生的热量与传统锅炉产生的热量相整合：其集成系数根据技术经济方面的考量而决定，通常大约至少为 60%。

集热器在有集成存储器的情况下进行插入操作是极其简单的。事实上，考虑到集热器与存储器之间不存在液压回路，所以任何控制设备都是需要的（微分温控器和最低温控器）。太阳能集热器可以安装在上游的一体化锅炉，使用集成系统的温控器（燃气锅炉或者电热水器）作为控制系统。现代燃气锅炉和电热水器可以允许热水通过。锅炉内部的线圈长度不超过 2 米的直线长度，所以通过锅炉的流体损耗是有限的。集成发电厂方案如图 4-44 所示。

4.2.5.2　太阳热能聚光发电厂

平板太阳能集热器以可接受的效率在低温下工作。为了可以在高温下获得热能，会使用所谓的聚光发电厂。

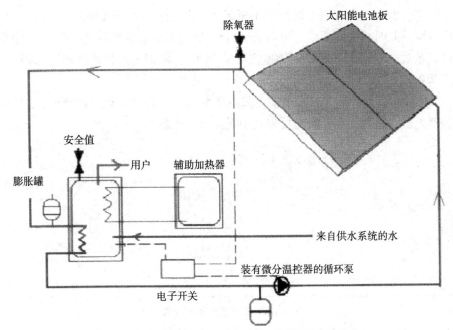

图 4-44　强制循环集成系统与封闭循环集成系统示意图

　　聚光型太阳能集热器使用光学系统旨在增加集热板表面的辐射强度。

　　图 4-45 显示了该方案的运作原理：原则上，一个合适尺寸和形状的聚光器的入射辐射被反射，并且集中于接收器上的一点（事实上，与聚光器相比，接收器表面上的入射辐射更小）。在图中显而易见，由于其操作依据光的反射原理，所以这些系统只能利用太阳辐射的直接成分，这是因为散射辐射到达接收器时会分散到各个方向。此外，出于相同原因，由于辐射的入射角度与聚光器在一点的法线必须保持不变，所以必须安装一个追踪系统。

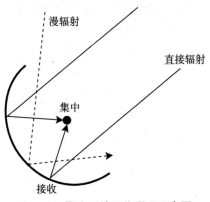

图 4-45　聚光系统运作原理示意图

给定表面下太阳入射辐射的聚光面更小，由于热损耗与吸收体的交换表面成比例，所以此时热损耗更低。反射表面区域 Ar 与吸收表面区域 Aa 之间的比例称为聚光系数。不同聚光系统的该值在 1.5~10000，随聚光系数的增加，光损耗变得逐渐相关。

如图 4-46 所示，用于聚光型太阳热能发电厂的聚光器有三种类型：抛物线型槽聚光器，抛物线型碟聚光器以及中央接收聚光器。

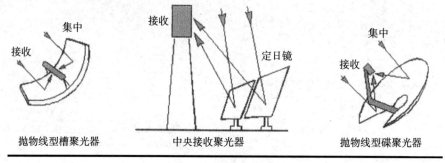

图 4-46　聚光器的不同类型

抛物线型槽聚光器中，辐射沿着一条线聚集，覆盖了聚光器的整个长度；沿该线有一个管道包含了热转换流体。聚光器围绕一个轴转动，以此来跟随太阳。利用这些系统，温度在达到大约 400℃时，仍具有较高效率。

抛物线型碟聚光器中，太阳辐射聚焦在一点，该点设有一种装置，可以吸收辐射并将其热能传递给气体。聚光器通过两个轴跟随太阳转动。这些系统的温度可以达到 750℃左右。

中央接收聚光器由大面积的定日镜区域和设置在塔上的接收器组成。定日镜是一种通过两个轴的转动，各自独立转动的平面镜。这些系统的温度很可能达到大约 1000℃。

由聚光太阳能发电厂生产的热能有不同的应用类型。可以由工业部门用作工艺热量，或者供给热电（蒸汽）发电厂，此时发电厂作为一个整体来进行辐射能到电能的转换运作。另一种可能的应用（对于那些在高温下运作的碟式聚光器和太阳能发电塔而言）包括在利用水制造氢气的热力学分解过程中提供所需热能。这种情况下，发电厂作为一个整体进行辐射能到化学能的转换。

4.2.6　热能—化学能转换厂

4.2.6.1　热分解

通常，热分解过程包括使用分解反应的热量，水分子分解成氢气和氧气，

$H_2O + heat \Rightarrow H_2 + \frac{1}{2}O_2$。因此这是一个把热能转换为化学能的系统，热能可以通过各种不同的方式来产生，并且一些研究也评估了这一技术。一种选择就是利用热电厂所生产的热能：热分解可以完成化学能的转换（将一种化石燃料作为主要资源，产生的另一种燃料就是氢气）。同样也可以使用核电厂所产生的热能，这里完成了核能到化学能的转换。另一种可能性在于聚集太阳能的利用，这种利用允许温度达到非常高的水平，在这种情况下，发电厂执行了辐射能到化学能的转换。

在任何情况下，不使用催化剂，水的直接分解反应大量吸热，产生极高温度（2000℃以上）。为了可以在较低温度下发生分解，有必要使用特殊催化剂来形成中间化合物。

在热电厂和核电厂产生热能的过程中，一种很有发展前景的化学过程由三个阶段组成：从碘化氢的热分解反应中得到 H_2 和 I_2；从硫酸的热分解反应中得到 SO_2 和 O_2；室温下，I_2 和 SO_2 在水溶液中发生反应，可以循环产生 HI 和 H_2SO_4。

简言之，其过程如下：

阶段一：（T = 300℃） $2HI \rightarrow H_2 + I_2$

阶段二：（T=870℃） $H_2SO_4 \rightarrow H_2O + SO_2 + \frac{1}{2}O_2$

阶段三：（T=25℃） $2H_2O + SO_2 + I_2 \rightarrow H_2SO_4 + 2HI$

总反应：$H_2O \rightarrow H_2 + \frac{1}{2}O_2$

化学能发电厂的效率（定义为所产生氢气的含能量与耗热量之间的比率）可达大约 50%。发电厂的总体效率显然取决于产热效率。

发电厂的另一个化学过程是通过太阳能聚光器来产热的，其过程基于铁氧化物作为催化剂。过程如下：

阶段一：（T = 2000℃） $Fe_3O_4 \rightarrow 3FeO + \frac{1}{2}O_2$

阶段二：（T = 600℃） $3FeO + H_2O \rightarrow Fe_3O_4 + H_2$

总反应：$H_2O \rightarrow H_2 + \frac{1}{2}O_2$

这种情况下化学发电厂的效率也同样接近 50%。

使用聚光型太阳能发电厂允许达到非常高的温度，这对于水分子的分解反应是必需的：在抛物面镜的焦点直接发生太阳能聚光反应，其温度将超过 2000℃。

图 4-47 显示了太阳能热分解发电厂的示意图。由于化工厂的运作必须保持连续性，所以由抛物面聚光器所产生的热能被存储在相应系统中：在太阳辐射的峰值阶段，部分所产热能用于供给化工厂，其余部分热能被存储。在没有辐射的

时候，化工厂利用存储系统的热能继续运作。

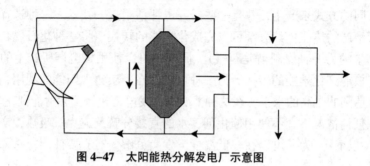

图 4-47 太阳能热分解发电厂示意图

热能收集系统和积累系统的效率可达 65%，同时化工厂效率达到 53%，有关太阳能产氢的整体效率达到 35%。

4.2.7 电能—化学能转换厂

4.2.7.1 电解
电解过程概述

电解是发生在电解液或者通过电路的熔融电解质中的一系列现象，通常是连续的。通过这种方法可以实现电能到化学能的转换。

传导电流有不同的方法，因此有可能对类型 I 导体以及类型 II 导体做出区分。前者通过连续的电流，而类型 II 导体适用于欧姆定律，这种较低有效性不是普遍现象。图 4-48 显示了根据施加于类型 I 导体和类型 II 导体上的电势差作用而引起的电流强度趋势。

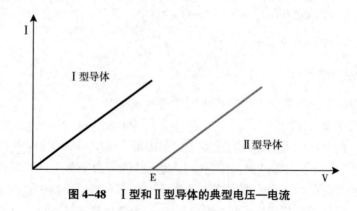

图 4-48 I 型和 II 型导体的典型电压—电流

　　可以看出在类型 II 导体情况下，只有当电势差（PD）超过给定值（E）时，电流是如何发生的，以及随后按比例增加所施加的 PD 直到达到饱和状态的情况。低于这个电流值时将不会有任何电流通过，因此也不会存在电解。电化学过程中的电极会根据它们的特点以及电解液的特点，以不同的方式被划分。后者专门表示电极过程中的催化剂元件，其中一个典型的例子就是镀铂的铂电极。

　　图 4-49 显示了当镀铂的铂电极电解槽与电解液接触时，电流随时间变化，被施加一个 PD 的趋势。

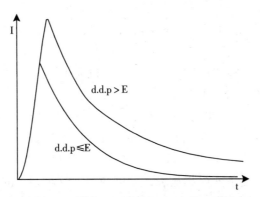

图 4-49　根据时间描绘应用 PD 的不同值

　　如果 PD 值低于阈值 E，可以观察到：

　　● 上升阶段：事实上，刚开始在电极之间不存在 PD（在相同溶液中存在相同的电极），也不会发生电极反应；然而在电路闭合的瞬间，以及所设置的 PD 施加到电极的瞬间，会有电流通过，并发生电解。

　　● 下降阶段：电流通过过程中，在电极上形成的分子仍然被它们吸收，并且让正极和负极假定电解质的本质与被吸附的物质相关。通过这种方法，电解槽内部会产生一个堆栈，其电动势（不是从外部施加 PD，也叫作发电动势 cemf）反对电流通过。随着溶液中的离子在电极耗尽，产品活性和 cemf 增加，因此决定了电解电流强度的下降。

　　● 恒定阶段：随着 cemf 与外部所施加的 PD 趋于相同，通过的电流基本停止，并在接近零值时保持恒定不变。

　　随着 PD 的逐渐增加，尽管还是常常低于 E，可该现象的定型趋势不会改变，但任何所施加的 PD 的增加都会导致电极上电解产物活性的增加，因此 cemf 也同样如此。

　　通过这种方法，所施加的 PD 值可以达到使产品和试剂活性大大增加以至于 PD 高于 cemf 的程度，并且发生实际电解，也就是说在前面描述的第三个恒定阶段有电流通过。

上述描述的现象基于电解槽电极在电解过程中改变了其表面的化学性质，被称为化学极化电极。

过电压

基于上述讨论，可得如下：

● 低于 E（阈值）的 PD 施加到电解槽，不会有电流通过，因此也不存在电解。由于平衡条件（在 cemf 与施加的 PD 之间）导致这种现象发生，因此电极的反应速度完全是零。

● 如果施加的 PD 高于 E，就不再有平衡条件，会通过电流强度 I，发生电解。

为了发生电解，必须施加高于 E 的 PD，也就是说过压表是内在过压（V_i），因为它是隐含在电解现象本身当中的。

另一种不可避免的增加是电解的 PD，以保持电流 I 的恒定值，这种增加是电极上离子放电造成的，导致与其接触的溶液区域的浓度下降，随后移动到来自浓溶液的其他离子区域（浓度更高）。离子供给的速度越慢（例如高黏度和/或低浓度溶液），电极浓度下降得越显著，cemf 越高。这种增加的需求是为了保持 I 恒定，以及电解 PD 同等增加。通过这种方法获得与上述描述不同的另一种过压类型和浓度类型（V_c）。

最后，由于电解槽中欧姆电压下降，导致电解 PD 增加，欧姆电压值（V）由电解电流强度（A）所决定的电解槽电阻（Ω）给定，它随电极与溶液电阻之间的距离变化。这种现象就是所谓的欧姆过压（V_h）。

因此定义 ΔE_{term} 为热力学电阻，则电解所需的 PD 由下式给出：

$$V = \Delta E_{term} + V_i + V_c + V_h \tag{4-110}$$

实际中为了提高效率，会最大限度地减少过压。通过使用催化剂（在电极表面）来减少内在过压，保持溶液粗糙度可以减少浓度过压，使电极尽可能接近可以降低欧姆电阻。事实上，V 的每一次降低都代表一种节能，这在工业生产的经济性方面是非常重要的一部分。

电解现象受法拉第定律影响：

● 电解过程中形成（或消耗）的化学物质与通过电解槽的电量成正比；

● 对应于电解中相同电量所形成（或消耗）的化学物质，在任何电解中，与电解本身涉及的等量物质成正比。

电解溶液中通过的 1F 电容与被电解的 1 当量化学物质的转换成正比。以下三种不同情况都有可能：

（1）强酸性溶液的电解

对于 $[aH_3O^+]=1$ 的 H_2SO_4 溶液，这种情况下，存在于负极高浓度溶液中的 H_3O^+被还原，给定低浓度的 OH^-水分子在正极被氧化。因此电极反应过程如下：

负极（H_3O^+还原）：$4H_3O^+ + 4e \rightarrow 2H_2 + 4H_2O$

正极（H_2O 氧化）：$6H_2O \rightarrow O_2 + 4H_3O^+ + 4e$

总反应：$2H_2O \rightarrow 2H_2 + O_2$

（2）强碱性溶液的电解

对于 $[a_{OH}]=1$ 的 KOH 溶液，其电极反应过程如下所示：

负极（H_2O 还原）：$4H_2O + 4e \rightarrow 2H_2 + 4OH^-$

正极（OH^-氧化）：$4OH^- \rightarrow O_2 + 2H_2O + 4e$

总反应：$2H_2O \rightarrow 2H_2 + O_2$

（3）对于如 K_2SO_4 的中性电解溶液，由于 K_2SO_4 不能水解，所以 H_3O^+离子与 OH^-离子的浓度很小，其电极反应过程如下：

负极（H_2O 还原）：$4H_2O + 4e \rightarrow 2H_2 + 4OH^-$

正极（OH^-氧化）：$6H_2O \rightarrow O_2 + 4H_3O^+ + 4e$

总反应：$2H_2O \rightarrow 2H_2 + O_2$

上面描述的三种情况总反应是相同的，因此 $\Delta E = 1.23V$ 也一致。图 4-50 显示了电解槽的方案图。

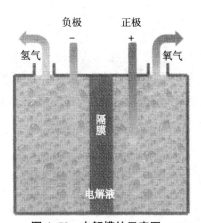

图 4-50　电解槽的示意图

电解效率

电解过程的效率可以定义为一个比率，表示法拉第定律理论所需的电力与实际使用电力之间的比率。F 表示法拉第常数，z 表示每个离子运输的电子数量，γ 表示实际的消耗速度，根据法拉第定律所需的电流 I_F 表示为：

$$I_F = z \cdot F \cdot \gamma \tag{4-111}$$

法拉第定律的电压是 ΔE_{term}，V 和 I 分别表示有效电压和有效电流，因此得出的效率是：

$$\eta = \frac{\Delta E_{term} \cdot z \cdot F \cdot \gamma}{V \cdot I} \tag{4-112}$$

引入电压效率 η_V，定义其为热力学电压和实际电压之间的比率：

$$\eta_V = \frac{\Delta E_{term}}{V} \tag{4-113}$$

电流效率 η_F 定义为法拉第电流与有效电流之间的比率：

$$\eta_F = \frac{z \cdot F \cdot \gamma}{I} \tag{4-114}$$

把公式（4-113）与公式（4-114）两式代入到公式（4-112）中，电解过程的效率可以表达为上述两种效率的乘积：

$$\eta = \eta_V \cdot \eta_F \tag{4-115}$$

如上所说，水电解的热力学电势达到 1.23V；但是考虑到存在不可避免的过压，至少需要 1.4V 才可以达到可接受的反应速度。在商业电解槽电流强度的典型条件下（大约 $1A/cm^2$），电解槽电压在 1.7V 到 2.0V 之间；电流效率接近 1 单位，因此相应电解过程的效率值在 60%~70% 之间。说到电解槽的效率就必须考虑到辅助消耗（主要是氢气和氧气的泵送），给定相同的产氢量，电力消耗将增加将近 20%。

电解槽

图 4-51 显示了电解系统图，充满去离子水的电解槽产生氢气和氧气。所产氢气经过第一个脱氧过程，随后经过去湿来消除存在的水（蒸馏水），然后重复利用将燃料充满电解槽，除湿机的出口处就会有纯度非常高（>99.9%）的氢气。

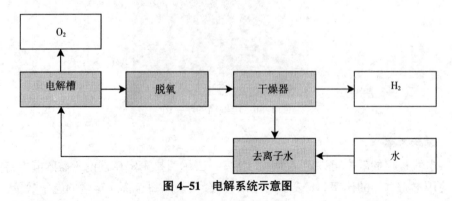

图 4-51　电解系统示意图

电解水通常发生在溶液当中，而非纯净水当中，这是因为纯净水的导电性非常低，通过电解槽的电流将忽略不计；经常使用的是 KOH（碱性电解槽）溶液。随溶液浓度增加，可以观察到两种截然不同的现象：一方面，电荷的输送量增加（从而提高导电性）；另一方面，互阻离子间的相互作用增强，因此减少了导电活动。当电解质溶液的浓度接近 30% 时，电解槽获得最大电流。

电解槽可以分类如下：

● 常规碱性电解槽：电解液（通常为 KOH）浓度在 20% 到 30% 之间变化，操作温度在 70℃ 到 100℃ 之间，压力在 1 帕到 30 帕之间；

● 高级碱性电解槽：以电极之间距离较短为特征（从而减小了电解液的欧姆电阻），通过有关活性表面催化作用的新技术以及更高的操作温度来达到；

● 固态聚合物电解槽：其中 PEM 结合了隔膜以及电解质的功能，它们在高效方面显示出巨大潜力，但目前，其效率低于碱性电解槽，并且成本极高；

● 蒸汽电解槽：电解质是陶瓷物质（离子导体）；其潜在效率非常高，但尚未出现在市场上。

表 4-7 常规碱性电解槽与先进碱性电解槽的特点

参 数	常 规	先 进
额定电流（A/cm²）	0.2	0.5
表面电阻（W/cm²）	1	0.4
欧姆超载电压（V）	0.2	0.2
电解超载电压（V）	0.5	0.4
信元速率电压（V）	2~1.8	1.78
电压效率	0.747~0.83	0.39
感应电流效率	0.985	>0.99
总效率（精确低热值）	0.62~0.70	0.71
效率（精确高热值）	0.74~0.82	0.83
能量比耗（kWh/Nm³）	1.83~4.29	4.22

4.2.8 辐射能—化学能转换厂

4.2.8.1 光电解

这一过程基于光电技术与电解的耦合：实践中，存在以光伏半导体材料制成电极的电解槽，其理论效率约占 45%，在实验中，无定型硅电池效率可能达到 20%。

使用多层薄膜的设想方案正在研究中，其效率将接近理论效率。

4.2.9　电能—热能转换厂

通过热力学逆向循环，经过吸收能量，有可能实现从较低温度到较高温度的热量传递。也就是说通过再冻结室温热量，直到达到低温状态。一般来说，完成热力学操作的系统所吸收的能量是电能。本文所述的这些发电厂，包含了冰箱和热泵。前者的主要目的是冷藏机体，也就是说从机体中减去热量并降低其温度（从零上几度甚至到−250℃的低温以下）。后者可能有两种不同的作用：可以提供制冷和加热，以供冬季取暖与夏季保温。

4.2.9.1　压缩式热泵

概述

热泵是一台可以将热量从低温房间转移到高温区域的机器（图 4−52）。通常来讲，其目的是在更高温度下加热房间，有时目的是通过简单改变操作温度的时间间隔在较低温度下冷藏机体，可逆热泵在这两种条件下都可以运作。

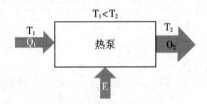

图 4−52　热泵的操作示意图

热泵由具有相应特征的流体通过的闭合电路组成，流体根据温度与压力条件而决定，可以是液态或者气态，通常是蒸汽。

在标准配置中，闭合电路有以下组成（图 4−53）：

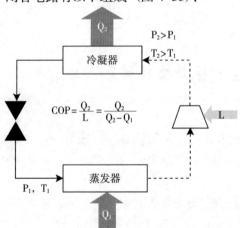

图 4−53　压缩热泵的循环

- 一台压缩机，C；
- 一个冷凝器；
- 一个膨胀阀，V；
- 一个蒸发器。

冷凝器和蒸发器是两种热交换器，即在两个管道中，制冷液体流动，与工作介质（水或者空气）交换能量。冷凝器所释放的热量在蒸发器中消除。电路组件可以被组合成一个独立区块，也可以被分成与制冷剂流体流过的管道相连接的两部分（"分流"系统）。在其操作中，电路内的制冷剂流体经过了以下转换（图4-54）：

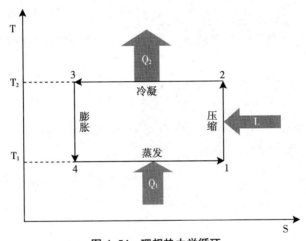

图 4-54　理想热力学循环

- 压缩（1-2）：来自蒸发器的气体和低压制冷剂流体，在压缩过程中变成高压，并且通过吸收一定量的热量来加热自身；
- 冷凝（2-3）：来自压缩器的制冷剂流体，从气态变为液态的过程中，将热量释放到外部；
- 膨胀（3-4）：通过膨胀阀，部分制冷剂流体转化成蒸汽并且冷却下来；
- 蒸发（4-1）：制冷剂流体从外部吸收热量，全部蒸发。

这些转换的整个过程就是热泵循环：给压缩机的制冷剂流体提供能量，从蒸发器周围的介质中吸收能量，再通过冷凝器将能量释放给加热体。

压缩热泵是最广泛使用的，循环（图4-52中的E）吸收的能量是启动压缩机所需要的机械能；由于它经常发生，所以从可操作性的角度来看，提供给机器的能量是电能，压缩机通过一个电动马达设置在运动状态，因此整体来看，电厂进行了电能到热能的转换。

热力学循环

在讨论热力学循环时，我们将参考压缩热泵。

图 4-53 显示了热泵循环阶段。制冷剂流体在 T_1 温度和 P_1 压力下处于液态，从外面吸收热量后蒸发；正如所知，从一个阶段到另一个阶段发生在恒温与恒压下。随后蒸汽通过绝热压缩压力为 $P_2 > P_1$；因此压缩器（吸收机械工作 L）出口处的温度将上升到 $T_2 > T_1$。在这些新的条件下，处于气态的制冷剂流体在温度 $T_2 > T_1$ 时，通过冷凝将热量释放到外面。冷凝器出口处的流体通过绝热膨胀达到 P_1 和 T_1，同时循环再次开始。由于制冷剂流体处于液体状态，所以在膨胀过程中得到的功可以完全忽略不计，因此这种膨胀发生在膨胀阈值，也就是说放弃了膨胀能量的回收。

膨胀和压缩过程是绝热转换，其过程（蒸发和冷凝）隔绝热压，如图 4-54 所示。参考热力学循环的卡诺循环，将流体作为完美气体，理想转换作为可逆转换。

从图 4-53 中可以得出如下循环的能量平衡式：

$$Q_2 = Q_1 + L \Rightarrow L = Q_2 - Q_1 \tag{4-116}$$

假设 Q_2 是有效作用（加热），效率系数（COP）是有效作用与外部提供能量之间的比率。因此考虑到（4-116）可以得到：

$$COP = \frac{Q_2}{L} = \frac{Q_2}{Q_2 - Q_1} \tag{4-117}$$

关于图 4-54，可以得到：

$$Q_2 = T_2 (S_3 - S_2) = T_2 \cdot \Delta S \tag{4-118}$$

$$Q_1 = T_1 (S_3 - S_2) = T_1 \cdot \Delta S \tag{4-119}$$

将公式（4-118）与公式（4-119）代入到公式（4-117）中，可得到如下：

$$COP = \frac{T_2}{T_2 - T_1} \tag{4-120}$$

因此，COP 依赖于循环的极限温度，并且随两种温差的增加而减少。[29] 例如 $T_1 = 5℃ = 278K$，$T_2 = 20℃ = 293K$，可获得 COP = 18.3。

关于实际 COP 值的计算有必要考虑实际操作条件。

对于前例，外部温度达到 5℃，蒸发器中流体温度 T_2 必须更低才能完成外部与流体本身之间的热交换。同样，如果内部温度是 20℃，冷凝器两种流体温度 T_1 则必须更高。对于热交换而言，ΔT 为 10℃，则 $T_1 = -5℃ = 268K$，$T_2 = 30℃ = 303K$。对应这些值的 COP = 7.7。

此外，有必要考虑热力学循环的实际转换：实际压缩功 L_r 高于理想压缩功 L_i：

$$L_r = \frac{L_i}{\eta_c} > Q_2 - Q_1 \tag{4-121}$$

其中 η_c 表示压缩热力学效率。此外，考虑到电动马达的效率 η_{ME}，所以压缩过程消耗的电能要多于实际工作中所消耗的：

$$L = \frac{L_r}{\eta_{ME}} = \frac{L_i}{\eta_c \cdot \eta_{ME}} = \frac{Q_2 - Q_1}{\eta_c \cdot \eta_{ME}} \tag{4-122}$$

此外，考虑到负载损耗（冷凝器和蒸发器的膨胀过程）和压缩机效率，COP 值接近 3~5，并且明显随操作温度的变化而变化，如图 4-55 所示。

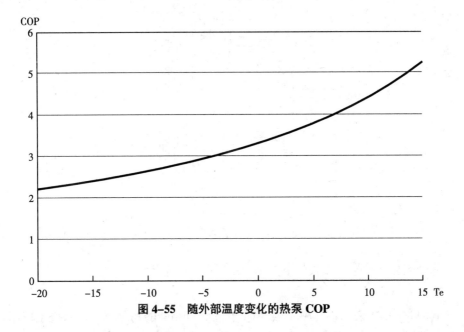

图 4-55　随外部温度变化的热泵 COP

如前所述，热泵同样有制冷和冷却的特征。在这种情况下热力学循环始终保持不变，改变的仅仅是操作温度的时间间隔（比如说如果是加热目的，那么最高温度将达到 45~50℃；如果是制冷目的，考虑到这种情况的目的是保持低于室温的温度 T_1，那么温度就会接近室温）。

从发电厂和热力学的角度来看，同样的考虑也适用于：在此情况下有效作用是冷凝过程中吸收的热量（Q_2）。冷却过程的 COP 值通常低于加热过程中得到的 COP 值。

在部分负载条件下，如果压缩机通过电动马达设置在运动状态下，则会以固定的转数来工作，其压缩效率（因此 COP 也同样）骤然下降。通过逆变器来改变电动马达的供电电频，可以改变压缩机转数，从而获得较高效率，在部分负荷的情况下也一样。

4.2.9.2 珀耳帖效应热泵

这种类型热泵的操作基于珀耳帖效应。我们可以参考图4-56来简单回顾这种效应的特征，其中热点电路连接到电池，以便直流电 I 流入。众所周知，两种不同金属在不同能级的费米[30]下具有自由电子，其特征在于具有不同的动能值和浓度值；其结果是在两种金属的接触中，e.m.f 允许每个电子穿过该界面并传送一定能量（一个朝正方向，另一个朝负方向）。这种能量交换在交界处转换成能量吸收并且相互释放。

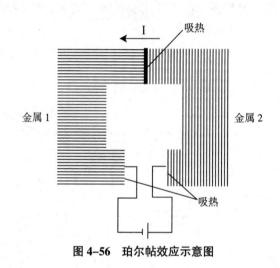

图 4-56　珀尔帖效应示意图

每个交界处产生和吸收的电能 W_p 由以下比率得出：

$$W_p = \alpha_{p_{1,2}}(T) \cdot I \tag{4-123}$$

其中 $\alpha_{p_{1,2}}(T)$ 表示珀耳帖系数。它与 e.m.f 有相同的物理意义，取决于使用材料并且随温度变化。如果抛开依赖温度这一点来说，[31] 在交界处单位时间内所吸收的热量与其他位置产生的热量完全一样。珀耳帖系数是非常有用的，如下所示：

$$\alpha_{p_{1,2}} = \alpha_{p_1} - \alpha_{p_2} \tag{4-124}$$

按照惯例，当电流从一费米能级的金属流过吸收的热量高于能级 0 时，那么珀耳帖系数为正数。

在热泵实施过程中可以采用珀耳帖效应，如图4-56所示，电流会在电路中循环：作为从一个交界到另一个交界热量通道的"有效作用"被利用。

图4-57显示了这种热泵的示意图：使用半导体施加低电压，因此在给定相同功率的情况下，得到高电流；为避免过高电流，必须将几个电池串联起来。这种热泵只能用于小功率电厂。其COP（1.2~1.4）很低，并且随温差增加显著降低；因此为获得可接受的COP值，热接合处与冷接合处的温差不应该超过20℃。

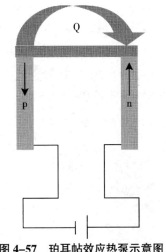

图 4-57 珀耳帖效应热泵示意图

4.2.10 电能—辐射能（发光）转换厂

4.2.10.1 白炽灯
GSL 白炽灯

从历史角度来看，白炽灯在以前和当下仍然是最普遍的，白炽灯随时间的推移越来越成功源于它们在平均寿命、发光效率和价格之间做出了很好的折衷。

白炽灯最常见的样式以普通照明灯（GLS）为代表（图 4-58）。这些灯当中的首个专利可以追溯到 1841 年爱迪生的发明，但直到 1880 年白炽灯才变得商业化。

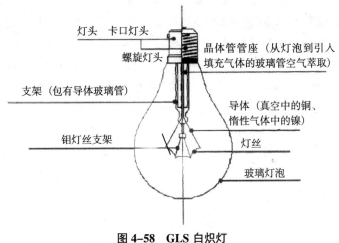

图 4-58 GLS 白炽灯

　　白炽灯由一个底座和一个含有灯丝的玻璃灯泡构成，灯泡连接电路时，电流通过，加热灯泡直到灯泡达到白炽化，导致其发射出不同波长的辐射能。灯丝的能量释放由普朗克定律来调节，因为一般情况下白炽灯的材料与高温发射黑体或灰体的材料相似（图 4-59）。因此白炽灯在整个波谱上的发射波长在 0 到 ∞ 之间，直到波长 λ=0 和 λ=∞ 时，灯泡发射减少到零。

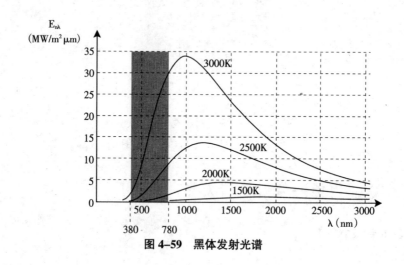

图 4-59　黑体发射光谱

　　根据维恩定律，当发射达到最大值时：

$$\lambda_{max} = \frac{2.9 \times 10^6}{T} \qquad (4-125)$$

　　随温度增加，最大值从红外区域（T=1500K）移动到可见光线区域（T=3000K）。特别是为了获得 λ=555nm，与最大程度的可见性相对应，灯丝温度需要达到 5225K，这个温度对于我们所知的任何材料来说都过高，因此实际的最大发射主要发生在红外线辐射区域。直到 1913 年，第一种灯泡样式的灯丝才成为线性形状，并且由碳制成；灯丝的工作温度为 1800℃左右，为了避免碳升华，灯丝温度不能更高。出于两种原因必须避免这种现象的发生：因为碳的疏松、削弱和断裂对灯丝产生的破坏过于迅速，同时因为随之淤积的蒸汽释放到灯泡内表，使灯泡变黑，降低了灯泡的透明度，既而使发光流发射到灯泡外部。

　　温度在 1800℃时，最大发射波长 λ=1400nm，然而只有一小部分辐射能量会落到可见辐射区域内。灯在工作时，其灯泡压力很低：实际在灯泡内部会形成真空状态以便延迟灯丝氧化，阻止灯丝燃烧；但是低压和高温会引起碳的加速升华，这是我们不想要的结果。这个问题的存在意味着长久以来对温度增加的限制，因为在采用钨丝之前，灯丝温度要保持低于熔融温度。同样在使用钨丝之前，为获得合适的具有电气机械特征，并且相当细的电线，技术始终处于完善过程中。

钨丝材料具有很高的熔点（3770K），允许达到非常高的温度（真空中不超过 2500℃，惰性气体不超过 2800℃），因此可以保证在可见光区域的高能量发射。此外，钨丝在延展性以及电阻机械阻力方面展现出突出特点，使它在目前市场现存的灯具中不同于第一种类型的产品，将钨丝盘绕成双螺旋形状来增加机械阻力，可以获得最小散热量。

在功率超过 25 瓦的情况下，引入灯泡的惰性气体通常是氩气和氮气的混合物（但在特殊应用下也会引入氪气或氢气），会降低灯丝升华，尽管这种方法会导致一些热量通过灯丝传送，气体与玻璃被激活，这会降低灯丝温度，随之降低效率。通常来讲最好的填充气体是氪气，这是由于氪气除了具有足够的化学惰性，也表现出较低的导热率。

然而白炽灯以热辐射为特征，与发光辐射相比更盛行，正是出于这个原因，白炽灯的效率有限，其效率范围在 10lm/W 到 20lm/W 之间，对于功率更大的白炽灯来说，其效率值更高。白炽灯的平均寿命为 1000 小时，其最终发光流占初始发光流的 87%。色温与灯丝温度一致，变化范围在 2700K 到 3000K 之间。为了增加灯丝温度，灯泡的玻璃颜色一般是浅蓝色：这样可以得到较少的更适合某些应用的红光。但这样做会减少发光流的发射量及效率，因为部分发光流会被有色玻璃吸收。

白炽卤钨灯

这类光源的进一步发展以卤钨灯为代表，灯泡内含有少量卤气（通常是碘、溴或氯）以有效应对钨丝蒸发。

除惰性气体以外，灯泡内现存物质可以触发钨的再循环，由以下反应得出：

$I_2 \rightarrow 2I$

$W+2I \rightarrow WI_2$ 2.000K

$WI_2 \rightarrow W+2I$ 2.800K

灯泡中的低温区域，灯丝蒸发的钨与碘产生化学结合，形成气态碘钨（WI_2）或其他类似化合物。这种化合物在移动到热灯丝区域的时候会分解化合物元素，形成金属钨沉积在灯丝上。这种方法使升华的钨再次沉积，显著减缓了灯丝的侵蚀过程以及灯泡内部的沉积。

此外，在这种条件下灯丝可以通过强度更大的电流，允许达到更高的温度（~3200K）以及随之更高的流量（但是这需要考虑石英玻璃灯泡抵抗高温的能力）；因此发光效率和色温（白光）都会增加，其中发光效率平均是 25lm/W，也可以达到 30lm/W。显色性指数为 100，平均寿命是 2000 小时，最终发光流量是初始发光流量的 94%。基于这些特殊属性，这些灯在室内照明以及室外照明方面都有应用，其中室外照明指大型复杂用途，用于摄影和车辆前灯等。

4.2.10.2　气体放电灯

放电灯产生光是由于激发气体发射光辐射：[32] 当电子回到它自己的运行轨道时，释放的能量数量是两种状态之间的能量差。由于定义了电子轨道和能量缺口，灯泡内填充了典型气体；这些气体被给定能量，对应一个定义好的波长，以及一种精确的颜色（图 4-60）。因此这些资源的发射光由气体的典型辐射组成，并且其波谱不连续（线性）。

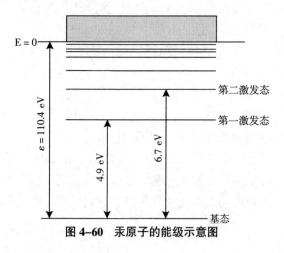

图 4-60　汞原子的能级示意图

白炽灯的发射光可以被视为电能转化为热能的副产物，与白炽灯不同，放电灯的光线通过电能和光能的直接转换得到。出于这个原因，放电灯的特征是其出光效率远远高于白炽灯，其变化范围在 35lm/W 到 200lm/W 之间，同样其平均寿命也高于白炽灯，根据灯型不同其寿命在 5000 到 12000 小时之间。相反，这些灯以不同的方式迎合显色性[33]要求。

它们实质上由一个容器组成，通常是具有两个电极的玻璃或石英质地，其中的气体（尤其是金属蒸汽、钠和贡，因为它们发射的辐射在可见光谱内可以发现，还有氖气或者稀有气体）匹配相应的气压（图 4-61）。

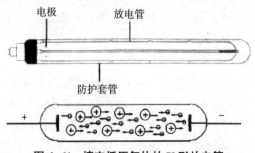

图 4-61　填充低压气体的 U 形放电管

　　钠在常温下是固态，必须通过气体状态才能发射光线：因此它在霓虹灯内被使用，这会触发放电，并且所需温度升高。反过来，根据放电管道的压力值，这类电灯可以分成两个子组：高压组和低压组。低压钠蒸气灯的放电发生在玻璃 U 型管道中，受到玻璃灯泡贯流的保护，其内表覆盖钢氧化物以确保良好的保温隔热，考虑到这些原因，电灯在高温（270℃）下工作会更好（图 4-62）。

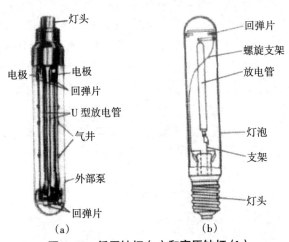

灯头
电极
电极
回弹片
U 型放电管
气井
外部泵
回弹片
（a）

回弹片
螺旋支架
放电管
灯泡
支架
灯头
（b）

图 4-62　低压钠灯（a）和高压钠灯（b）

　　低压下，钠实际上发射出一种黄色单色光（接近感光灵敏度最大值的橙黄色光谱线，589nm 和 589.6nm），并且不能用于内部照明以及所有颜色区分很重要的应用：出于这一原因，它们只能在显色性不重要的情况下使用，尤其在意大利，这种灯主要用于道路照明。低压灯的光效达到 200lm/W，其平均寿命介于 8000 小时到 10000 小时之间。显色性完全不足（Ra=0）：从这一点来看，低压钠灯特别具有劣势。低压钠灯（40kPa）的放电依然发生在高温下，其放射发生在可见光线的线性光谱或连续光谱上，因此发光颜色就不再是黄色单色光，而是温度在 2200K 到 4200K 之间的白金色光（Ra=60）（图 4-62）。

　　发光效率要比低压下的发光效率略低，任何情况下，低压发光效率都会超过 100lm/W。其生命周期在 5000 小时到 12000 小时之间，并且它在可使用年限尾端的效率较初始效率平均减少 90%。

　　相反，通常低压水银发射的光谱是位于紫外线区域的双重光线（254nm 和 185nm），而在高压下会发射出位于可见区域的其他光线（蓝光、绿光）；当压力进一步加大时，线条变宽呈波带状，光谱变连续，尽管缺乏相对应的红色波长。低压带不能用于照明，但可以用于需要使用紫外线的特定技术操作。因此只有在矫正发光量之后才可对其进行广泛使用，正如日光灯一样。[34]

高压灯效率相对较低，变化范围在最小值 35lm/W 到最大值 50lm/W 之间。另外其显色指数（Ra=60）和色温（2.150K）都相对较低，这也解释了为什么目前对这些灯的使用率比较低（用于街道照明时，这些灯几乎完全被钠蒸气灯所代替）。某些这类型的灯会加入钠卤化物（氢化物）、铊、铟来修正光谱特性，并提高灯光效率，达到 95lm/W。这些灯可以占据卤钨灯和日光灯的相同市场，因为同卤钨灯相比，其效率更高，与日光灯相比，其可用发光流更多。

为提高显色性（Ra=65-80），目前生产出了添加铽、镝等成分的金卤灯，可以与卤钨灯相媲美，还可以节省 2/3 能量。实践中这些微型放电灯亮度为 15Mcd/m²，其色温在 3000K 到 6000K 之间，平均寿命超过 6000 小时。其他放电灯会使用氙气，这可以获得重现的放射波长，非常近似于可见区域的太阳辐射波长。放电灯会跟随正确的显色性，因此这些电灯非常适用于室内和室外照明。

最后简单提一下极高压汞蒸汽（3.5MPa~10MPa），具有极高亮度（100000 熙提）并且用于科学实验室（图 4-63）。

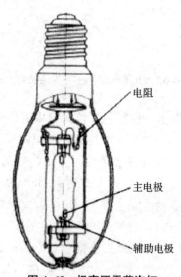

图 4-63　极高压汞蒸汽灯

气体放电现象可描述如下。在大量稀薄气体中，通常会因为光电效应或者宇宙辐射产生自由电子。常温下，分子具有的能量（3kT/2）与分子之间，或者是电子与分子之间碰撞交换的能量是相同的。

然而如果分析温度变化，或者颗粒物质在适合的电场加速，那么将会出现适合气体电流的条件，并且随之发生的现象是基于放电灯的操作所产生的。当两个电极同时连接到同一个直流电压时，其 V（I）曲线特征如图 4-64 所示：对于温度很低的气体来说，通常具有极低的热导性，可以作为很好的绝缘体；在这些条件当中，只有微弱的电流通过，因为存在自由电子，并且在接近曲线第一部分的位置存在随电压 V 增加的电流 I。

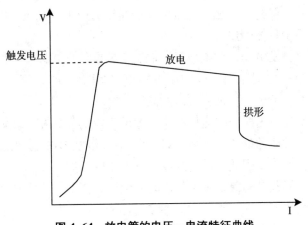

图 4-64 放电管的电压—电流特征曲线

对于最高电压值而言，电子依据现有电极之间的电场获得动能，向正极移动，并且在移动中与气体原子发生碰撞。低速下的碰撞富有弹性，并会导致碰撞电子出现偏差，这一过程会释放电子的一小部分动能，从而加热气体。

相反随速度的增加，由颗粒碰撞引起的能量交换也随之增加，从而确定了分子电离的可能性。高速下发生的碰撞会导致外部电子运行轨道改变，从而获得更高能级来激发原子。经过很短的时间，一般在 $10^{-9}S$ 到 $10^{-8}S$ 之间，电子会回到它的初始能级，并从更高的能量状态 E_2 回到较低能量状态 E_1，原子释放的光量子（光子）差异为：

$$E_2 - E_1 = h \cdot v \tag{4-126}$$

H 为普朗克常数（6.63×10^{34}），v 是发出辐射的频率（S^{-1}）。由于电子碰撞中所释放的能量达到 eV，光子发射的波长由下式给出：

$$\lambda = \frac{c}{v} = \frac{c \cdot h}{e \cdot v} \tag{4-127}$$

最终碰撞发生的速度很大，以至于外围电子脱离原子系统，原子带有正电因此会电离。脱离的电子，其行为同碰撞电子完全一样，而离子却可以和另外一个电子重组并发光，或通过与通道壁的碰撞释放热量。如果相应持续的电压应用到放电管中，将会使电子向负极连续移动，并使其他电子迅速移向负极。在放电管道的特征曲线上，这种现象引起电流随电压增加而迅速增加。在离子的轰击下，负极加热并且在离子效应的作用下依次释放电子，因此电离增加，并产生足够数量的电子使得放电过程独立于初始自由电子而发生（这种情况就是通常所说的自我维持）。通过这种方式，气体变为一种导体，电灯电压降低，电流增加。最低电压可以触发该过程，对应电灯照明时的电压实际上称为触发电压。

由于电极随电流增加而降低，象征曲线中负电阻部分电极之间的电势随之降低。终端电压始终保持低于触发电压。象征曲线对应干扰和拱放电的另一部分只适用于拱灯，用于具体用途。

曲线趋势（触发电压，拱电压等）取决于放电管形式以及气体性质。尤其触发电压取决于电极之间距离产生的压力乘积（帕邪定律）。因此压力乘积越大，触发电压就越大，考虑以下情况可以对此进行解释。

高压下的平均自由时间（先后两次碰撞的间隔时间）相对较短，所以不能产生足够的动能引发碰撞的离子电离。只有增加终端电势才能适当加速离子，使碰撞导致其他原子电离，因此这就转换成触发电压的增加。

低压下的气体非常稀薄，平均自由时间更长，因此在离子加速达到相反电极之前，发生碰撞的可能性相当低。此外在这种情况下，只有增加电压才有可能减少平均自由时间，使得颗粒更多搅动，同时这也将再次使得触发电压增加。

此外，对于既定气体和既定电压，触发电压随放电管直径减小而增加。通过观察可以解释，直径小的放电管有利于在其他电离之前，侧表面上离子与电子再结合的可能性。然而通过使用稀有气体和适当电极可以降低触发电压。前者表明激励电压与其电力电压非常接近，这有利于通过气体（此外这些气体同所有金属蒸汽一样，具有单原子分子，能够在电子碰撞过程中不分散能量。以此激发电离以及分子中的原子辐射）达到放电目的。至于相应电极，有可能使用附有碱性氧化物层的钨来覆盖负极，例如 BaO、SrO、CaO，具有低出口电势，有利于电离现象。另外也可以使用辅助电极，也就是所谓的电极加热。

为了使放电现象不被耗尽，气体有必要保持电离状态，正离子移向负极，电极移向正极。通过这种方法电流逐步增强，但是必须通过使用一些限流器稳定电流，称之为电抗器，使用电感镇流电阻可以限制功率消耗。

日光灯

日光灯放电管中（除特定用途之外不可以使用）所使用的一些气体和蒸汽（主要是汞蒸汽），会发射出紫外线辐射，利用这些辐射可以出现荧光现象。某些物质具有的属性与吸收小波长电磁辐射和释放高波长能量有关。该现象可以使发射到可见光外部的能量得以恢复，也可以矫正发光颜色，具有极高的显色性。这基于某些物质的固有属性，当辐射投入时所产生的所谓兴奋荧光粉，依次发射低于激励能量的辐射能量，因此具有更长的波长。发射在很短的时间内（$10^{-8}S$）从励磁辐射中停止。这些物质有磷酸盐、铝酸盐、钨酸盐和硅酸盐，其中硅酸盐具有钙、镁、锌，以及铜或锑的重金属，因此会涉及玻璃覆盖内表（图 4-65）。此外，荧光盐中常常会有称之为激活剂的特定物质的痕迹被分散。

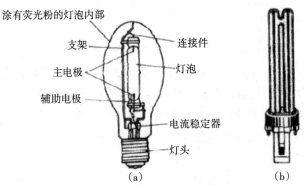

涂有荧光粉的灯泡内部

支架

主电极

辅助电极

连接件

灯泡

电流稳定器

灯头

(a)

(b)

图 4-65　汞蒸汽日光灯和小型灯泡日光灯

与荧光一致的相似现象是进一步的发光或磷光，时间较荧光延长。发出的光色随荧光体的性质和活化剂的性质而变化，从白炽（≈3.000K）开始，接近白炽灯发出的光色，直到日常照明的白蓝光（色温≈6.500K）。相反管形荧光灯通常充满氩气及少量汞，有利于触发放电。这类电灯的共同点是具有低亮度的发射表面（4000~7000cd/m²）：使用这类资源可以没有任何直接屏蔽的光源，以防眩光，同样反过来也适用于其他电灯。

考虑这些灯泡回收光能的能力，其发光效率普遍很高（85~95lm/W）。平均寿命大约为 10000 小时，而最终发光量占初始发光量的 85%。其显色性指数在 85 到 95 之间。

此外，在过去的几年，小型日光灯与白炽灯具有相同的市场，它们基本上可以提供相同的光色质量（Ra=85），但能带来相当数量的能源节约（图 4-66）。

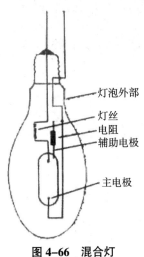

灯泡外部

灯丝

电阻

辅助电极

主电极

图 4-66　混合灯

它们的成本与白炽灯相比仍然很高，但可以被更高的效率（50~95lm/W）以及更长的平均寿命（6000 小时）所抵消。

混合灯

这类电灯是汞蒸汽灯泡型日光灯，其灯泡里加入钨丝，并且与放电管串联（图 4-66）。灯丝通过具有富含大型波长辐射的连续光谱发光，在生产发光流和提高显色性方面做出有益贡献。事实上这些电灯的另一个优势是不需要电抗器，其发光效率介于白炽灯和日光灯之间（20~30lm/W），色温大约为 3000K 到 4000K，显色性指数在 40 到 75 之间，平均寿命为 5000 到 7500 小时。

电磁感应灯

这些灯是新一代电灯，其功能基于日光灯，但却剔除了电极，因为电极的寿命是一个弱点。所需功率由高频电子生成器（2.65MHz）提供，生成器一旦与配有同轴电缆的天线连接就会产生一个交变磁场，从而引发一个二级电场（图 4-67）。因此所产生的感应电流会在灯泡内部汞蒸汽和稀有气体的混合物中循环流动，从而触发如前所述的电离阶段。

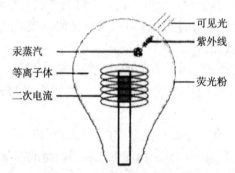

图 4-67　电磁感应灯的操作示意图

其效率为 65lm/W，色温在 3000K~4000K 之间，显色性指数高于 80，估计的平均寿命为 60000 小时。

4.3　能源转换厂

转换厂旨在产生能源载体。通常，转换厂中发生不同的能源转化和转换过程，可将所使用的资源转换成所需的能源形式。例如在蒸汽的形成过程中也会有化学能到热能的转换（形成的部分燃料产生氢气，经过燃烧产生引发反应所需要的热量），产生的热量随之又转换成化学能。整体来讲，蒸汽重整装置进行了化学能的转换，从具有不同特征的不同燃料中形成具有给定特征的燃料。

表 4-8 显示了本段所描述的对转换装置的处理。

表 4-8　能源转换过程

转换方式	设　备	转换过程
化学	重整炉	燃料化学能转换热能
		热能转换燃料生产的化学能
	部分氧化法	燃料化学能转换热能
		热能转换燃料生产的化学能
	气化作用	燃料化学能转换热能
		热能转换燃料生产的化学能
	高温分解	燃料化学能转换热能
		热能转换燃料生产的化学能
	发酵煮解	直接转换
	光生	直接转换
加热	吸收式热泵	直接转换

4.3.1　化学能转换厂

4.3.1.1　蒸汽重整

该过程从 20 世纪 60 年代开始就列于工业制氢的第一位（目前为止，成本效益最高，最普遍，最高效），这一过程基于碳氢化合物和水蒸气的反应 $CH_4 + H_2O \rightarrow CO + 3H_2$。这是一个吸热反应的平衡方程式，在低温下向方程式左边移动。因此该反应发生在高温（接近 800℃[35]）、存在催化剂（存在镍盐的氧化铝）以及压力接近 30 帕的情况下。

产生 $CO + 3H_2$ 的混合物，其中也包含较低百分比的 CO_2[36]，我们将其叫做水煤气，之后它会从这个平衡式中减去，富含适量水蒸气并在温度接近 400℃左右（转换反应）通过催化剂（含有铁和钴）。通过这种方法会产生水煤气转换反应 $CO + H_2O \rightarrow CO_2 + H_2$。

简述该过程，整体效率大约为 75%，将有如下：

第一阶段：$CH_4 + H_2O \rightarrow CO + 3H_2$

第二阶段：$CO + H_2O \rightarrow CO_2 + H_2$

总反应：$CH_4 + 2H_2O \rightarrow CO_2 + 4H_2$

在理想状态下，可以从总反应中看出，1 摩尔 CO_2 对应产生 4 摩尔氢气。考虑摩尔重量的话，就是 $5.5gCO_2$ 对应产生 1g 氢气。至于所产生的甲烷，每排放 1

摩尔 CO_2 对应消耗 1 摩尔 CH_4，也就是说 2.75g CO_2 消耗 1g CH_4。正如上述所提到的，事实上一部分甲烷燃烧产生的热量就可以满足反应需要。甲烷的燃烧反应是 $CH_4 + 2O_2 \rightarrow CO_2 + 2H_2O$，从中可以推断出排放 2.75g CO_2 燃烧 1g 甲烷。因此在重整过程（燃烧产热或者重整产氢）中消耗每克甲烷就会排放 2.75g CO_2。

实际消耗可以根据过程效率来表达。m_{H_2} 为产氢量，LHV_{H_2} 是氢的低热值，m_{CH_4} 甲烷消耗量，LHV_{CH_4} 是甲烷低热值，根据其定义，重整过程效率 η_R 表示为：

$$\eta_R = \frac{m_{H_2} \cdot LHV_{H_2}}{m_{CH_4} \cdot LHV_{CH_4}} \tag{4-128}$$

因此甲烷消耗量为：

$$m_{CH_4} = \frac{m_{H_2} \cdot LHV_{H_2}}{\eta_R \cdot LHV_{CH_4}} \tag{4-129}$$

EM_{sCO_2} 表示消耗每克 CH_4、CO_2 的排放量，EM_{CO_2} 排放量为：

$$EM_{CO_2} = m_{H_2} \frac{LHV_{H_2}}{\eta_R \cdot LHV_{CH_4}} \cdot EM_{sCO_2} \tag{4-130}$$

假定重整装置方案的效率占 75%，那么从公式（4-130）可得到：

$$EM_{CO_2} = m_{H_2} \cdot 9.13 \tag{4-131}$$

因此每产生 1g 氢气将会有 9.13g 的 CO_2 排放量。

图 4-68 示意性地显示了重整装置。这些通常是产氢量大约为每年 800MNm³ 的大型装置。

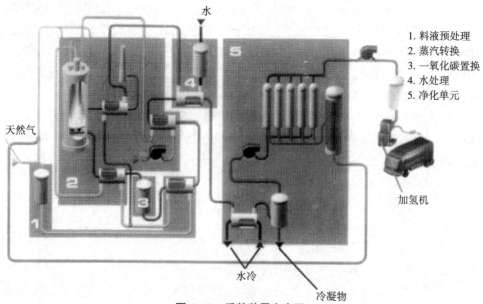

1. 料液预处理
2. 蒸汽转换
3. 一氧化碳置换
4. 水处理
5. 净化单元

图 4-68 重整装置方案图

4.3.1.2　部分碳氢氧化物的非催化氧化

部分氧化是碳氢氧化物和氧气的反应。氧化反应的温度取决于碳氢氧化物和现存催化剂：催化剂作用下的轻质碳氢氧化物反应温度接近 600℃，而重质碳氢化合物（如石脑油）在存在催化剂的情况下，反应所需温度大约为 1400℃。

部分氧化反应过程总体效率达到 50%，比重整过程的效率低，并且成本显著提高。此外，部分氧化反应需要纯净氧气，部分氧化放热反应的一般碳氢氧化物 C_nH_m 如下：

$$C_n H_m + \frac{n}{2}O_2 \rightarrow nCO + \frac{m}{2}H_2$$

碳氢氧化物部分氧化反应的产物是混合了 CO 和 H_2 的合成气体（类似于重整过程第一阶段反应所获得的气体），其中 H_2 含量随氧化碳氢氧化物中 H/C 比率的增加而增加。

4.3.1.3　气化

气化通常包括（固体）物质氧化，其最终目的是生产气态燃料。氧化剂可以是空气、氧气、水蒸气，或者是它们的混合物。

气化过程先后发生的三个阶段：

● 在接近 100℃ 的温度下干燥；

● 在温度介于 200℃ 到 700℃ 之间热解；

● 在温度大约为 900℃ 下进行氧化还原。

根据原料物质、氧化剂、所使用的气化技术、氢气、一氧化碳、二氧化碳、蒸汽，以及超越蒸汽态、油态或灰烬状态的甲烷，反应过程处于变化的百分比之中。$CH_\alpha O_\beta$ 物质的普通气化反应方程如下：

$$CH_\alpha O_\beta + wH_2O + yO_2 + zN_2 \Leftrightarrow x_1C + x_2H_2 + x_3CO + x_4H_2O + x_5CO_2$$
$$+ x_6CH_4 + x_7N_2 + x_8O_2 + \cdots$$

煤气化

煤气化过程中，碳与水蒸气反应 $C + H_2O \rightarrow CO + H_2$。该反应为吸热平衡反应，在温度较低时，反应向左边发生。因此该反应必须在高温（800~1000℃）下进行，高温反应通过部分碳与燃烧室进气口的空气、氧气或热量进行燃烧而保持。上述反应代表了该过程的第一阶段。随后产生 CO 和 H_2 的混合物（该合成气体称之为水煤气），其中同样包含少量 CO_2，从平衡方程中减去该混合物，富含适量水蒸气并在温度接近 400℃ 时使用催化剂（铁和钴），与重整过程类似，以这种方式发生的反应称之为水气转换反应：$CO + H_2O \rightarrow CO_2 + H_2$。

简述该过程，整体效率大约为 50%，如下：

第一阶段：$C + H_2O \rightarrow CO + H_2$

第二阶段：$CO + H_2O \rightarrow CO_2 + H_2$

总反应：$C + 2H_2O \rightarrow CO_2 + 2H_2$

进一步过程与重整过程相似，从煤气化反应中可以计算出产氢过程中的 CO_2 排放量：假定重整装置的效率是 50%，那么每产生 1g 氢气可以获得大约 $30gCO_2$。

生物质气化

生物质气化最先进的系统之一，以两个流化床为代表，这种流化床在不用氮进行稀释的情况下独立发生燃烧与气化来产生气体。这种情况下不需要氧发生器，并且高温下的热量运输材料也不存在任何问题。这种装置可以完成生物质碳的高度转换，同样也可以用于非干燥状态。

气化过程中的输出合成气必须在用于内燃机、涡轮机或高温燃料电池之前进行处理。我们大致会使用两种主要的气体调节方法：制冷和加热。

制冷方法包括通过多孔膜（袋滤器）、沙粒（砂滤）或者喷射水柱（洗涤）来机械地去除颗粒物质；尽管这在实现过程中很复杂，但其概念简单，并且不需进行深入分析。

加热方法的清洗阶段常以旋流器为代表，旋流器消除了全部焦炭，[37] 部分 TAR（顶级常压渣油）[38] 以及部分颗粒物质。随后阶段去除了旋流器没有去除掉的 TAR 成分以及颗粒物质（陶瓷过滤器）。由于这些方法获取的是产生气体的热化学成分，不需要进行冷却，也不会产生污水，所以是优选方法。

这些装置的效率是所产合成气体能量含量与所用生物质能量含量的比率，平均为 70%。

4.3.1.4 热分解（干馏）

热解是基于热量管理的有机物质，在温度为 400~800℃之间，完全不存在氧化剂，或者氧气量减少的情况下，发生的一种热化学分解过程。该过程在实际情况中，有机大分子会闯入低分子量的链条。热解产物是气态、液态和固态，其比例取决于热解方法（快速、慢速或常规）和反应参数：

● 传统热解的发生温度低于 600℃，具有中等反应时间，可以获得相同比例的三种成分（固态、液态和气态）；

● 快速热解的转换反应发生迅速，其发生温度在 500℃到 650℃之间，反应接触时间短以便减少形成新的中间化合物，因此有利于生成液体馏分，占所提供有机物质重量的 70%~80%；

● 急速热解发生在温度超过 700℃，接触时间不足 1s 的情况下，这种方式有利于液体馏分的产生（占所提供重量的 80%），但其组合成分减少得更多。

4.3.1.5　发酵

发酵是一种厌氧过程，与已知的厌氧分解过程类似，根据以下反应，其中生物质的葡萄糖通过细菌分解成氢气、二氧化碳和酸性物质：

$$C_6H_{12}O_6 + 2H_2O \Rightarrow 2CH_2COOH + 2CO_2 + 4H_2$$

在理论效率上，每摩尔葡萄糖可以产生 4 摩尔氢气（每 hk 当量的葡萄糖产生 $0.5Nm^3$ 的氢气）。作为发酵最终产品的乙酸可以进一步发酵或者供给光合作用过程使用，增加了最大理论效率，使得每摩尔葡萄糖产生 12 摩尔氢气。发酵所需的细菌可以在纯净物或者混合物中培养。Caldicellulosirupter saccharolyticus 和 thermotoga elfii 的纯净物可以在 65℃的温度下产生氢气。梭状杆菌混合培养物用于非无菌环境的连续反应器中，其中包含维生素的碳水化合物基板的温度大约为 30℃。

该研究面向取得可以在非无菌环境下获得高产氢效率的混合培养物，同时可以占据所产氢气的消耗。

4.3.1.6　光生

可以使用一些包括绿藻在内的光合生物来获得光合产氢。这可以由调节藻类通过光照循环到黑暗循环的转变而完成。藻类通过将水分解成 H_2 和 O_2 而引起生物光解。在某些条件下，包含绿藻作为催化剂的氢化酶引起原子还原，形成氢气，经过厌氧无光照条件下的数小时潜伏期后合成氢化酶。氢化酶含有铁并且对氧气敏感，所以经过一小段时间的光照后会形成 H_2 和 O_2，产氢量会减少。绿藻作为莱茵衣藻，蓝藻作为蓝细菌，光合细菌作为红假单细菌，这些都已经被广泛证实。通常通过使用以 NH_3 形式参与的固氮酶，蓝藻和细菌可以产生氢气。固氮酶的效率比氢化酶的效率低（由较高能源需求与较慢周转所导致）。反应器的设计必须满足所产氢气的收集，并且可以穿透光、水和培养液。

4.3.2　热能转换装置

4.3.2.1　吸收式热泵

工作原理

吸收式热泵的工作原理基于某些物质吸收大量其他蒸汽，从而形成一种混合物或热化学键的能力。

吸收机的工作原理基于液体混合物与其自身蒸汽处于平衡状态的行为。

分析决定这些机器工作原理的现象时需要考虑两方面：A（吸收体）和 E（蒸发器），前者包含 α 和 β 的混合物（液体同其蒸汽的平衡状态），后者只有 α（这种情况下也是液体同其蒸汽的平衡状态）。这两个容器通过一个初始闭合的水龙头连接，如图 4-69 所示。在这些条件下，可以通过乌尔定律，根据两种方案蒸汽阶段各自的浓度（X_α 和 X_β）和分压（P_α 和 P_β）[39] 来表示压力 A（P_A）和压力 E（P_E）。容器 A 有两种解决方案 α 和 β，因此：

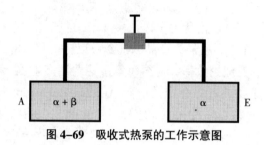

图 4-69　吸收式热泵的工作示意图

$$P_A = X_\alpha P_\alpha + X_\beta P_\beta \tag{4-132}$$

容器 E 中有纯净的 α，因此：

$$P_E = P_\alpha \tag{4-133}$$

如果物质 α 比物质 β 更不稳定，即 $P_\alpha \gg P_\beta$［公式（4-132）］，可以得到如下：

$$P_A = X_\alpha P_\alpha \tag{4-134}$$

克拉伯隆定律通过以下比率将温度和压力连接到一个两相系统中：

$$\frac{dP}{dT} = \frac{\Delta H}{T \Delta V} \tag{4-135}$$

其中 $\Delta V = V_v - V_1$ 是蒸汽（V_v）到液体（V_1）的体积变化，ΔH 是蒸发潜热量。

与蒸汽体积相比，暂且不论液体的体积（$\Delta V \approx V_v$），将蒸汽作为理想气体，并且将 ΔH 作为常数，可得：

$$\frac{dP}{dT} = \frac{\Delta H}{RT^2} P \Rightarrow \frac{dP}{P} = \frac{\Delta H}{R} \frac{dT}{T^2} \tag{4-136}$$

结合公式（4-136），K 表示积分常数，得到：

$$\ln P = -\frac{\Delta H}{R} \frac{1}{T} + K \tag{4-137}$$

因此根据所处温度，物质 α 在蒸汽阶段的压力为：

$$P_\alpha = e^{-\frac{\Delta H_1}{RT} + K} \tag{4-138}$$

从公式（4-133）式可得：

$$P_E = e^{-\frac{\Delta H_\alpha}{R} \frac{1}{T_E}} + K_1 \tag{4-139}$$

从公式（4-134）可得到：

$$P_A = X_\alpha \cdot e^{-\frac{\Delta H_\alpha}{R} \frac{1}{T_A}} + K_1 \tag{4-140}$$

将两个容器连通后，明显可以发现压力 A 和压力 E 相同；从公式（4-139）和公式（4-140）两式可得如下：

$$e^{-\frac{\Delta H_\alpha}{R}\frac{1}{T_E}} = X_\alpha \cdot e^{-\frac{\Delta H_\alpha}{R}\frac{1}{T_A}} \tag{4-141}$$

两边同时取对数：

$$-\frac{\Delta H_\alpha}{R}\frac{1}{T_E} = \ln X_\alpha - \frac{\Delta H_\alpha}{R}\frac{1}{T_A} \tag{4-142}$$

从公式（4-142）中得到：

$$\frac{1}{T_A} = \frac{R}{\Delta H_\alpha}\ln X_\alpha + \frac{1}{T_E} \tag{4-143}$$

由于 $\Delta H_\alpha > 0$ 并且 $0 < X_\alpha < 1$，因此 $\ln X_\alpha < 0$，可以得到：

$$\frac{1}{T_A} > \frac{1}{T_E} \Rightarrow T_A < T_E \tag{4-144}$$

相同压力条件下的浓度（E 点有纯净的 α，而在 A 点是 α 与 β 的混合溶液）存在差异，因此温度 A 低于温度 E。从公式（4-144）可以明显看出 A 点与 E 点的温差（R 是常数）随 X_α（也就是说 α 的浓度必须很低）和 ΔH_α 的减少（这意味着 α 的蒸发潜热要尽可能低[40]）而增加。

吸热式热泵简介

关于图 4-70，供热 E（Q_E）产生的蒸汽 α 移动到 A 中。去除 A 中蒸汽之前形成的热量（Q_A），会回到液体状态，A 中包含的溶液可以吸收 α 和 β 之间的吸引力。因此这个系统可以用于热泵的操作，吸收热量（Q_E）达到某一温度然后以较低温度释放热量（Q_A）。然而在上述过程中，E 中浓度的变化以及 E 中 α 的消耗达到某一点时，该过程会自动停止。为了使这个系统可循环，需要使这两个容器回到它们的初始条件。为达到这一目的需要使用其他两个交换器（图 4-71）：一个蒸汽发生器，可以在温度 T_G 时吸收热量 Q_G；一个冷凝器，在温度 T_C 时释放热量 Q_C。

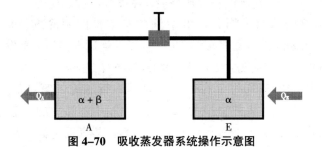

图 **4-70** 吸收蒸发器系统操作示意图

如图 4-71，吸收式热泵的组件总结如下：

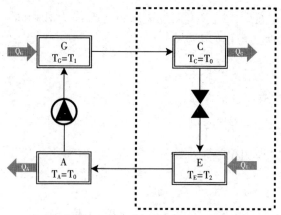

图 4-71　吸收式热泵的操作示意图

● 蒸汽发生器（G）：流体在温度 T_G 时吸收热量 Q_G。这会引起其中混合物的蒸发及随后的稀释；[41]

● 冷凝器（C）：通过在高压下冷凝流体，流体在温度 T_C 时释放热量 Q_C；

● 蒸发器（E）：由于蒸发器与冷凝器之间存在压力差（通过阀值）（$P_E <$ P_C），通过在温度 T_E 时吸收热量 Q_E，制冷剂会蒸发；

● 吸收器（A）：制冷剂被溶液再吸收，完成整个循环过程，吸收导致制冷剂冷凝，因此需要减去热量 Q_A（在温度 T_A 时）。

如上所述，吸收式热泵的循环基于二元混合流体的使用，例如水和溴化锂溶液（$H_2O-BrLi$），或者氨水溶液（NH_3-H_2O）。第一种混合溶液作为制冷剂液体；第二种溶剂中的制冷剂，依据装置浓度点，溶解浓度较高。

为了保持冷凝器与蒸发器之间必要的压力差 [42]（蒸汽吸收器和发生器之间也一样），有必要在冷凝器与蒸发器之间插入一个层压值，同时在蒸汽吸收器与发生器之间插入一个泵。[43]

图 4-72 显示了吸收式热泵操作循环的一个更详细的示意图。循环使用水和溴化锂的溶液，代表了循环的一个典型值（浓度、温度和压力）。

吸收器出口处（第一部分）的溶液含有丰富的制冷剂（$X_\alpha = 59\%$，$X_\beta = 51\%$），其压力为 800 帕，温度为 41.5℃。除了发生负载损耗，蒸发器中的压力与吸收器中压力相同，水蒸发时的压力大约为 $5 \div 6$℃。

吸收器利用的溶液通过泵在恒温下对其进行压缩，第二部分的压力接近 8000 帕，溶液从此处进入热交换器（与从蒸汽发生器流出的溶液进行热交换），在恒定压力及恒定浓度下加热至温度接近 77℃。蒸汽发生器（热量 Q_G 被吸收）有两个阶段：第一阶段是在恒定压力和恒定浓度下进行加热（加热到接近 85℃）；第二阶段是溶液与蒸汽相平衡，其温度随制冷剂从溶液中分离（通过蒸发）而增

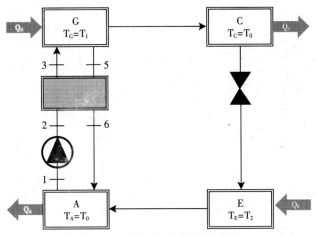

图 4-72　吸收式热泵装置示意图

加。压力在第二阶段始终保持恒定，在该阶段最后会获得蒸汽状态的纯净制冷剂，以及温度接近 94℃的富含液体溶液的溶剂（$X_\alpha = 36\%$，$X_\beta = 64\%$）。热交换器将从吸收器中引入的溶液加热，再把溶液从热交换器送回到吸收器本身，给吸收器提供一个富含溶剂的溶液，能够吸收制冷剂。制冷剂被送到冷凝器，在冷凝器中，通过高温（94℃）释放热量 Q_C 压缩冷凝剂。制冷剂从这里穿过层压值，降低其压力（从 8000 帕到 800 帕），并且被注入到蒸发器中，通过在温度接近 5℃下吸收热量 Q 使其蒸发。在这一点通过闭合循环，制冷剂从蒸发器中取出并引入到吸收器中。

　　吸收装置需要采取更复杂的配置：实际上为提高循环效率会使用两级集中器（图 4-73）。这种情况下蒸汽发生器被分成两个部分，一个处于高温，另一个处

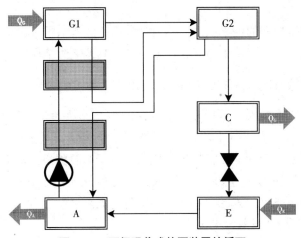

图 4-73　两级吸收式热泵装置的循环

于低温。

吸收式热泵的性能

吸收式热泵的性能通常以性能系数（COP）代码来表示；这里用有用热量流（热功率）（Q_u）与引入到蒸汽发生器的热功率 Q_G 之间的比率表示：

$$COP = \frac{Q_u}{Q_G} \qquad (4-145)$$

有关图 4-72，加热操作如下：

$$COP = \frac{Q_A}{Q_G} \qquad (4-146)$$

而冷却阶段如下：

$$COP = \frac{Q_E}{Q_G} \qquad (4-147)$$

加热操作中的 COP 值大约为 1.5，而在冷却阶段 COP 值显著降低。对于简单机器而言，其 COP 值通常较低；其 COP 值在 0.6~0.75 之间变动，与氨气溶液机器相比，溴化锂溶液机器的 COP 值更高。双重功效机器，其 COP 值可以超过单功效机器，一般在 1.1~1.3 之间。此外，如果机器在部分负载的情况下工作，其效能也会变化。从这方面可以观察到，与压缩机相比，吸收机表现出较低消耗，特别是部分负载下的冷却 COP 值超过了与其对应的满负载下的 COP 值。这是由于在吸收机中缺乏运动部件的辅助设备，这些辅助设备的性能常常会随部分负载减少，当系统操作效率范围低于设计效率范围时，辅助设备的性能也会随系统交换器的交换效率增加而减少。

注释

[1] 对于转换过程的效率引入了热力学限制，即所谓的卡诺效率。

[2] 这些发电厂可以使用热能、核能，或者其他能源来供电。

[3] 根据质量流速 Q，而非功率 N，可以表示为：$N_{sq} = \frac{n\sqrt{Q}}{H_m^{3/4}}$。

[4] 用 n 表达转次/分，Q 以立方米表达，H_m 以米来表示，得到所示的值。

[5] 一般来说，操作（或者脉冲）涡轮机在叶轮进口与出口之间的操作阶段不存在压力差，然而反应涡轮机的出口压力要低于叶轮的进口压力。

[6] 对于小型液压头（如 10 米）来说，尽管压头的变化限制在绝对值内，但从百分比的角度来看带来的变化与压头本身有关。

[7] 50 赫兹或 60 赫兹（见第 3.5 节）。

[8] 其他材料（如有机材料）正被研究。

[9] 装置将入口处的直流电转换为交流电。

[10] 事实上，BOS 效率的定义常常包括损失其他因素与系统其他部分无关，但仍然与模块有关，特别是与其特定的操作条件有关。这些是温度效应造成的损失，模块框架发射的损失等。在孤立系统的情况下，电池的充电与放电过程带来额外的损失，这些估计为能量的 10%。

[11] 罗马的入射太阳能的倾斜角为 30°，方位角为 0，没有阴影。

[12] 提供 1kW/m² 的入射辐射的标准条件。

[13] 考虑空气，理想气体 H = c_p·T，c_p 恒定不变，H 和 T 仅仅因为规模不同而变化，因此循环具有 H–S 和 T–S 的相同过程。

[14] 在理想效率中，考虑可逆等熵压缩和膨胀变化。

[15] 压缩比通常的值 β=12，燃烧室中空气的压力接近 12 Pa。在那种情况下采用高压缩比值，β=30，显然自然气体需要更高的压力，接近 35 Pa。

[16] 从公式（4-21）可知，减少燃料流速，T_3 下降。

[17] 比如要使电力供给减半，有必要将涡轮机的能量供给减少到正常水平的 83%。

[18] 精确值（美国国家标准与技术研究所，2008）F = 96，485.3399C/mol。

[19] G = H – TS。

[20] H = U + pv。

[21] 标准条件（T=25°C，p=1Pa）下水形成的反应 ΔG 达到 228888 J/mol，参与反应的摩尔数（n）为 2，每个氢离子运送的电子数量是 1。

[22] 水形成反应的 ΔH 在标准条件下达到 242000 J/mol。

[23] 电流产生的通路不可逆；因此在不可逆的情况下，可以将 V 作为驱动因素。

[24] $\Delta V = E - E \cdot \varepsilon = \dfrac{\Delta G}{n \cdot F}(1 - \varepsilon)$。

[25] 目前这种类型的电池中铂的含量相当于大约 0.6mg/cm²。电池的电能是单位阳极表面大约是 0.4W/cm²，因此铂的含量相当于 1.5 g/kW。铂的成本大约是 40€/g，这意味着铂电极的成本相当于大约 60€/kW。

[26] 磷酸的凝固点是 42±5℃。

[27] 要求的 CO_2 数量是远远高于通常空气中的含量：CO_2 与 O_2 的摩尔比为 2:1。空气中包含有近 20%（每摩尔）氧气和占 0.039% 的 CO_2。因此，平均来说，在空气中 CO_2/O_2 比例达 0.00195。也就是说超过 1000 低于这一要求。

[28] 实际循环效率（不同于理想循环效率）取决于其发动机的转数和不大于标定的最大转速的 2/3 的转数。

　　[29] 出于这个原因，热泵是更适合温和的气候。

　　[30] 在绝对零度时，绝对零度的费米能级或费米能量是被"自由"电子的导电带所占据的最高能级。它是典型的很少考虑和依赖与温度的材料。根据统计分布函数提供的费米狄拉克理论，在较高的温度下，一些自由电子可以存在于更高的水平。

　　[31] 这个地方没有引入重大失误。

　　[32] 激发是指电子由于其他电子电场的加速，从稳态轨道发生的迁移。

　　[33] 由于这样的事实，即这些来源发出光的光谱是不连续的。

　　[34] 见 1.2 节。

　　[35] 所需要的热是由给定的甲烷燃烧所产生。

　　[36] 高温高压下，反应很难发生。

　　[37] 含碳固体产品主要由碳，以及像是呋喃衍生物和酚类化合物这类的高分子残留物组成。

　　[38] "液体油"部分包含水和低分子量化合物例如在温度低于 20~100℃的醛、酸、酮、醇、重碳氢化合物凝聚。

　　[39] 存在液相和气相两相，蒸汽压 (P_a 和 P_b) 只依赖于容器中的温度 (T_a 与 T_e)。

　　[40] 这一线性假设中 α 比 β 更有挥发性。

　　[41] α 比 β 更有挥发性，所以相对于液相，β 的气相会多于 α。

　　[42] 通常冷凝器的压力几乎是高于蒸发器的 10 倍。

　　[43] 这种类型的泵，由于有这样一个压缩过程：相比较于气体通过压缩机压缩，而吸收的液体通过另一个泵压缩的压缩热泵，压缩工作要小得多。

参考资料

1. Caputo C. （1979）Le turbomacchine vol III. Editoriale ESA. ISBN：88.405.3216.1. Also：Logan E（1983）Turbomachinery：basic theory and applications, CRC press, ISBN 9780824791384, and Baskharome EA（2006）Principles oh turbomachinery in air breathing engines, Cambridge University Press, ISBN 9780521858106.

2. Pello' P. M. （1990）Impianti di accumulo mediante pompaggio per la generazione elettrica：ilcaso italiano in L'energia elettrica no_9 p.369.

3. Maccari A., Vignolini M. （2001）Progetto di massima di un impianto pilota per la produzione di 2000 m³/giorno di idrogeno solare basato sul processo ut-3.

4. Nucara A., Pietrafesa M.（2001）Elementi di illuminotecnica, Universita'
degli Studi " Mediterranea" di Reggio Calabria; Facolta' di Ingegneria;
Dipartimento di Informatica Matematica Elettronica e Trasporti. Also: Dilouie C,
Advanced lighting controls: energy saving, productivity technology and applications,
The Fairmont Press, ISBN 0-88173-510-8.

第❺章　分布式发电和热电联产

5.1　分布式发电

不同于工业技术，分布式发电是能源生产的一个典范，它在大规模发电厂中能够实现集中生产和局部生产的相互补充和转化。这种分布式电源位于用户附近并且是功率数为几千瓦到几兆瓦的小型发电机组。至今，虽然在全球范围内分布式电源的推广有所增加，但仍有很大的空间。另外，也存在着一系列明晰的技术经济评估，表明目前最先进水平并指明了未来十年的发展方向。

分布式发电的概念是在 20 世纪 90 年代后期开始提倡的，它考虑了技术、战略、优势和问题等因素。本章将重提这些因素并与对未来问题的思考加以整合。

5.1.1　能源转化的一般特点

简单而言，能源转化可以根据以下特点进行分类：
● 原料；
● 环境影响；
● 规模和灵活性。

显然，原料决定了工业技术以及相应的能源转化生产程序。对于不可再生资源（如化石能源和核能），发电厂使用的不是初始原料，而是将初始原料进行适当转化而获得的原料（即二次原料）。对于可再生资源，发电厂通常直接使用初始原料，但生物质能除外，因为生物质能需要通过非常有效的工业技术才能转变成可使用的原料。不同的生物质能需要进行不同的生产过程：适用锅炉和气化炉的生物质能（即可燃烧的生物质能），其生产程序相对简单，仅根据工厂设备准备相应规格的生物质能。然而适用生化程序（发酵、消化和酯化）的生物质能则需要真正的转化过程——在传统的锅炉里从生物质能中提炼出气化的燃料（沼气）。

通常，发电厂会影响环境，如消耗资源、制造垃圾、占用土地等。根据其影响范围可以分为全球影响和局部影响。

当谈及发电厂所使用的不同工业技术的规模时，我们需考虑一些相关因素。理论上，无论使用何种工业技术，发电厂可以是任何规模。但实际却并非如此，对于一些特定的工业技术，发电厂的特性与它的规模紧密相关。例如热电厂，众所周知它的发电率很高（接近40%），且成本低。然而只有大规模发电厂（发电量超过1000兆瓦）才具备这些特点，相同类型的小型发电厂（如发电量在几十千瓦）则不能达到这么高的发电率，并且成本会明显增加。因此，蒸汽发电适用于大型发电厂。相反，使用其他工业技术（如光伏），由于缺乏规模效应，并且大规模应用会面临很多问题，因此反而会限制建立大型发电厂。所以，光伏发电厂通常是小型发电厂。

灵活性是目前界定发电厂操作特点的主要特性，即调整发电量的能力。目前主要有以下三种主要特性：

● 使用偶然资源（太阳和风）发电的发电厂，这样类型的发电厂无法调节供给量（无积累能量的系统生产）；

● 发电厂尽管在技术上具有可调节性，但是会面临产能恶化，正如大型热电发电厂，为了保持优良的效率，必须保证在正常条件下持续工作，避免中断；

● 允许大范围调节的发电厂，其供给量由发电厂的负载决定，可以使效率保持稳定，例如涡轮发电厂和燃料电池。

5.1.2 规模经济

电力生产的集中化建立在统一的传统规模经济评估基础上，源自每小时发电量为一千瓦的大型发电厂落后的管理和投资水平。电厂的集约化设立所带来的便利在于降低了整个生产流程中在电网上对电能的输送，处理以及分配所额外增加的成本，而这些成本即为能量损失。新兴的发电厂也存在一些潜在的难题，不仅是巨大的费用，而且可能在对比新的运输能力和设备后遭到地方公众的反对。

另外，小型分布式发电厂无须满足中高端电压网络的需要，而是使用与本地接入的低端电压。在部分设备丢失和更换现有网络时，小型发电厂更受到喜爱。

5.1.3　能源燃料和分布式生产技术

分布式电源（包括一些独有的）具备以下特点，包括：

● 模块化的电源装置是独立电源，能减少规模经济和建设成本，可用以满足用户的特定要求；

● 减少管理和维护的需求，因为分布式电源建在用户附近，所以不需要发电厂经常性的专业维护；

● 减少用户端的输出装置，包括受到严格输出限制的城市。

作为一种独立装置，在分布式电源中的大型发电机可以使用任何燃料，相对使用传统化石燃料的系统装置拥有更广的燃料使用范围。实际上，规模小意味着能源燃料选择的灵活性，依赖于本地可用性、地理特征，以及用户的技术和经济条件。在这个框架中，联合国可持续发展峰会的规定与分布式电源的操作特点在所有应用水平上均可兼容，其中可持续发展涉及不发达地区发电厂的能源需求，以及发展对人类影响的关注。

事实上，可用燃料的领域受到分布式电源推广缓慢和后续相关技术边缘化的限制。在化石资源中，天然气、石油和氢化物处于领先地位。在可再生资源中，热能和光能处于领先地位。从长期看，氢气是燃料电池主要的能源载体，从中短期看，氢气是热发动机和燃气轮机的燃料混合物（氢—甲烷混合气）成分之一。

可用的生产技术包括往复式发动机（包括柴油和汽油）、微型燃气轮机、燃料电池和光伏转化机。风力往往被看作是中央系统的一个变量，尽管只有很小规模。表 5-1 列出了不同生产技术的准定量分析数据。

表 5-1　分布式电能生产技术的特点

生产技术	柴油内燃机	燃气内燃机	燃气涡轮机	微型涡轮机	燃料电池	光伏
规模（kW）	20~10000	50~5000	>1000	30~200	50~1000	>1
效率（%）	36~43	28~42	21~40	25~30	35~54	未获得
CO_2 排放（kg/MWh）	650	500~620	580~680	720	430~90	0
NOx 排放（kg/MWh）	10	0.2~1.0	0.3~0.5	0.1	0.005~0.01	0

5.1.4　从集中式生产到分布式生产

正如上面所提到的，目前国家层面的能源系统组织方式主要依附能源载体的生产，这些能源载体主要集中在少数大型发电厂，这些发电厂距离用户很远，需要进行运输和分配才能到达用户。这种组织方式不仅涉及发电厂，还包括其他基础设施（分布式电网），他们共同组成整体能源系统。因此，从集中式电力生产到分布式电力生产的通道不仅涉及能源生产技术，还包括所有能源系统组成部分，如能量运转的基础设施、连接用户的技术载体（即分布式电源系统将提供给用户，其中包括用于加热和发电的氢气）。

目前分布式电网和能源网作为一个整体，本质上被用来定向运输电能（从发电中心到用户）。名义上是单向的、被动的并且只能从高伏电网获取电能，所以，在这种网络中，分布式电源只有在限制电压容量的情况下才能引入。相反，大量引入会面临服务质量的降级以及操作和保护上出现问题。

低碳生产技术具有很高的功效（因为低能源消耗），可使网络和用户之间产生较多互动。

智能电网的主要目标是：在电力供应过程中，使消费者主动调整用电量，并促进可再生资源和分布式电源的推广。

在欧洲，欧盟技术平台智能电网的建立是为了解决电网系统定向运输问题。目的是规划和促进未来欧洲电网的远景。

相对经过大型发电厂几十年的技术沉淀，以及区域水平上的集中控制和适度管理的传统电网，智能电网利用了数字时代的优势（表 5-2），因此它们必须是：

表 5-2　当今的电网和欧盟技术平台智能电网

当前电网
大型集中式发电
发电资源的地理分布
来自发电站某方向的能量流
电力调度和电网控制→集中式设备（从一个地方控制几个区域）
很少或没有消费者参与，并且没有终端对终端的交流
智能电网
它们满足双向功率流
它们允许：
● 分布式发电管理
● 可再生能源管理
● DSM（需求现场管理）优化
● 存储管理
本地能源管理的协调和分布式发电及具有大规模集中式发电的再生能源系统的全面整合

● 灵活的，对用电量的改变能做出及时调整，完全满足用户需求；

● 易获取的，可连接所有电网用户，高效且实现低碳或无碳释放；

● 可靠的，保证并改善电力提供者的电能安全和质量，符合当今数字时代的要求；

● 经济有效的，通过革新提供最优价值、能源有效管理以及公平的竞争和监管环境。

在这样的项目中，一个智能电网规划（图5-1）必须设想以下内容：

● 集中式电源与分布式电源共享系统操作；

● 对分布式电源的控制是可以会聚到微型电网或"虚拟"发电厂，以实现市场与物理系统的整合。

图5-1 未来网络版本

在智能电网的前景里，通常会想到能源系统、资源和能源载体，这就需要采用更广义的智能能源网络概念，使其尽可能是"可再生的"。

显然，对于分布式生产的通道，既不用将大型发电厂完全排除，也不支持在用户中安装小型发电装置，而是设想建立在能源生产与分配的中间，即把能源载体建立在城市或行政区。

图5-2表明基于分布式发电的能源系统的可能组织方式。

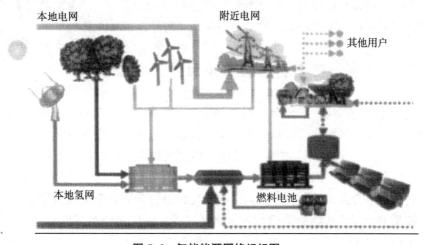

图5-2 智能能源网络组织图

在一个智能能源网络组织中，由于"智能"地运用各种能源载体（优先考虑零排放可用性），像电、热和氢，单个用户用电范围不再完全由电网满足，而是局部地由生产电能的集成电厂和电网直接提供给用户（即分布式电源的微型电网）。所以，单个用户从电网中获得的电能将部分来自国家电网（大型集中发电厂产生的电能），部分来自中型地方发电厂，还有一部分来自所在城市或区域的其他电力用户（图5-3）。表明在电力生产阶段无消费需求。因此，这种类型的系统将在本地建立一系列能源生产和存储的微型站。

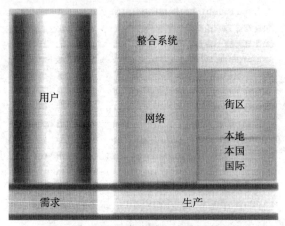

图5-3　总段用户能源消耗的可能分布

另外，从能量角度看，分布式电源的使用可以采用热电联产，这是非常高效的；而集中式电源却不可能，因为远距离运输热量从能量角度看是不可能的。

一个智能能源网络必须是灵活的、易获取的、可靠的、经济有效的，同时也要有保障；能源资源可再生；能源转化、分配和使用高效；降低对环境影响；增加能源接入通路；减少在地区社会经济环境条件中的能源系统。

5.1.5　第一类型和第二类型分布式电源

现在让我们了解一下分布式生产。首先，在集中式生产和分布式生产之间没有明显的区间：集中式生产与分布式生产涉及发电厂的规模和本地化（大型发电厂距用户较远，小型电厂距用户较近），但规模和距离用户远近不是区别集中式生产与分布式生产的因素。

其次，尽管在本质上，生产或多或少可以被区分开，范围从直接安装在一个用户那里并给用户供电的电源装置（例如光伏发电厂安装在用户的房顶上），到给一组用户的电源装置（一座或几座大楼或者几组用户），再到给整个居民区、工厂或商业活动供电的电源装置（行政区域、城市或商业网活动）。所有提到的这些情况，都涉及分布式生产，但电源装置的特性是完全不同的，并且分配的等级也不同。

提到"分配等级"就不得不考虑一些因素，正如已经提到的，从全球能源效率角度看，分布式电源的优势是消除了（或大大降低了）从现场生产载体运输到最终用户的能量损失。在这种连接中，对于就地可以使用原始资源和不需要能源运输的电厂，全球效率的增加源自能源运输损失的减少和分配等级的增加，即在用户附近生产电能。

对于其他发电厂，尽管"分配"到整个区域并且接近用户，但能源载体在运输中必有消耗（参考有关能源载体的章节），在整个能源运输中需认真评估上述的能源减少量且要逐个评估，因为载体运输的消耗随着分配等级的增加而增加。因此，就有必要识别分配等级的"最优价值"。

以上是从能源分析的角度进行的，分布式生产并不是总优于集中式生产。事实上，电能分布式生产涉及一个到用户的能量转化过程，这个过程可能始于一个从偏远地区生产的能源载体到最终的转化点，或者直接始于一个用户可以获得的初始能源。

所以，从概念上把这两种情况区分开是必要的，因为他们是完全不同的。因此有必要介绍分布式生产的特性。我们把可以就地获得初始原料进行生产的作业方式定义为分布式生产的第一类型。相反，我们把用户可获得能源载体做原料的生产作业方式定义为分布式生产的第二类型。

在第一类分布式生产情况中，全球效率随着分配程度增加，然而在第二类分布式生产情况中，最优分配的程度必须要评估。

从定义上讲，第一类分布式生产包括太阳能发电厂（光伏，低、中高温热气流）和风力发电厂。虽然这些发电厂的全球效率随着分布式的等级增加而增加，但是真正本地的发电厂还要考虑其他因素的影响，比如发电厂的特点和原料的可利用性。对于光伏发电厂和低温产热的太阳能聚集器，发电厂自身特点（模块化，楼宇综合解决的可能性）和获取资源的特点[1] 使它们适于安装在用户处。对于其他发电厂，原料的可获得性（风[2]）和发电厂自身特点[3] 迫使它们局限在本地。因此，第一类分布式生产需尽可能建立在用户附近，不必考虑能源载体的生产并与其他制约因素兼容。

基于第二类分布式生产的发电厂，最优的"分布等级"首先建立在载体的使用和建立上。

由于热传递自身的热损失，热电厂必须靠近用户。由于一些因素限制，产能或多或少是分布式的：[4] 所以有必要鉴定影响全球效率的因素。一般包括：

● 用以产热的分布式载体生产的能量损失；

● 热分布式生产的能量损失；

● 进行不同解决方案分析的转化厂的最终效率变量。

在第二类分布式生产的发电厂中，对于电力生产，由于运输[5]造成的低能量损失要求集中化生产，或者更普遍的方法是分布式电厂将载体的运输控制在最低水平。例如，如果采用天然气发电，运输能源载体的消耗要高于生产载体的消耗：事实上，如果我们研究一个能源转化率为 40% 的发电厂，需要 2.5 千瓦时的天然气才能生产 1 千瓦时的电能。在书中 3.4.3.1 和 3.4.4.1 部分我们提到，对于相同能源的输送，天然气运输所需的能源消耗是电能的将近 2 倍。[6] 这就意味着用以发电所需配送的天然气所需的能量消耗大于直接用天然气发电再配送所需能源的 5 倍。

现在了解一下从天然气提取氢的过程。一般来说，氢气的提取率很高，可达 75%，因此，生产 1 千瓦时的氢，需消耗 1.33 千瓦时的天然气。输送等量的电能，氢的能源消耗量大于天然气的 3 倍[7]。所以氢的分布式生产所消耗的能量是天然气分布式生产的 2 倍之多。故而，全球效率随着分布等级的增加而增加。

利用生物质能（当燃料）是一种特殊情况，由于生物质能能量密度低，其输送是相对消耗来讲。根据生物质能类型的不同，输送的特点也不同，一般来讲，限制能量损失可接受的范围在 10%~20%，那么输送距离不能超过 100 千米~150 千米。因此，从能源角度限制了能源原料的运输，但并不意味着需要进行集中式生产，而是需要在原料附近而不是用户附近进行分布。显而易见，在细节上，能达到最优的分布需要考虑发电厂能源载体的生产，因为整个输送过程所需的电、热以及合成燃料（固态、液态或气态）有很大的差别。

5.2　电能和热能联合生产：热电联产

热电联产是指电能和热能联合生产的一系列操作，双方都被认为具有有用的效应。这种解决方案包括重新利用发电厂释放到环境中的废热，相对电和热的单独生产，联合生产提升了整体效率。

图 5-4 显示了热电联产系统中能量平衡的一个范例。此图谈及的是一个涡轮增压式热电联产系统：热能和电能的生产比例分配主要决定于生产技术，尽管不同的生产技术所产生的效率并无太大的区别，因此，这个事例可以代表一般情况。如果消耗 100 千瓦时的原料，就能获得大概 85 千瓦时的有用能源（35 千瓦

时的电能和 50 千瓦时的热能）。

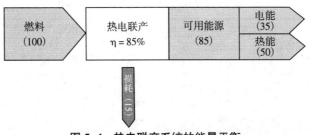

图 5-4 热电联产系统的能量平衡

图 5-5 显示了热电分别生产的能量平衡情况，为达到同样的效果，把产电率设定为 38%（意大利电能系统的平均值），把锅炉产热率设定为 90%。那么生产 35 千瓦时的电能和 50 千瓦时的热能需消耗 147.7 千瓦时的燃料。

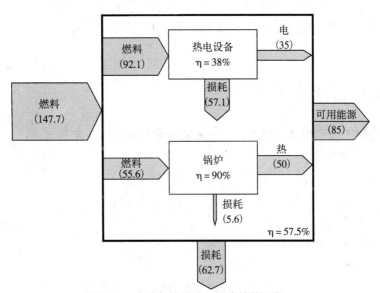

图 5-5 电能与热能独立生产的热平衡

分布式电能生产中的微型发电机生产电能的转化率低于大型电厂。但是，他们接近终端用户（减少了传输的能量损失和复杂性），这样提供了在低温恢复能量的可能性，否则，由于家庭用水和加热，这些能量将散失。同时生产并使用电能和热能（联合热能—CHP），或者热电联产，尽管大大增加了能源的使用率，但是不能改变热电效率。通常，根据生产规模，如果热电联产的投资成本增加 20%，那么原料的使用率将翻倍增加（从 30% 到超过 60%）（表 5-3）。经济便利的先决条件是用户在使用所生产的电能的同时回收热能，尽管这不是总能满足。

表 5-3 热电联产技术的成本与效率

类　型	尺寸（MW）	最初支出（€/kW）	电能效率（%）	可使用效率（%）
微型联合热能机（斯特林）	<0.015	2700	15~25	85~95
微型涡轮机	0.1	1970	29	59
柴油机	0.1	1380	28	75
燃料电池	0.2	3800	36	73
柴油机	0.8	980	31	65
涡轮机	1.0	1600	22	72

在经济领域，热电联产整合了"制冷"生产，特别是在房屋空调方面，还使用了三联产。随着气体吸收式电动空调系统的替代而产生的巨大的能源储蓄支持热电联产的发展。在具体的使用中，热电联产也便于安装冷/热水器，作为电能供应的一个子产品。目前三联产的渗透较热电联产受到更多的限制，然而，谨慎的估计显示三联产未来将会具有巨大的市场发展空间，特别在多数先进的欧盟国家中。

5.2.1　热电联产技术

根据使用技术和热力学循环，热电联产系统可由以下部分组成：
- 蒸汽涡轮机；
- 燃气涡轮机；
- 联合循环；
- 燃料电池；
- 内燃机（ICE）；
- 外燃机（斯特林）。

表 5-4 显示了有关电气指数规模和特点的值，电气指数是指在发电厂的总能源（电 + 热）中电能所占的比值。

η_c 表示热电联产效率，η_e 表示发电率，P_e 表示电能，P_t 表示热能，$\dot{m}_c$ 表示燃料的质量流量和地热值，热电联产效率表示为：

$$\eta_c = \frac{P_e + P_t}{\dot{m}_c \cdot LHV} \tag{5-1}$$

因此：

$$\eta_c \cdot \dot{m}_c \cdot LHV = P_e + P_t \tag{5-2}$$

表 5-4 主要热电联产技术的特点

设备类型	能量 (kWe)	电力指数
内燃机	10~100	0.35~0.45
外燃机（斯特林）	1~25	0.20~0.65
燃气涡轮机	400~100000	0.20~0.40
燃气微型涡轮机	10~80	0.20~0.40
燃料电池	10~1000	0.55~0.65
蒸汽涡轮机	1000~150000	0.5~1
联合循环	>10000	0.45~0.60

根据定义，电率的公式为：

$$P_e = \eta_e \cdot \dot{m}_c \cdot LHV \tag{5-3}$$

I_e 表示电能指数，通过定义，我们可得到：

$$I_e = \frac{P_e}{P_e + P_t} \tag{5-4}$$

将公式（5-2）、（5-3）代入公式（5-4）得出：

$$I_e = \frac{\eta_e \cdot \dot{m}_c \cdot LHV}{\eta_g \cdot \dot{m}_c \cdot LHV} = \frac{\eta_e}{\eta_g} \tag{5-5}$$

5.2.1.1 热电联产中的内燃机

在这些发电厂中，发电率一般接近 30%，然而整体热电联产的电率达到 80% 左右。

正如图 5-6 所示，热量在放电时，基本上可被恢复大致相同数量：温度在

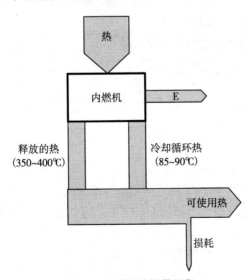

图 5-6 内燃机的能量平衡

350℃~400℃且从较低温度（85℃~90℃）开始进行制冷循环。

5.2.1.2 热电联产中的燃料电池

这些发电厂具备高发电率（根据电池型号，从50%到超过60%）。

电池产生的热流量（热能）[8] 表示为：

$$Q = \left(\frac{T \cdot \Delta S}{n \cdot F} + \Delta V \right) \cdot I = \left(\frac{\Delta H - \Delta G}{n \cdot F} + \Delta V \right) \cdot I \tag{5-6}$$

电压下降 ΔV 为：

$$\Delta V = E - E \cdot \varepsilon = \frac{\Delta G}{n \cdot F} \ (1 - \varepsilon) \tag{5-7}$$

将公式（5-7）代入公式（5-6）得到

$$Q = [\Delta H - \Delta G + \Delta G \ (1 - \varepsilon)] \ \frac{I}{n \cdot F} \tag{5-8}$$

从而得到：

$$Q = [\Delta H - \Delta G \cdot \varepsilon] \frac{I}{n \cdot F} \tag{5-9}$$

假设，电池的法拉第效率为1，公式（5-9）则为：

$$Q = \Delta H - \Delta G \cdot \varepsilon \tag{5-10}$$

理想电源工作等于 ΔG，事实上，假设法拉第效率和燃料处理系统为1的话：

$$L_{e,r} = \Delta G \cdot \varepsilon \cdot U_{H_2} \cdot \eta_{sist} \tag{5-11}$$

从公式（5-10）得到，总的有用能源（电能+热能）是：

$$Q + L_{e,r} = \Delta H - \Delta G \cdot \varepsilon + L_{e,r} \tag{5-12}$$

将公式（5-11）代入公式（5-12）可得到：

$$Q + L_{e,r} = \Delta H - \Delta G \cdot \varepsilon + \Delta G \cdot \varepsilon \cdot U_{H_2} \cdot \eta_{sist} \tag{5-13}$$

通过热电联产效率的定义，我们得到：

$$\eta_c = \frac{Q + L_{e,r}}{\Delta H} = 1 - \eta_i \cdot \varepsilon + \eta_i \cdot \varepsilon \cdot U_{H_2} \cdot \eta_{sist} \tag{5-14}$$

η_e 表示燃料电池发电率，则公式（5-14）可被写成以下形式：

$$\eta_c = \frac{Q + L_{e,r}}{\Delta H} = 1 - \frac{\eta_e}{U_{H_2} \cdot \eta_{sist}} + \eta_e = 1 - \eta_e \left(\frac{1}{U_{H_2} \cdot \eta_{sist}} - 1 \right) \tag{5-15}$$

根据燃料电池的发电率，公式（5-15）给出热电联产率为：η_e 超过85%。由于使用电池的类型不同，发热产生的温度也有很大的变化：从质子交换膜电池的70℃到固体氧化膜燃料电池超过1000℃。因为发电率为50%~55%左右，所以发电指数值为0.55~0.65。

5.2.1.3 热电联产中的蒸汽厂

这一系统多数应用于工业热电联产，因为在处理过程中气压值总处于2~10

帕,利于蒸汽以热能形式使用。此系统也用于城市区域供热。

这类工厂的特点参数被称为恢复程度,即在热回收蒸汽流所产生的机械能与整体产生的机械能的比值。

通过蒸汽循环生产电能和热能的两种不同的解决方案:

● 背压式机组;

● 可控蒸汽冷凝器。

与工厂最相关的包括以下:

● 高投资成本(根据工厂类型,如:背压或可控,成本变化巨大);

● 使用不同类型燃料的可能性(外部燃烧);

● 良好的稳定性,降低维护成本;

● 低电能指数值;

● 电能指数建立在热能所需温度的基础上。

背压式机组

图 5-7 显示了这类工厂系统图。

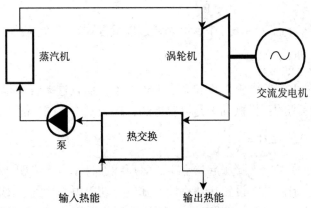

图 5-7 背压式循环冷凝装置示意图

根据热能用户的需要,涡轮膨胀达到适当压力和温度值就会停止,并且剩余的蒸汽热量冷凝用于热生产。尽管呈现出少有的操作灵活性,但这个解决方法最简单且成本最低;电能和热能的生产比例已经预先设定,前者的增加必然意味着后者的增加。

考虑到热能的需求,蒸汽的状态和范围(即火电要求)是确定的。如图 5-8 所示,Z 表示工业生产所要求的蒸汽状态点(或者更通常为用户),从 Z 点跟踪不同温度气压变化过程并估计涡轮机效率值,可能的轨迹膨胀线是:

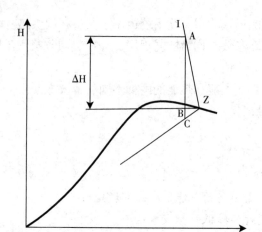

图 5-8　图 5-7 中的膨胀焓变化

$$\eta_t = \frac{\overline{AB}}{\overline{AC}} = \frac{\overline{AB}}{\overline{AB} + \overline{BC}} = \frac{1}{1 + \dfrac{\overline{BC}}{\overline{AB}}} \tag{5-16}$$

事实上，从公式（5-16）中，可以通过以下等式定义 A 点：

$$\overline{AB} = \overline{BC} \frac{\eta_t}{1 - \eta_t} \tag{5-17}$$

膨胀开始处 I 点必须在 A 点和 Z 点的连线上，而且这条直线是根据热功率和电功率的比例得到的：机械动力是可获得的，M 为蒸汽范围，m 为机器效率：

$$P = M \cdot \Delta H \cdot \eta_m \Rightarrow \Delta H = \frac{P}{M \cdot \eta_m} \tag{5-18}$$

这样的程序便可定义膨胀起始点 I，等压线通过 I 点，表明流体压力处于蒸汽发生器外部。请注意，设置热功率后，随着可获得电力增加，膨胀的起始压也会增加（甚至增加更快），即蒸汽发电机的运行功率伴随厂房和管理成本明显增加。这在事实上限制了电力指数：IE≤0.2。在任何情况，固定 I 点后，随着膨胀停止时温度的增加，产热增加，电力、电率降低。

由于电力和热从相同的蒸汽范围获得，所以只通过改变蒸汽范围就能改变总功率，而 IE 不变。基于同样的原因，这类工厂的恢复程度通常为 1。

可控式蒸汽冷凝器

将冷凝器与背压式机组联合使用，就可实现优良电热生产比条件下的操作灵活性。这类系统如图 5-9 所示。膨胀过程在两个机器中进行。整个蒸汽流在高压汽轮机中膨胀，蒸汽状态接近用户需求时，膨胀结束，一部分蒸汽流供给热用户使用（热交换），剩余的蒸汽流在低压汽轮机中继续膨胀，并进入冷凝器中。这两部分蒸汽流在再生器 R 中汇合。

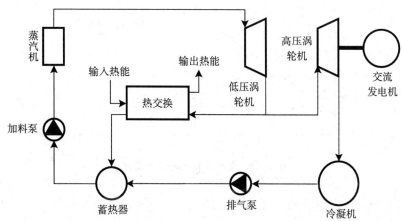

图 5-9　具有溢出蒸汽控制循环的热电装置方案图

以蒸汽形式运行或以相同的蒸汽作用于汽轮机的气流，输入相同流量，电力指数值将改变。

蒸汽（IE 值）的最大和最小流量由冷凝器的蒸汽流量（最大值和最小值）和蒸汽发电机的最大流量决定。冷凝器蒸汽流的最小值给电力指数设置了一个偏低的起始值，大约是 0.2。蒸汽冷凝器和发电机最大流量迫使废气流达到最小值，电力指数达到最大值。发展此项目时可以设想蒸汽冷凝器和发生器的最大值，同时允许机组进行无损失工作：在这种情况下，电力指数明显为 1。

管理这类机组，需要掌握不同变量之间的联系：机器功率、热功率、汽轮机 T_1 中的蒸汽流量和废气流量。这种联系由机组工作图给出，机组工作图通过追踪两个汽轮机不同流量的威伦线得到，不同的蒸汽流量是溢出流量或高压涡轮变化的输入流量。

涡轮机的威伦线是根据供给功率 P 所吸收的流量 M 的（图 5-10）：它几乎是线性的，从无负载的 A 点（对应一个给定的蒸汽流 M_0，需在不提供任何功率的情况下保持涡轮机旋转）运行到 B 点（涡轮机工作性能最高的状态），线条斜率在 C 点增加，对应最大超载。对于工业应用，威伦线的线性在整个涡轮机的运行中被吸收了。

由于溢出的蒸汽流量发生变化，这类机组的恢复程度在 0 和 1 之间。

5.2.1.4　热电联产与天然气厂

作为原动机基于燃气轮机的系统具有独立的优势，变化范围宽，从热能生产电能。后者在机器下游发生，在任何情况下释放到空气的燃料气体的废热，温度

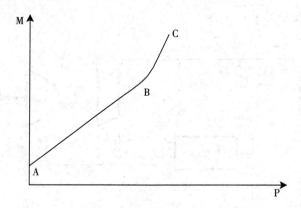

图 5-10 蒸汽涡轮机的威伦曲线

在 400℃~500℃；如果热度要求在较高的温度，空气中过量的废气可以进行二次燃烧，以增加气体温度水平。

如图 5-11 所示，此类电厂主要有以下特点：

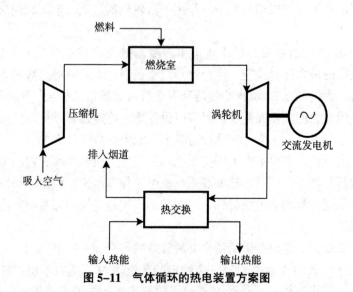

图 5-11 气体循环的热电装置方案图

● 安装成本低；

● 后续负载变化容易；

● 总装周期短；

● 维护费用低；

● 燃料质量要求高；

● 高温下获取热能（排出气体的温度接近 500℃）。

从安装在涡轮增压下的热回收炉得到的蒸汽形式的热能，可以直接供给技术用户，还可以通过一个过热化的蒸汽/水交换器，用于城市供热，或者用于蒸汽涡轮机，以汽轮机运行发电机的方式实现燃气蒸汽联合循环，从而展现出热电联产和电力生产目的的巨大效率（见下段）。

考虑到 85% 的热电联产率以及 30% 左右的电气性能，电气指数值达到约 0.35。

5.2.1.5　热电联产与联合机组

联合机组特别适用于电力和热能的联合生产。这种联合循环实现热动力转化，其效率高于传统使用于热电联产的蒸汽过程，在拥有同样质量的热能的情况下，可以生产较高质量的"好的"（电）能量。因此，其效率值远远高于一个简单循环的热电联产，考虑到一级能源的节约，其效率更比蒸汽解决方案高一倍。联合循环的另一个优势是，在不稳定的蒸汽负荷下保持高"能量指数"：用一个工厂单独生产电力来进行联合生产是可能的，可以持续节省大量的一级能源，而通过简单循环，节省量就取决于热能的使用。

主要特点包括：

● 电率高；
● 热和电功率供给的巨大工作灵活性；
● 厂房规模大（通常超过 10 兆瓦）；
● 电厂成本高，运行复杂。

图 5-12 展示了一个联合循环的热电联产系统。如果我们认为热电联产率为 85%，电力性能为 50%，则电力指数值接近 0.58。

5.2.1.6　热电联产与斯特林发动机

斯特林机器是潜在的特别有效的热电联产系统。它们的历史、潜力以及流传至今的原因在前文中提到。

目前这种外燃机的复兴特别集中在微型热电联产应用上。

5.2.2　热电联产的经典指数

热电联产的性能可以得到一些经典的指数定义，这些指数涉及在正常状态下系统的工作情况：第一和第二效率公式以及一级能源的节省。

5.2.2.1　第一效率公式

第一效率公式又叫做燃料全球使用指数，表示所得到的热能和电能总和与需要初始能源的比例。

P_e 为电功率，P_t 为热功率，P_c 为通过燃料提供给系统的功率，我们得到：

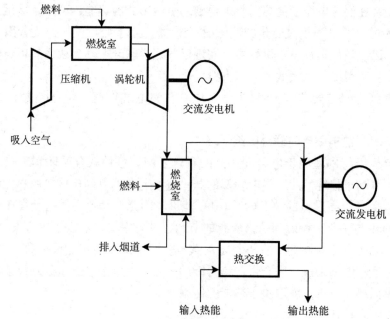

图 5-12　复合循环的电热装置方案图

$$\eta_I = \frac{P_e + P_t}{P_c} \tag{5-19}$$

第一效率公式就是热电联产率。这个参数公平地衡量了提供的热能和电能（根据第一效率公式关于效率的定义），但不能衡量所获热能的温度水平。正如上面所示，对于所有热电联产技术，它的参数值是恒定不变的。

5.2.2.2　第二效率公式

第二效率公式又叫做燃料合格使用指数，表示通过卡诺效率热能转化为机械能的能量与初始能源提供给系统的功率的比例。

请注意这个参数在热功率转化为机械功率表达上比前一个更有意义，区别性地加重了供应功率，并且将热能获取的温度作为一个必要的参数（根据第二效率公式关于效率的定义）。

如果我们定义 $P_{t,T}$ 为在温度值 T 时的热能供应功率，T_a 为室温，P_e 为对应的机械能（或电能）的转化功率，$P_{e,T}$ 表示为：

$$P_{e,T} = P_{t,T} \left(1 - \frac{T_a}{T}\right) \tag{5-20}$$

注意，如果生产热能的温度是多变的，T 是一个适当的变量。第二效率公式的效率等式 η_{II} 则表达为：

$$\eta_{II} = \frac{P_e + P_{e,T}}{P_c} \tag{5-21}$$

考虑公式（5-20），公式（5-21）可写成：

$$\eta_{II} = \frac{P_e + P_t - P_t \dfrac{T_a}{T}}{P_c} = \eta_I - \frac{P_t}{P_c} \frac{T_a}{T} \tag{5-22}$$

P_{tot} 代表产生的总功率（电 + 热），公式（5-22）可以写成：

$$\eta_{II} = \eta_I - \frac{P_{tot} - P_e}{P_c} \cdot \frac{T_a}{T} \tag{5-23}$$

公式（5-4）和公式（5-23）变成：

$$\eta_{II} = \eta_I - \eta_I (1 - IE) \cdot \frac{T_a}{T} = \eta_I \left(1 - \frac{T_a}{T}\right) - \eta_I \cdot IE \cdot \frac{T_a}{T} \tag{5-24}$$

公式（5-24）可以写成：

$$\eta_{II} = \eta_I \left[1 - \frac{T_a}{T}(I + IE)\right] \tag{5-25}$$

从公式（5-25）可推断出第二效率公式总比第一效率公式低。另外，指定与第一效率公式相同的效率，第二效率公式随着可获得热能的温度 T 和电率增加而增加。因此，根据已经得到的推理，第一效率公式完全独立于技术，第二效率公式根据已考虑技术的具体特征发生明显变化，且效率值在高温下获得热能的情况和在高电能指数（高电率）情况下较高，例如高温燃料电池。

5.2.2.3 一级能源节省（初级节能）

一级能源节省指数 RI 定义为热电联产过程中一级能源的消耗量 P_c 与单独生产相同数量的电能 P_e 与热能 P_t 的转化过程能源的消耗量 P_c 的比例。其中 η_t 定义为热能的单独生产效率，η_e 定义为电能的单独生产效率，如下所示：

$$RI = \frac{P_c}{\dfrac{P_m}{\eta_e} + \dfrac{P_t}{\eta_t}} \tag{5-26}$$

这个参数强调了热电联产过程中能够达到的节省量，尽管忽略了生产热能的温度水平。

5.2.3 区域供热

热电联产在城市中的使用主要包括生产供热和家庭热水供应。

考虑到解决方案的有效性，需要涉及一些相关因素。除了上述已定义的强调热电联产优势的参数，还需要了解一下传统供热系统的效率。传统供热是在锅炉中燃烧燃料，燃料主要是汽油和天然气。热效率通常只源于热力学第一定律，即能源转化。也就是说只需要考虑从燃烧到使用阶段使效率降低的能源损失，即燃烧效率和保温问题。显然，得到高燃烧效率和尽可能降低能源损失需要就是初级节能，但即使根据效率第一的原则，承认热效率接近 100%，但能量损失始终不可避免，这是因为燃料（汽油或天然气）的化学能要被转化为家庭需要的温度（40℃~50℃）的热能。

我们还要考虑通过化石能源燃烧得到的超过 1000℃ 的高温能源到适于最终用户使用的温度降解。根据热力学第二定律，设置一些能量"质量标准"，我们就能定义温度降解。这些标准如下：

● 热和功不是等价的能量形式，因为功可以完全转化为热，然而热仅在等于卡诺效率最大百分比时能够转化为功。所以，作为能源的一种形式功比热更"有价值"。

● 数量相等的热能，在不同温度下是不等价的：高温下更"有价值"。

因此，考虑到第二项，就能理解降解 1000℃，成为典型的住宅锅炉生产热水，造成热力学"损失"，这个损失不依赖于系统的质量。

5.2.3.1　区域供热的益处

考虑了热力学性质，特别在初级节能方面的这些因素后，现在就可以探讨区域供热的优势了。

在热电厂同电能一起生产的热能通过一个分布式电网分配到住宅用户。能源载体通常是温度在 120℃ 左右的热水。

分布式电网的成本和在电网中自身热能的损失（5%~10%）可以被以下优势所抵消：

● 相对热电两部分单独生产而进行热电联产，以及相对使用大厦锅炉而利用高效率锅炉，能够节约将近三分之一燃料能源；

● 环境优势，电厂安装污染净化系统能够在技术上使燃料更好地燃烧，并且可以进行更好的控制和维护；

● 消除用户管理和维修问题。

综上所述，鉴于较高的效率，以及节能、热电联产和区域供热产生的从生产到消费的距离成本是可接受的。

在规划一个热电厂的大小时，选择正确的参数需要考虑"热需求曲线"。例如，图 5-13 是一个北意大利典型城市的热曲线图。[9] 热功率的峰值在一个有限的区间达到，随后是一个中型热功率区间，满足供热基本需求，最后是低热功率区间，对应热水的需求（卫生使用）。

热电厂开发最优化建议它的规模在热功率峰值的 50%~60%。管理技巧（蓄热的使用）和连续图表本身允许这个规模，该功率对应供给电网的热能 85%~90% 来自热电联产。为了满足整体性和储备职能，剩余热能的 10%~15% 由在数量和规模上适当分散的一体化锅炉提供。在一般区域供热方案的后续执行过程

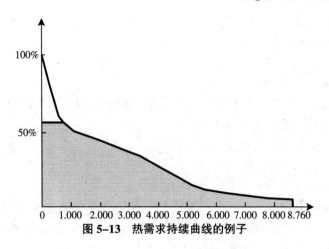

图 5-13 热需求持续曲线的例子

中，这些热电厂在用户集成过渡阶段满足整个热能需求。

经过这些预先的评论，如果 F_t 表示热能需求量，η_{CC} 表示传统供热系统供大厦或家庭使用的锅炉的平均效率，那么不进行热电联产的燃料消耗量 E_f 是：

$$E_f = \frac{F_t}{\eta_{CC}} \qquad (5\text{-}27)$$

计算热电联产燃料的消耗量，必须考虑所用技术和整个能源循环去估计一般和全球利益（初级能源消耗量）。例如，使用化石燃料发电的蒸汽（背压）和天然气热电厂。为了评估热电联产中满足热能需求的燃料消耗量，可以应用以下标准：考虑热电厂生产电力和热，之后计算热电厂生产所需热能和相应电能消耗的燃料，生产所需的热能归因于消耗量和从电网中获得相同数量电功率应用的热能之间的差异。

由于是从电网中吸收电力而造成的消耗，因此首先需要考虑能源运输中自身的损失 P_T（表示输送能量的百分比），将 E_P 定义为生产的电力，E_u 为损失后用户获得的电力，我们得到：

$$E_u = E_P - E_P \cdot P_T = E_P \cdot (1 - P_T) = E_P \cdot \eta_{TR} \qquad (5\text{-}28)$$

运输效率 η_{TR} 与损失互补为 1，计算 E_P 后，则要考虑在国家电力生产禀赋的电力产量（I_{NR}）比例基础上由不可再生资源（E_{NR}）产生的比例：

$$E_{NR} = E_P \cdot I_{NR} = E_u \frac{I_{NR}}{\eta_{TR}} \qquad (5\text{-}29)$$

定义 η_m 为来自化石燃料（或者，更普遍的是不可再生资源）的国家水平生产禀赋的平均值，E_{PNR} 为不可再生初级能源的消耗量，得到：[10]

$$E_{PNR} = \frac{E_{NR}}{\eta_m} = E_u \cdot \frac{I_{NR}}{\eta_{TR} \cdot \eta_m} \qquad (5\text{-}30)$$

现在，我们定义一个虚构的电率，除了生产和运输，η_{eg} 还考虑了由可再生资源生产的电力的比例，如下：

$$\eta_{eg} = \frac{\eta_{TR} \cdot \eta_m}{I_{NR}} \tag{5-31}$$

事实证明这个"效率"随着发电厂和运输设备数量的增加而增加，由可再生资源生产的电功率的比例也是如此。

将公式（5-31）代入公式（5-30）得到：

$$E_{PNR} = \frac{E_u}{\eta_{eg}} \tag{5-32}$$

现在需要计算通过区域供热满足热能需求的燃料消耗量以及通过热电联产生产的相应数量电功率的燃料消耗量。首先，需要考虑区域供热网的热分布效率 η_{DT}，通过热电厂生产满足热需求的热能 E_T 是：

$$E_T = \frac{F_t}{\eta_{DT}} \tag{5-33}$$

根据处理热需求持续曲线的假设，区域供热不能满足所有的热需求。定义 I_{QI} 为区域供热提供热量的比例，$I_{QI} = 1 - I_{QT}$，I_{QI} 为一体化锅炉提供的热量比例，η_{CI} 为它们的效率，η_t 为热电厂的热效率，就可得到热电厂的燃料消耗量 E_{fc}[11] 是：

$$E_{fc} = \frac{E_{TQT}}{\eta_t} + \frac{E_T \cdot I_{QI}}{\eta_{CI}} = \frac{\dfrac{F_t \cdot I_{QT}}{\eta_t} + \dfrac{F_t \cdot I_{QI}}{\eta_{CI}}}{\eta_{DT}} \tag{5-34}$$

根据第一效律公式和电率，公式（5-34）可以写成表达热效率的公式，如下：

$$E_{fc} = \frac{F_t}{\eta_{DT}} \left(\frac{I_{QT}}{\eta_t} + \frac{I_{QI}}{\eta_{CI}} \right) = \frac{F_t}{\eta_{DT}} \left(\frac{I_{QT}}{\eta_I - \eta_e} + \frac{I_{QI}}{\eta_{CI}} \right) \tag{5-35}$$

回顾电力指数 I_e 的定义和公式（5-33），由热电厂生产的相应的电功率（用户可用的）是：

$$E_u = \frac{F_t \cdot I_{QT} \cdot I_e}{\eta_{DT} \cdot (1 - I_e)} \tag{5-36}$$

把公式（5-36）代入公式（5-32）我们得到：

$$E_{PNR} = \frac{F_t \cdot I_{QT} \cdot IE}{\eta_{DT} \cdot \eta_{eg} (1 - IE)} \tag{5-37}$$

最后，通过热电联产生产热能造成的总燃料消耗量 $E_{c\,tot}$ 为：

$$E_{c\,tot} = E_{fc} - E_{PNR} = \frac{F_t}{\eta_{DT}} \left[\frac{I_{QT}}{\eta_I - \eta_e} + \frac{I_{QI}}{\eta_{CI}} - \frac{I_{QT} \cdot I_e}{\eta_{eg}(1 - I_e)} \right] \tag{5-38}$$

不通过热电联产生产所需热量的燃料消耗量与区域供热所需燃料消耗量的比例 R，通过公式（5-38）和（5-27）是：

$$R = \frac{\eta_{DT}}{\eta_{CC} \left[\dfrac{I_{QT}}{\eta_l - \eta_e} + \dfrac{I_{QI}}{\eta_{CI}} - \dfrac{I_{QT} \cdot IE}{\eta_{eg}(1 - IE)} \right]} \tag{5-39}$$

公式（5-39）表明比例 R 取决于热电厂的特性（η_l，η_e，I_e）、区域供热网（η_{DT}）、电厂技术（I_{QI}，I_{QT}）、更新的传统产热系统（η_{CC}），最后是国家能源系统特性（η_{eg}）。

例如，让我们设想一个天然气厂的区域供热系统（$\eta_e = 30\%$，$\eta_l = 80\%$，所以 $I_e = 0.375$）。之后假设 $I_{QT} = 0.85$，$I_{QI} = 0.15$，$\eta_{CI} = 90\%$。另外，设定区域供热网的热量损失为 8%，也就是说 $\eta_{DT} = 92\%$，一体化锅炉 $\eta_m = 90\%$。引用意大利的例子，涉及国家能源系统，我们假设 $\eta_m = 39\%$，区域平均损失为 5%（因为 $\eta_{TR} = 95\%$）并且 $I_{NR} = 80\%$。根据这些数据我们计算出 $\eta_{eg} = 46.3\%$。最后，$\eta_{CC} = 80\%$，得出 R = 1.72。

此解决方案的有效性与用热需求的"持续性"相关，[12] 事实上，在没有热需求时段，热量需求局限在卫生热水需求。根据事先的供热需求，设定工厂规模，考虑到热能生产，电厂实际上将不能使用。[13] 另外，从经济学角度看，短期使用热能有碍热力输配网络有关费用的摊销。在这方面，吸收热泵技术就会有吸引力，它将热能利用于空调中（冬天和夏天）。这样，即使是供热需求局限在冬季几个月时间里的温和气候，也会有长期的需求。

另一个考虑因素与所使用的技术有关：以上所述证明区域供热是高效节能的，因为其使用具有竞争力的成熟技术和经过测试的技术，正如燃气电厂。创新技术的使用，如高温燃料电池，是由当地的生物质气化生产的合成气供电，从能源角度使得这个解决方案更加有趣，而且目前尚未出现竞争。

一般而言，考虑到应区域供热需求而采用的热电联产技术，有趣的是，整个区域供热系统的模块化（热力配送网络，一体化锅炉和变电站）抵抗所使用的技术。换言之，可以使用当前最有竞争力的技术规划和实施区域供热系统（蒸汽和燃气发电厂），在未来可以发展为新的更有效的技术，利用可再生资源，通过使用相同的区域供热网络。

5.2.3.2 工业部门的热电联产

自营生产电力行业是时下相当普遍的做法，坐落于电厂附近，在工业界允许使用热电联产。尽管致力于自主产电的电厂只有在大型产业中才存在，但在大多数情况下，只要存在合适的条件，就可以利用热电厂获取高的整体效率和节约一级能源。显然，热电厂的可行性和便利性满足热和电的同时需求。这种情况发生在很多工业部门，包括以下部门：

● 萃取；

● 钢铁；

- 冶金；
- 机械；
- 化学和电化学；
- 炼油；
- 纺织；
- 食物；
- 造纸；
- 陶瓷和玻璃；
- 砖。

对于不同的工业部门，热和电同时需求的特点根据不同情况会有所变化：特别是电和热的需求量不同，因此电功率与热功率的比例不同，热需求的温度也不同。然而，这并不会有碍热电联产的便利性。

考虑到电和热的需求量不同，即电功率与热功率的比例不同，首先可能要选择适合特定用户的电厂。一般而言，蒸汽厂适合大功率且电热功率比低的用户。特别而言，背压电厂为预定同样电热比例的用户提供电和热，然而可控废气厂允许在有限的范围内改变电热比例。燃气厂适合小功率且电热功率比高的用户。非常重要的还有变电站与电力分配公网的连接，从经济便利条件讲，可以在最高消费量时段从电网购买电力，当方便时，将超出部分电力销售给电网。这在有限条件下允许将电力消费与电力生产分开，从而规模化和管理电厂，电厂特别涉及已经讨论的热需求，即从已讨论能量角度讲单独产热是最不明智的选择。

从效率角度看，不同情况下热需求的温度值各不相同，不同类型的电厂在有限条件下能够满足这种需求。例如蒸汽热电厂，包括背压和可控废气，在项目设计阶段可以选择目标热能的温度，可以设置蒸汽在之前某些条件下停止膨胀，或者蒸汽在之后的情况下溢出。然而，我们有必要牢记通过增加温度使热能"恢复"，但电产率会大幅下降。事实上，这样限制了用热选择温度的任意性。

正如我们所说蒸汽循环的最高温度是在550℃左右，因此当热需求在很高温度时，使用气体系统是必要的，其中废气的温度在400℃~500℃。另外，正如之前所说，强大的剩余废气，如果能获取高温（超过2000℃）就能进行后期燃烧。显然，在后期燃烧时，配送给用户的热能是不能完全"恢复的"，但是这是部分特设生产。这意味着全球循环效率的下降幅度高于热需求的温度（更确切地说，这种差异存在于热需求的温度和废气的温度之间）。在任何情况下，包括这个例子中，与从大气中吸入空气进行燃烧相比，获得一级能源节省是可能的，依照将室温空气通过燃烧带到涡轮机的废气温度的一级能源节省。

有趣的是，往往在工业热电联产中，一般工业自行生产能源，可进一步节约一级能源，即燃料，也就是在生产过程中燃烧的残余物，在农业生产领域，这种方案显得尤为有趣，尽管在这个领域能源消耗量相对总消耗量发生率很低，因为很多农作物的残余物可以用作燃料。

要建造这些电厂，流化床燃烧室技术是根本，因为从效率和有害气体排放方面都可燃烧材料，即使这些材料的化学物理特性差且能带来潜在的大量污染。

注 释

［1］入射太阳辐射取决于纬度和给定区域的云量。实践中，可用太阳辐射在相当大的区域内视为恒定。

［2］对于风能而言，可用能源根据微型区域变化；这就有必要对资源进行详细评估。

［3］集中式太阳能发电厂，比如热力学太阳能发电厂，需要很大型，并且需要具有基础设施的大型区域。

［4］这些解决方案包括为独立房屋提供家庭用热的产热可能性，也包括街区层面的独立公寓或公寓群。

［5］见 3.4 节。

［6］考虑电力长距离运输所需的电压变换。

［7］见 3.4 节。

［8］见第 4 章"燃料电池的热力学"。

［9］远程供暖需要的热持续时间曲线显然与地区气候特征相关。

［10］有必要考虑电厂使用燃料过程中萃取、处理和运输所带来的能源消耗：在近似分析中，它们可以被忽略。

［11］在这种情况下，对于热电联产和锅炉来说使用化石燃料都是一种假说。通常来说，需要考虑不可再生初级能源的消耗。

［12］因此该方案特别适合寒冷气候。

［13］实际使用热量与电厂为"证明"其为热电联产所产生的热量之间的比率为所规定的最低限额。为了符合这些限额，长时间没有热能需要电厂就会被停止运营。

参考文献

1. Ackermann T., Andersson G., Lennart L.（2001）Distributed generayion：a definition，Electric Power Systems Research 57 Elsevier. Also：Sharma D., Bartels

R., （1998）Distributed electricity generation in competitive energy markets, The energy Journal, Special issue –Distributed resources: towards a new paradigm of electricity business. The International Association for Energy Economics.

2. European Smart Grids Technology Platform （2006）Vision and strategy for Europe's electricity networks of the future–directorate general for research sustainable energy system C.E.C.

3. Walker G. （1980）Stirling Engines, Oxford Press, Oxford.

4. Naso V. （1991）La macchina di Stirling. In: Masson （Ed）Editoriale ESA, Milano, also in English: （1995）The Stirling Machines, Editoriale ESA, Rome.

5. Proceedings of the International Stirling Engine Conferences （2009）Groningen, The Netherlands, http: //www.stirlinginternational.org.

第❻章　能源效应和最终用途

6.1　引言

能源开采和能源载体在时间和空间上的路径的主要宗旨是：满足人类需求，使人类生活得更舒适、更高效并且更加社会化。显然，除食物以外，人类不直接需要能源或能源载体。事实上，人类为了获得更好的生活会有具体且容易识别的需求，能源只是为了满足这些需求。

正如第 1 章所强调的，由于适合的能源流根据效用定义进行分组，所以人类的需求可以被满足。如我们所说，人类需要使他们生活、工作或者进行社会活动的房间变暖或变冷；他们需要开动车辆，运行家用电器，快速安全地移动。此外，人类还需要照明其生活的房间，以摆脱日夜季节交替的节奏，而不只是利用自然光。他们同样也需要使用信息技术（IT）和通信设备，以及大型和小型的监视器和显示器。

从能源角度来看，其效用可以用达到和保持房间所需的舒适度（温度和湿度）来表示，这种效用可以通过让机器、家用设备及交通工具运行，在室内或露天场所得到合适的照明，以及通过电子设备处理、发送或者接收数据来获得。

从能量角度来看，能源效应的最终用途在过去的几年中是最被需求的，最终用途包括人类需要的机械能、热能、光能和电能。因此整个世界能源系统对每个终端用户必须具有可用性和可达性，也就是说生活在这个地球上的每个人，在时间、空间、数量和质量上都需要这些形式的能源。

因此能源载体和能源效用之间的连接点是实施整个能源系统的基础。事实上，上述四种能源的最终用途之一都能使任何能源系统实现其效用。从能源角度，特别是能源最终用途角度来看，能源效用的正确知识可以识别出合适的能源载体，在可用解决方案的技术发展水平之内来满足人类需求。

因此本章包含了对能源最终用途的分析，也就是说对所有人类需要的能源的总结：

● 机械能；

● 热能；

● 光能；

● 电子能/电气能。

这四组最终用途实现了所有可能的能源效用。实际上，能源效用被定义为实际和具体的需求满足，例如加热或制冷一个房间、大厅照明、洗衣机滚筒的转动或者车辆车轮的转动，以及计算机、液晶显示屏，或屏幕发光二极管（LED）芯片的激活。

因此能源最终用途表示为人类在各需要点使用能源的形式（表6-1）。

表6-1　能源效用和最终用途

能源效用	最终用途
洗衣机滚筒的转动	机械能
房屋供暖	热能
大厅照明	光能
电脑运行	电子能/电气能

电气/电子装置意味着电力能源形式用于获得能源效用，例如发生在计算机、传真机和电视机中的电力等。

相反在其他情况下，尽管放置在能源链最末端的装备是由电力供电的，但不是直接导致能源效用的能源形式。事实上，能源链上或多或少较远点的电力常常转换为另一种能源形式：机械能、热能或光能。比如家用电器，许多家用电器将电能转换为机械能（吸尘器，洗衣机等）。同样的情况也发生在工业生产设备中：在这种情况下，能源形式必须可以识别其能源效用是机械能，而不是电能。同样，许多设备（电炉取暖，国内外工业用途和其他用途）通过焦耳效应，将其供电电能转换为热能。在此情况下，能源的最终用途是热能。

至于机械使用，在工农业中，这种能源形式被用于生产过程（流程工作）和货物搬运；在民用领域中，机械能常被用于家用电器。机械能的一个重要应用是货物与人员的地面运输。

6.2 热能终端用途

6.2.1 概述

热能终端用途的例子有房间取暖，以及供给进行某些工业生产流程所需的热能条件，此外还用于烹调和家用热水的生产。

这些应用根据能量流的特征（尤其是要求温度）具有不同的需求，这就决定了各种情况下对所使用单一技术的选择。目前工业国家生产所需热量主要是通过在需要时燃烧化石燃料所得，或者通过电力载体（热泵、锅炉、电暖气、电烤炉）的配电网中获得，很少通过再生燃料或者本地可用太阳能来获得。

热能用途可以划分成如下：

● 工业，农业以及食品行业，其中最重要的一个用途：
　—工艺流程用热
　—温室、厨房的空调
● 民用住宅用途，包括：
　—房间空调
　—生产生活热水
　—烹调

6.2.1.1 工业用途

工业用途就是生产流程用热，然而房间空调用热和生产卫浴热水（同样出现在工业框架中）被视为民用用途。还有许多行业的生产流程需要热能，其中有：

● 萃取；
● 炼钢；
● 冶金；
● 机械；
● 化学和电化学；
● 石油；
● 纺织；
● 食品；
● 造纸；

● 陶瓷和玻璃；

● 制砖；

● 其他。

工业流程用热主要在高温下，因此依据所需热流的具体特征，可以按照具体生产过程使用热交换。在这些应用中，热量是通过传统的锅炉燃烧燃料所产生的。

分析工业现场或工业园区包含的全部能源需求表明如何通过基于热能和电能的热电联产大幅提高能源效率的方式获得所需热流。这使得工业热电联产越来越被广泛应用。

尽管同样有用，但可再生能源以及其转换技术却不那么普遍。显然从一个标准效率分析到更进一步的系统功效分析，同时考虑到可再生能源的参数，产生的排放量和本地能源供给会减少。

工业系统主要需要的两种能源载体，换热流体和电力，都是通过常用的可再生能源转换技术直接生产而得，例如太阳辐射能、风能、水电能源、生物能源和地热能源；以及通过基于高温燃料电池的热电厂获得，热电厂由富含氢气的合成气供电，这种合成气同样可由本地生产或者通过可再生能源获得；或者通过与沼气或来自已经广泛用于能源使用的矿石产地的燃料气体相同的流程散发获得。

6.2.1.2　民用

如上所述，民用热能主要用于烹调食物、生产卫浴热水和房间空调。

生活热水生产

生活热水的生产是一种低温应用（通过简便，具有成本效益并且可靠的太阳能平板集热器，使得太阳能的使用极为高效）；实际使用温度通常为 40℃~45℃，一般不会超过 60℃。

至于供水系统温度显然依赖于季节和选址，平均为 5℃~10℃，因此温度增加需求的变化范围从 30℃到 40℃。

加热质量为 m 的水需要的热能 Q 是：

$$Q = m \cdot c \cdot (T_f - T_i) = m \cdot c \cdot \Delta T \tag{6-1}$$

c 表示水的比热，T_f 和 T_i 分别表示水的最终温度和初始温度。水的比热为 4.186kJ/kg，$\Delta T=35℃$，生产生活热水所需的单元热量为 146.5kJ/kg。

日常所需的生活用水取决于用户类型（比如家庭、医院和办公室）：根据文献提供的平均数据，该需求的范围在 50 升/人·天到 200 升/人·天之间。通常是 60 升/人·天，$\Delta T=35℃$，与个人所需热水相关的每天能源需求大约为 8790kJ。

民用用热一般在低温下，所需热流具有可预测特征，可用换热流体通常是水。对于这些应用，许多国家直接在需要地点（院子或楼房，但也包括单独楼房的全部），通过公寓的电锅炉或者传统锅炉的化石燃料（柴油，甲烷，更少见的是煤炭）燃烧来产生热量。其他国家的城市发展同时伴随电力生产系统或工业系统发展，即使在离使用地点（直接供热）几十公里以外，也可以通过热电厂供热。

对于每栋独立建筑或者当地住宅小区建筑的全部热能需求的标准分析，表明了如何能够通过使用电力和热力的热电厂提高能源效率，以此来获得所需热流。

从考虑预先确定的化石燃料，电网电力以及换热流体作为集中供热的唯一选择，到更多考虑能源分析，就会清楚在这种情况下有多少更具吸引力的选择。系统能源分析也会考虑有关可再生能源的参数，降低排放量的参数，以及本地能源的可用性，该分析一定会导致采取可再生能源以及相关转换技术。

居民用热所需的能源载体可被直接生产，或者也可以在热电厂中通过可再生能源转换技术获得，如太阳辐射能、生物能和地热能。也就是说主要可用的，已经定义的换热流体是水，大多存在于较低温度（根据其应用以及当地配电网的区域供热，其温度在4℃到120℃之间）。也可以使用小型居民热电厂，此类热电厂基于低温燃料电池技术，通过由可再生能源所产的氢气供电，也可以通过风能和水利能源供电。

房间空调

该类型的应用，其效用是人类活动房间的温热舒适度，因此我们首先定义何为房间舒适。

房间舒适：房间舒适的明确定义非常复杂，这是由于尽管受到如温度和湿度等客观测量的限制，舒适的定义本身是主观感知的一部分。美国取暖、制冷与空调工程师协会（ASHRAE）将热舒适定义为人类对其周围环境表示满意的状态。显然这种定义尽管简单明了，但并不客观；相反，它所强调的是一种个人感受，因此从热舒适角度无法通过客观参数（温度、湿度等）辨认的条件做出最佳定义。

相同环境条件下，不同的人会对舒适程度表达出不同的观点。然而常常会存在一些气候条件范围，几乎任何人在其中都可以找到最舒适的条件。

影响这些条件的主要是温度和相对湿度。其中最被人们认可的房间舒适条件的定义是范格方法。

人体通过热交换、辐射和蒸发（传导不是很显著）同周围环境进行热量交换，影响这种交换的因素有以下：

● 环境因素：

　　—室温[1]

　　—平均辐射温度[2]

　　—空气温度

　　—相对湿度

● 个人因素：

　　—代谢活动[3]

　　—衣服的保温程度

● 生理因素:

　　—皮肤温度

　　—穿着衣服的身体部分

根据范格模型,热感、适中感和冷感与人体热平衡有关,也就是说身体代谢产热和身体与周围环境热量交换之间的差异。

可以识别热舒适所需的三个客观条件:

● 人体既不积累也不释放热量;

● 皮肤平均温度接近35.7℃;

● 通过排汗进行的热交换受到限制。

通过对人类显著样本的研究可以发现一种相关性,就是预测平均赞成值(PMV)与预测反对百分比(PPD)之间的相关性。这种相关性(ISO7730)认为当PMV处于−0.5到+0.5之间,室温条件可以被接受,也就是说其反对百分比低于10%。

ISO7730法规描述了保证热舒适的室温条件:

● 不同垂直表面辐射温度的差异必须低于10℃。

● 空气温度和空气流通速度必须:

　　—冬季

温度:20℃到24℃之间;

速度:低于0.5m/s。

　　—夏季

温度:23℃到2℃之间;

速度:低于0.25m/s。

● 0.1米楼层和1.1米楼层之间的温度差异低于3℃。

● 地板温度在19℃到26℃之间,辐射地板存在例外情况,其温度不超过29℃。

房间舒适所需能量的计算:为保持房间舒适保持周围环境条件所需热能基于以下贡献程度来计算:

● 通过墙壁、窗户、门、天花板和地板的热量传输;

● 处理外部空气所需能量;

● 对太阳辐射的热能贡献;

● 人类和设备的热能贡献。

热传导

通过墙壁，天花板和门框的分散体 Φ_c 取决于温差（ΔT）（图 6-1），分散表面（S）的延伸以及其热能特征，也就是说热传递系数 k（$W/m^2 K$）通过以下比率表示：

$$\Phi_c = S \cdot k \cdot \Delta T \tag{6-2}$$

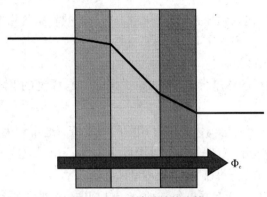

图 6-1 通过墙壁的热交换

直接太阳辐射

直接太阳辐射的贡献根据最大热流 I_f 和玻璃壁表面积 S_f 来计算。所得值必须通过房间条件（δ_1）系数，玻璃壁特征系数（δ_2）和设备的热积累系数（δ_3）加以修正。一般部分 i 的热流 Φ_i 由以下公式给出：

$$\Phi_i = \delta_1 \cdot \delta_2 \cdot \delta_3 \cdot I_f \cdot S_f \tag{6-3}$$

房间的热电生产

这与居住在房间内吹着空调的人和其中所有其他来源有关。其中光源做出了很大贡献，其他来源包括机器工具、办公设备（复印机、打印机、电脑等）。n 表示居住在房间内的人数，Φ_s 表示每个个体所产生的热流，Φ_i 表示设备产生的热流，房间产生热功率的总热流 Φ_a 由以下给出：

$$\Phi_a = n \cdot \Phi_s + \sum \Phi_i \tag{6-4}$$

外部空气处理所需热能

为保持房间舒适，有必要持续更新房间空气，通常通过外部空气带来温度与湿度等适宜条件的调整及随之而来的能量消耗。

能量消耗通过焓湿图表示：这种能量消耗一部分由温度变化引起（显热），另一部分由相对湿度变化（潜在热量）引起。

关于显热，ΔT 表示温差，c_a 表示空气比热（1kJ/kg），ρ_a 表示空气密度（1.2kg/m³），$\dot{m}_a$ 表示流量质量（kg/s），$\dot{V}_a$ 表示流量容积（m³/s），显热流量由以下

公式给出：

$$\Phi_s = \dot{m}_a \cdot c_a \cdot \Delta T = \dot{V}_a \cdot \rho_a \cdot c_a \cdot \Delta T \tag{6-5}$$

换气范围一般由 1 小时的空气变化（n）来表示，取决于 1 小时内房间全部空气量的更新次数。因此用 V（m³）表示房间体积，得到如下：

$$\dot{V}_a = \frac{n \cdot V}{3600} \tag{6-6}$$

把公式（6-5）代入到公式（6-6）中，通过比热，空气密度可以获得显热流（W）：

$$\Phi_s = n \cdot 0.33 \cdot V \cdot \Delta T \tag{6-7}$$

通过此方法获得的流量可以参照单位体积和单位温度的下降（W/Km³）：

$$\Phi_s^u = n \cdot 0.33 \tag{6-8}$$

ΔT 的计算同样要考虑与内外空气相关的湿度值（通常约为 50%）。

在夏季制冷情况下（图 6-2），以温度为 33℃，相对湿度[4]（A 点）为 50% 的外部空气为例：通过不断制冷达到内部所需温度（以 24℃为例）B 点，B 点空气相对湿度约为 80%，未与房间舒适所需条件相适应。为加湿空气，持续制冷必须达到露点（C 点）；通过持续去热，空气中的蒸汽凝结，因此除温度以外，绝对湿度降低。在室内空气温度为 24℃，空气相对湿度为 50% 的假设下（E 点），制冷必须进行，直到获得对应 100% 空气相对湿度的曲线上，D 点与 E 点的等浓度交叉点。因此定义 T_i 为室内温度，T_e 为室外温度，其温度差为：

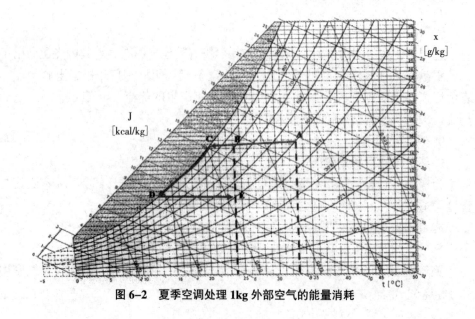

图 6-2　夏季空调处理 1kg 外部空气的能量消耗

$$\Delta T = T_A - T_D = T_e - T_D > T_e - T_i \tag{6-9}$$

从能源角度来看，不考虑 T_D 和 T_E 的等浓度加热；实际上，这种加热在使用没有能量消耗的外部空气（高温）时可以发生。[5]

在考虑冬季加热时（图 6-3），温度为 5℃，相对湿度 50%（A 点）的外部空气，温度为 20℃，相对湿度 50%（B 点）的内部空气，ΔT 为：

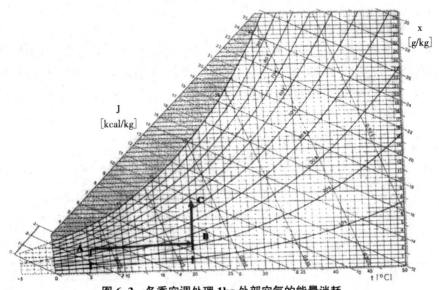

图 6-3　冬季空调处理 1kg 外部空气的能量消耗

$$\Delta T = T_A - T_B = T_e - T_i \tag{6-10}$$

与显热相关的部分能量消耗可以通过加热热交换器中的气体来获得，使用热流气体可将浑浊空气排出，此时处于内部温度（如案例所描述，20℃）；如图 6-4 所示，内部空气温度为 20℃，外部空气温度为 0℃。在这种情况下，不存在热回收，$\Delta T = 20℃$，由于在 15℃ 时会更新空气，所以换气仅仅使温度下降 5℃。

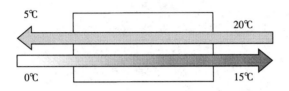

图 6-4　热交换器回收内部空气热量

显热必须由蒸汽冷凝（夏季制冷）或者水蒸发（夏季制冷）所必需的潜热来补充。UA 表示绝对湿度，$\dot{m}_a$ 表示空气流质量，所产生的蒸汽流质量 $\dot{m}_v$（冬季加热）是：

$$\dot{m}_v = \dot{m}_a(UA_e - UA_i) = \dot{V}_a \cdot \rho_a(UA_e - UA_i) \tag{6-11}$$

λ 表示冷凝或蒸发，那么潜热流是：

$$\Phi_1 = \lambda \cdot \dot{m}_v \tag{6-12}$$

考虑到空气流更新的方面与上述意见相似，当 λ = 2500kJ/kg 时，获得的潜热流是：

$$\Phi_1 = 833 \cdot n \cdot V \cdot \Delta UA \tag{6-13}$$

空气更新需要强制提供，并且参照每个个体所需的空气更新量，其值取决于房间用途。给定环境下空气改变量的计算基于每个人的设想改变量和房间本身的人群指数值，该指数值同样也参考了一些技术法规。表 6-2 显示了人群指数以及每个人空气变化量的一些值。

表 6-2　人群指数值和每个人的空气变化量

房屋类型	人群指数值（人/m²）	空气变化量（m³/h 人）	
		建议值	最小值
服务类	0.055	54~90	36
运输领域	0.055	12~18	9
办公	0.111	27~45	27

基于以上所述，很明显空调所需的能源根据气候条件、建筑物特征，以及现行房间用途的换气需要而显著变化。为了解这些需要的程度，考虑罗马和意大利的气候特征、平均大小的建筑物，以及"正常"房间（如办公室）的换气，其在冬季取暖时需要 28 W/m³，而夏季制冷的需求略高，达到将近 32 W/m³。

从能量角度来看，空调组合总用途和生活用水加热都为低温度（热度）或者可以通过简单的制冷循环（制冷）达到某一温度。传统用于加热过程，导致传热流体所需热流的通常是水，尤其对于那些在房间温度下降之前就普遍取暖的国家而言更是如此。

在这些应用当中，独立建筑甚至是独立公寓通过锅炉产热，锅炉通过燃烧化石燃料（柴油和甲烷）或者通过与热电厂集中供热分散的水蒸气进行热交换来产热（电力和热量），还可以利用工业生产的余热获得热量（工业生产的高温热量，及居民集中供热的低温喷流分散）。

在其他国家，电能来自大型核电厂生产的电力（如法国），加热主要取决于电能载体。"全电式"作为一种终端用途简便化和标准化观点的理想参考，在这种情况下超过了能源性质和非能源性质，而将电力用于所有用途，包括食物烹调。

对每个独立建筑的全部能源分析，或者居民社区的全部能源分析，以及迄今为止使用的能源分布模型的结构（社会和文化）分析（液态或气态化石燃料的分布，使用水蒸气传热流体的分布集中供热，电网），导致了对于最适合并最大程度改进系统的考虑。

在这种情况下，可以对与生活热水生产相关的可能方案采取不同分析。抛开化石燃料的预先确定，电网的电力以及集中供热传热流体作为唯一可能的选择，将着眼点转移到能源分析的实际考虑方面，很显然会有一些吸引人的替代方案。系统效能分析是一个很好选择。它包括了可再生能源以及它们的转换技术，也考虑了处理能源可再生性的参数、降低排放量的参数、本地能源可用性的参数。

如果传热流体所需的能源载体是水（根据应用和本地集中供热的分布网络不同，温度在60℃到120℃之间），那么就可以直接生产热能，或者通过具有转换技术的热电厂生产热能，如太阳辐射能、风能、水能、生物能和地热能。展望未来，可以想象基于高温或低温燃料电池技术（根据其使用规模）的热电厂来供热。

6.2.2 热泵的热能最终用途

6.2.2.1 房间空调

热泵作为由制冷器和锅炉组成的传统系统的替代品，用于房间空调会变得越来越广泛。实际上，通过简单阈值的相同设备可以代替蒸发器和冷凝器的作用，从而进行冬季供热和夏季制冷（可逆热泵）。

热泵用于房间空调使用很有趣的一点是它通常会带来终端用户可接受的成本摊销时间。在现有建筑物中，不论是冬季还是夏季，热泵空调的应用会要求对整个热能和电能的恢复以及随之的成本增加进行干预。

服务行业和工业中热泵的应用有所不同，在体育设施和场馆中的空调需要进行低温技术处理，而在农业和食品行业则需要进行干燥处理。

6.2.2.2 房间取暖和生活热水

热泵可以用于房间取暖和生活（卫浴）热水的热量生产，与传统的电力产热、锅炉产热和热水器相比具有竞争力。

房间取暖设备是：

● 一价配置；

● 二价配置。

当热泵可以满足加热的全部热量需要时使用一价配置。如果热泵使用外部空气源，那么在外部气温低于0℃时可以采用这种配置。否则就要开发一种二价系统，由热泵和一种辅助加热系统组成，也就是说传统锅炉在气温降到0℃以下能满足热量需要。

对于生活用水的加热，由于水温加热不能超过 50℃~60℃，所以其储水箱大于正常热水器需要的储水箱。

设备类型

小功率设备（达到 2kW）同样可以用于生活用水的加热，热泵可以如下：

● 整体式热泵，所有组件组合在一起；

● 分割式热泵，该设备由以下部分组成：

—外部单元，包括压缩机和具有蒸发器和冷凝器功能的热交换器；

—内部单元，具有一个内阁，根据不同情况，将冷空气和热空气释放到房间内。该系统可以在装有空调的房间外部区域安装噪音组件。

中型功率（10kW 到 20kW）适用于服务几个房间的：

● 整体式热泵，所有组件组合在一起；

● 分割式热泵，该设备由以下部分组成：

—外部单元，包括压缩机和具有蒸发器和冷凝器功能的热交换器；

—内部单元、由几个柜子组成，独立调节，根据不同情况将热空气和冷空气释放到房间。该系统可以在装有空调的房间外部区域安装噪音组件。

用于公寓，办公室和商业活动的大型功率（超过 20kW）设备由以下组成：

● 外部冷凝单元：产生热水和冷水；

● 风机盘管：内设柜子，冬季释放热空气，夏季释放冷空气，并在换季期间保持舒适温度。

不同装置方案示意图如图 6-5 所示。

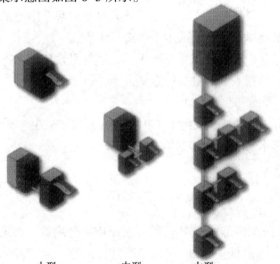

小型　　　　中型　　　　大型

图 6-5　小型，中型，大型设备示意图

为提高热泵装置的效率，通常需要安装一种设备来恢复（至少恢复部分）内部空气所含热量，预热来自外部的空气，该装置是一种换热器，如图6-6所示。

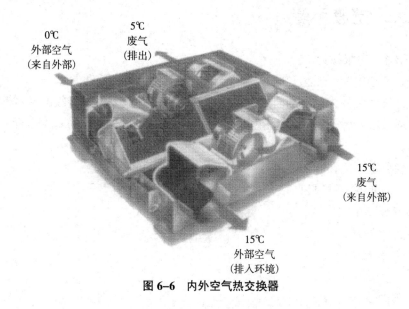

0℃
外部空气
（来自外部）

5℃
废气
（排出）

15℃
废气
（来自外部）

15℃
外部空气
（排入环境）

图6-6 内外空气热交换器

6.3 光能最终用途

6.3.1 室内照明

照明工程师研究了包括自然光和人工光在内的有关照明的所有领域以保证人类的足够可视条件。特别是在封闭环境下，必须保证可以完成视觉作业以及在视觉舒适的条件下开展活动，也就是说通过视觉环境的满意度来表达其精神状态。如果所有的内部组件可以清晰地分辨，并且不付任何努力就可以实现，那么这些要求就可以得到满足。为取得这种效果，所需照明基本上可以从自然采光或者整合人工采光来获得。

然而这两种选择是不对等的：事实上，尽管人工照明与自然光照明不同，但可以将其质量和数量方面的特征设计得更精确，自然光照明的光线质量更好（光色性能更好），可以达到更高的照明水平，所以从光线质量角度来看，人工照明想要达到自然照明水平更不可能。此外，自然光使用太阳能，也就是说其照明的可再生来源更优越，可以节省大量能源并且对环境无损害。

6.3.2 光度元素

6.3.2.1 肉眼视觉

光是人类肉眼所能感知的电磁辐射能，尤其是混合所有可见波长，并且包含属于红外线和紫外线辐射的白光。用来测量表面辐射能发射或接收的基本测评法与个体通过眼睛感知到的感觉相关，这一现象代表着光学研究的基本目标——光度测定。

光度测定

主要的光度测量值包括：

● 光线通量；

● 发光强度；

● 辐射亮度；

● 光亮度；

● 照明度。

它们中前四个特征表示了光源发射，分别是点光源（光线通量和发光强度）和扩展光源（辐射亮度和光亮度），最后一项表达了接收表面的入射光。

光线通量代表点光源通过一个立体角 dφ 释放的发光功率 φ。

因此发光强度代表点光源基于立体角 dω 围绕方向 r 所释放的光线通量：

$$I = \frac{d\omega}{d\omega} \tag{6-14}$$

以坎德拉（cd）为单位来测量。

坎德拉是国际体系的基本照明单位，光线通量是一种派生测量，通过公式（6-14）定义为"通过具有 1 坎德拉发光强度的同向光源发射到球面立体角的光线通量"。

较大表面的辐射 M 是包含各点的表面发射的光线通量与表面区域发射的光线通量之间的比率：

$$M = \frac{d\varphi}{dA} \tag{6-15}$$

它以 lm/m² 来测量。

辐射参考能见度曲线直到可观察光源具有 100lm/m² 时才有效（亮视觉）；相反，昏暗视觉辐射低于 0.01lm/m²。

6.3.2.2 亮度

在特定方向 α，较大表面点上的亮度是该方向发射的光线强度 dI 和投影在与该方向垂直的发光表面之间的比率 dA_n（从 α 方向可以明显看到该表面），也就是说通过单位表面 dA_n 发射的光线强度。

表面发光点 E 定义为投射在包含点的基本表面 dA 上的光线通量 dφ 与表面本身区域之间的比率：

$$E = \frac{d\varphi}{dA} \tag{6-16}$$

其计量单位是 lumen/m²，即所谓的 lux（lx）。

照度测量通过照度计来进行，该设备由包含半导体传感器的光伏电池组成，在其中，如果用光投射会产生电动势，根据再现人眼正常可见度曲线的灵敏度曲线，该电动势与辐射能成正比。

6.3.2.3 二级来源

身体接收电磁辐射，再将其中达到其本身反射系数 r [6] 的一部分辐射送回。由于在表面上的不同点会取不同的反射系数值，并且这也取决于辐射的入射角度，所以一般参考其平均值。

此外，由于 r 是波长的函数，它随入射辐射和发射表面的不同而变化，还受电源以及组成物光谱的影响。具体来讲，送回的入射光可以通过光谱反射（单一入射光产生单一反射光线），因为它发生在光滑玻璃表面上，在具有一定粗糙度[7]的垫子或毛毯表面上，或者在半玻璃表面上（镜面反射方向中主要成分的漫反射），入射光被扩散（无穷大表面的镜面反射和其面向各个方向，导致了光线被全部随机反射）。

反过来反射体可以被当作光源，也就是通常所说的二级光源。

点状光源、线形光源和扩展光源

基于它们各自的几何结构，发光源可以分成：

● 点光源；

● 线形光源；

● 扩展光源。

如果光源大小小于光源与其照亮点之间的距离（该距离至少是最大光源大小的五倍），那么就认为该光源是点光源。反过来如果光源大于其他光源的大小，并且光源大小大于光源与其照亮点之间的距离，那么就是线形光源。最后，如果光源大小至少是光源与其照亮点之间距离的两倍，就认为是扩展光源。

6.3.3　自然光

6.3.3.1　自然光源

自然光源的主要来源是太阳光和天空光线。光源直接从太阳光中获得，尽管光线部分被大气吸收（直射光），或者包含在天空中的散射光中，这些反射光由通过气体、水蒸气和颗粒引起的大气散射辐射组成，并且经由环境中的不同表面反射，即自然表面（天空，树木，山峰等）和人造表面（建筑物，内部环境的部分）（散射光）反射。

当涉及自然光的散射、反射和投射时，外部空间的作用与照明设备（具有过滤和散射人造光的作用）的作用相似。

全部直射光和散射光代表了地球日照，外星太阳辐射（称为太阳常数）平均值是 $1353W/m^2$。太阳辐射穿过大气层时会改变其光谱组合，而该过程的强烈程度一般取决于气候条件；然而可以假定，该辐射到达地球表面时表现出的光谱分布接近于温度在 5760K 下的黑体。

人眼在白昼视觉范围内可见度[8] 的正常曲线与这种光谱组分相适宜；事实上，其峰值（$\lambda = 555nm$）与温度为 5225K 下黑体的光谱发射率相对应。在可见光区域、紫外线辐射区域以及宽波段的红外线辐射区域，太阳辐射的光谱功率低于黑体，特别是接近 O_2、N_2、H_2O、O_3 和 CO_2 分子这些化学成分的吸收带时。大气中存在的这些化学成分决定了光谱成分的更高吸收。

在直接太阳辐射下，也就是说只有通过大气层，当光线经过反射散射到周围物体上时，光谱成分反过来根据空气中灰尘和云层的存在而变化，同样也受到建筑物、山峰、树木等的影响，通常散射太阳辐射的颜色趋于淡蓝色。

显然地球表面的光线取决于太阳的位置（取决于太阳的高度和方位），并且在一年当中的不同月份随其本身的光谱含量而变化，不管是光线数量、光线强度还是光线质量。可能会出现的极端条件是完全晴朗的天空万里无云和漫天云彩两种情况。前一种对应透明半球，只能在小角度（基于这种现象，天空呈现蓝色而非黑色）情况下分散光线，后一种对应半透明半球，在大角度情况下分散光线，所有其他条件都介于两者之间。

天空（或者天穹）作为光源，通过无阻碍水平表面的亮度分散和光照分散为特征。

6.3.4　人造光

6.3.4.1　人造光源

人造光源用于弥补自然光线的短缺。它们通常由两部分组成：光照设备和电灯。特别对于电动光源而言，电灯用于电能转化成光线通量，而照明设备负责适当分散这些光流。

照明设备

照明设备是对其他光源的基本补充，并确保其有三重功效：电动，机械和光度。从制造角度来看，照明设备由以下两部分组成：

● 具有电动和机械功能的外壳；

● 光学系统，负责修改来自光源的光线通量并适当处理。

因此，照明设备代表了科技产品（吊灯、吸顶灯、灯具、射灯等），可作为房间外壳、机器外壳、保温外壳和对光源的电子保护。尤其是它们所包含的组件必须具有支撑、固定和保护灯泡的作用，保护其不受任何可能导致光学品质劣化的外部影响，同样还包括用于连接电源的辅助电路和设备（如变压器）。从照明工程的角度来看，照明设备利用其组成材料的反射、折射和散射性质，负责分散、过滤和/或转换一个或几个电灯的发射光线。

照明设备性能比率：

$$\varepsilon = \frac{\Phi_{device}}{\Phi_{lam}} \tag{6-17}$$

一般来说，η 值介于 0.4 到 0.8 之间。光源发射的光线通量部分被照明设备吸收，随后以热能的形式发散。

照明设备的类型

用于照明的照明设备特征总结如下：

扩散器：负责屏蔽电灯直射。基于其对称的几何形状，通常对应于一个轴线改变其光度，通过这种方法光线通量均匀出现在各个方向（图 6-7）。

它们主要用于住宅区外部，并且从制造角度来看，照明设备形状常常是球形半透明材料（玻璃、聚合材料等）。

反射器：它们改变光源，利用反射性质，只在某些方向抑制电灯视野。从制造角度来看，它们由不透明材料外壳组成，该外壳内部经处理具有高反射系数（图 6-8）。

折射镜：它们用于改变光体发射以控制光线方向，避免耀眼危险。利用特别的折射现象可以改变由光源发射的光线通量的空间变化。从制造角度来看，它们由部分或全部包含光源的玻璃或塑料外壳构成（图 6-9）。

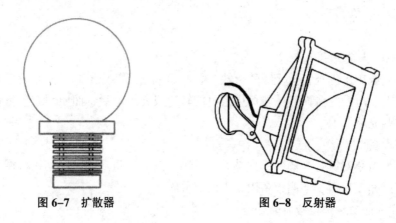

图 6-7　扩散器　　　　　　　　　　　图 6-8　反射器

投影机：负责处理光源发射的光线通量，使其朝向一个给定方向，并且位于一个有限立体角度之内，使其照亮某些区域或物体（图 6-10）。

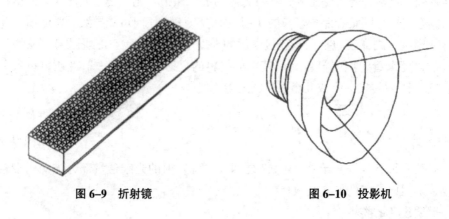

图 6-9　折射镜　　　　　　　　　　　图 6-10　投影机

设备分类

根据国际照明委员会（CIE）的分类，照明设备可以基于通过其中心的水平线上和水平线下的发射光线通量的空间分布来划分，区分为以下几种类型（图 6-11）：

（a）直接照明设备，这种设备的光线通量主要向下发射（90%~100%），很小部分向上发射（0%~10%）。由于该照明设备通常比较简单，性价比和性能较高，所以最便宜。该类型照明设备通过墙壁和天花板所吸收的光线忽略不计，但其阴影显著并且最好使用一些发光源使阴影减少。这种照明设备对于房间外部、实验室以及办公室来说都很方便。

（b）半直接照明设备，其光线通量主要向下发射（60%~90%），较小比例向

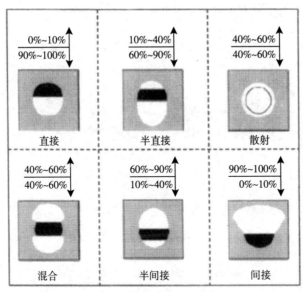

图 6-11 照明的主要类型

上发射（10%~40%）。采用这种照明设备，阴影柔和。此外，由天花板分散的部分光线通量有助于增加安装的整体效率，并且避免上述设备阴影。其主要应用于办公室、房间和厨房等。

（c）用于散射的普通照明设备，其发射的光线通量部分向下分散（40%~60%），部分向上分散（40%~60%）。该类照明设备用于百货公司。

（d）混合照明设备（或间接照明设备），其光线通量没有分散，向上和向下发射均为（40%~60%）。这种照明设备只能用于由于发光效率问题而具有许多反射壁的设施。由于主要利用墙的贡献，所以有必要保持房间灯具和天花板灯具的清洁。

（e）半间接照明设备，其光线通量主要向上发射（60%~90%），较小部分向下发射（10%~40%）。这种照明设备效率低，通过直流分量和扩压器的几何结构使其朝向顶部，可以稍加改善；它们同样需要很轻的天花板。

（f）间接照明设备，其光线通量主要向上发射（90%~100%），很小一部分向下发射（0%~10%）。这种照明设备具有显著的照明均匀性，但由于它通常具有较低的发光效率，所以要求安装功率很低的电灯。这种照明设备可以获得特别的审美效果，或者突出建筑细节；因此它主要用于展厅，一些餐馆，博物馆和纪念碑等等。

图 6-12 显示了与不同照明设备相关的光度曲线趋势。同样的数字也显示了20 种照明设备的另外组织，从 A 到 T 进行表示（从最直接设备到间接设备），根

据 CIE 的定义来划分发光流量大量可能的空间分布。

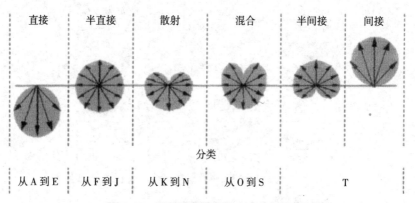

图 6-12　不同照明设备的光度曲线趋势

照明设备的分类基于五种不同空间部分发射的光线通量 φ_i，通过将光度中心周围的空间分成围绕设备轴线的五个椎体获得这种分类，这五个椎体的立体角度分别为 0，$\pi/2$，π，$3/2\pi$，2π（上半球和下半球）（图 6-13）。不同空间部分发射的光线通量值由制造商提供，或者从光度曲线中可以确定。

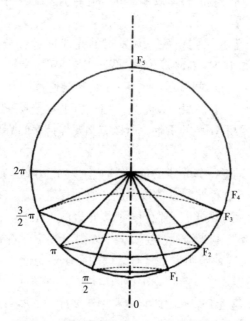

图 6-13　照明设备分类定义中的立体参考角度

通过 φ_i 值可以定义设备效率 η_i，其与内部光源发射的光线通量有关，而非设备外部，可由以下公式给出：

$$\eta_i = \frac{\varphi_1 + \varphi_2 + \varphi_3 + \varphi_4 + \varphi_5}{\varphi_{tot}} \qquad (6-18)$$

其中 φ_{tot} 代表各个方向发射总光线通量。

电力是用于发光用途的主要能源载体，旨在在缺乏自然光的情况下满足房间照明效用。对于每一个可能用于发光用途的可用能源载体，其主要特点是可以用在夜间和太阳能缺少期间。尽管电力在第一眼看起来并不显眼，但它却是能源系统发展的关键因素，利用可再生能源（其中最主要的是直接太阳光源）提供所需能源以满足照明需求。如果电力能适用于所有的应用，无论在封闭房间还是在开放房间，以及用于更大表面（如体育赛场，社交集会和诸如停车场和机场的大型区域照明），电力是到达终端用户最适合的能源载体，许多剩余空间可用于优化和提高生产过程和能量来源，同时提高分布存储的可能性并更接近于最终用途。

事实上，电光转换系统的技术进步使得实施能源系统具有可能性，该系统将电力扩散生产的整合作为基于电网存储系统的整合或替代品。实际上，能量通量的低功率和低需求逐渐能够获得足够的光线通量，可以满足越来越多的需求。分销网络的建立多少会带来一些复杂的基建工作，同时现存电源的电缆不能总在可见范围，也不能经常进行维护，甚至不能对所需能源进行精确评估。

在光能需点利用可用光源的方案具有竞争力，该方案以其可再生性质为特征，并具有大气零排放的优势，至少在本地取决于其储存和分配的能源载体容量。

对于发光用途，除化石燃料和核能以外，电能还可以由可再生能源产生，尽管一个电网负责到达一个能量需求点，但太阳能的可用性并不受限制。然而，通过可存储载体也可以产生能量，这对基于电化学蓄电池发展的可再生能源开辟了更大的一个视角：

可再生能源的电力生产→电化学存储→照明用电

但也应用于将氢气作为有用载体：

可再生能源的产氢→氢储存→照明用电

6.4　机械用途

机械用途的目的是执行一些任务，而这些任务最初是直接由人类的身体完成，使用或者不使用任何设备。

代替人类工作，同时加快工作速度，增加任务和工作的精确度和可重复性是能源机械用途的主要目的。在工业、农业、居民用途和服务行业都会产生效用，从工业部件和产品的加工组装，到家务劳动的完成，再到农业工作的开展，一直到物体和人类在这些领域中的移动。

所有这些应用对于能量流的特征都具有非常可变的需要，这决定了在各种情况下使用单一技术的选择。目前在工业国家，所需机械能通过电力载体的分配网络和电能机械能的转换来获得。化石燃料燃烧的特定优势目前体现在运输上。在发展中国家，仍然广泛使用动物能源和人类能源，通过动物和人类手工完成任务，而在工业化国家，这些工作完全是通过机械化进行的。

机械用途可定义为如下：

● 工业、农业和农产品加工业使用如下：
　—原料及衍生物的萃取，运输和处理
　—机械化生产的加工和组装
　—零部件的机械加工
　—农业中的土地耕作、播种和采集
　—原材料和农产品的处理和加工
● 民用和住宅用途如下：
　—家用电器的运行
　—电梯、移动通道和移动楼梯的运行
　—自动门
　—风扇和通风设备

目前用于生产机械用途的方案有如下：

● 热力学循环中，利用燃料燃烧产生的热能，使化学能转化为机械能：
　—燃气涡轮机发电厂
　—蒸汽涡轮机发电厂
　—内燃机（或者更为罕见的外燃机）
● 电能到机械能的转化
　—电动马达

考虑到其特征，燃气轮机和蒸汽轮机的发电厂用于需要强大电力的特殊情况。燃气涡轮机发电厂生产机械能的一个典型应用就是航空运输。蒸汽涡轮机发电厂生产机械能运用于特定的工业部门；在这种情况下，涡轮机生产的部分化学能正常使用，而另一部分化学能则转化为电能。

正如前面提到的内燃机（外部燃烧的斯特林类型，如今已经被禁用），广泛应用于运输领域和覆盖几乎所有运输道路的海上和空中运输领域。

应用最广泛的解决方案的例子是电机，它们的广泛使用是由于各种实际因素以及其全球能效比较好，类似的可替代方案不是在许多情况下不能适用就是会出现具体问题。实际上，电机代表了现在调整范围广、可靠、高效益的技术。此外，在不同的实现方案（直流与交流、同相位与异相位）中，它们不会显示任何尺寸大小的限制，因为它们的额定功率可以从几瓦到数百千瓦。一个重要的特点是密集性，密集性允许电机集成在应用设备中，使其成为家用电器或者机械加工设备。在许多条件下可以直接从电网获取电能，或者在任何可能的条件下从高效性蓄电池获取电能。另一个基本方面是代表零排放型（几乎总是听觉的），这使得它们在封闭的区域内也可用（包括家用）。

至于上面提到的整体效率的解决方案，以下必须强调：例如燃气机与蒸汽机，其转换效率（从化学能转换为机械能）类似于典型的机械生产的电力。众所周知，对于一个整体效率分析来说，电机已经具有非常高的效率了（超过90%），然而，有必要考虑电力生产效率。

举一个例子，对于汽油内燃机来说，做一个合理的假设，从化学能转换为机械能的转换效率能达到36%；考虑由于燃料的萃取、运输、炼制和分配损失为10%，可获得接近32%的（从初始电能转换为有效机械能）整体效率。相反的，电机，可以假设从电能转换为机械能的转换效率为92%，考虑由于运输（5%）和电能生产效率（40%）的损失，以及相对于机器燃料的运输的损失，整体效率可以达到33%。关于初始能源消耗，具有同样的有效效率，这意味着，获得100 kJ 有效机械能就要消耗内燃机中 309 kJ 和电机中 304 kJ 的初始能源。内燃机初始能源并非可再生资源（石油），而电机，一部分能源是由可再生能源产生，特别强调，在一些条件下它是不适合谈及"消耗"的。假设电能消耗的20%是来自可再生资源生产，电机消耗的不可再生资源是 243 kJ。

因此，不得不注意用于整个能量循环方案的支出（从最终使用的能源和有效效率）。现在让我们分析一些致力于终端使用的机械能产生技术的案例。

图 6-14 表明了汽油内燃机中整个能量循环情况下生产的机械能，而图 6-15 显示了通过极板网栅驱动的电机所产生的机械能。

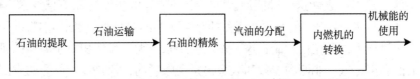

图 6-14 通过 ICE 的机械能生产：从最初来源到终端用途的能源循环

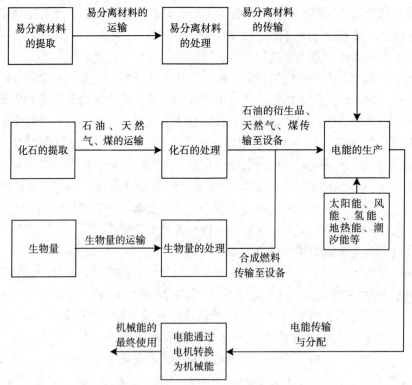

图6-15 通过电动机的机械能生产：从最初来源到终端用途的能源循环

6.5 电能/电子能的终端使用

在最近的几十年，电能/电子能在能源终端使用，才使得能源分类步入四种分类时期。事实上，在传统的模式和许多文献中，仍然是一种分类，这一分类限于机械能、热能、光能这三种能源。实际上，随着电子设备和信息技术（ITS）、信息与通信技术（ICT）在人类经济和社会生活中的爆炸性增长，电能/电子能的终端使用发挥了重要作用，而且这一作用会越来越大。虽然相对于典型的机械能与热能的利用，这一能源的能效和数量仍是受限制的，但是这一能源的发展正在迈向国际化。

电能/电子能的使用通常是针对那些以前通过使用机械或人力来完成的任务。数值数据管理的发展取代并扩大了人工计算管理和储存，以及前一代机械计算器的功能，前一代机械计算器理论上能够执行所有任务，但在实践中难以克服尺寸、可靠性和响应速度的难题。随着发送信息、语音数据和图片以及日益复杂的数字产品不断出现，数据传输取代并且扩大了以前的通信任务。数据传输是通过事物图像的打印、描绘、拍摄，及其从创建地到目的地的传输。

电能/电子能终端使用的主要目的是为了替代人类工作、加快速度、提高精度、实现任务的重复性和扩展性。有用的结果持续增加，也要感谢在工业、农业、民用和服务业中不断开发的新应用和新技术的发展。

这些应用程序展示，通常受限于能量的是功率和电流强度；在有必要转换成电能作为最终用途之前，这一结果将为能源的技术、来源以及载体的选择带来很多的可能性，使得这些程序可以用于各种情况。今天，工业化国家和发展中国家的电能都是通过网络化分布的电流载体所获得的。

伴随着电能/电子能的终端使用，便携应用需求与用于处理分布、重复和操作它们的传输信号网络的不断增长，已经打开了我们历史上能源电化学存储系统最大的市场。事实上，在这个部门中新的和不断增长的需求来自移动设备，这个设备是电脑、电话、声音或视频播放器、掌上电脑等，它们考虑到与分离电子设备之间的不断发展和融合，能够执行一个或多个应用程序任务。

现在静态的固定设备和动态的便携式设备的使用实现了电能/电子能的使用。这些设备用于确认工作和额外工作完成的可能性，包括：

● 工作和额外的工作实施：

—计算和数据处理

—连接到电信网络（互联网、无线、电话和卫星）

—入站和出站数据传输（语音、图像和数值数据）

—声音和图像的采集

电能/电子能的使用带来了令人感兴趣的机会，考虑到它不同于其他三个终端使用的特性，特别是不同于热能与机械能的低功率或极低功率，此外电能/电子能终端使用的可携带性是其成功的重要因素。

低功率也会考虑一些特别有趣的能源，这些能源在过去是被能源研究所忽略的，它们主要集中在使用工业和农业能源中，通常涉及高功率的应用程序。能源的低功率和有限数量为其利用可再生能源提供了可能性，这些可再生能源在世界各地都可以使用。由于所有可再生能源的转换技术都支持大量的电力需求的生产，因此这首次成为所有资源充分参与的能源竞争。在许多情况下，遍及全球而不是集中在单一领域可用性的优势（这一度被认为是一个缺点，许多作者还错误地以这样的方式提出来）能源，有必要建立一个复杂的、安全和高额的分配系统。

相对地，对可携带性的需求为提出越来越优秀的新的解决能源储存方案铺平了道路，这些都归功于它们在电能/电子能应用市场上的分布和认同。这些表明了当今它们在大众和全球市场中的存在性和在其他领域潜在的适用性。这是比较新的特性，但已经被认为是能源发展的主导趋势，并且这部分特性已经成为创造和开发新的一代又一代的具有持续提升效率与竞争力的蓄电池的先决条件，这是为了允许新能源载体进入世界市场，例如氢、新的化学、物理与物理化学上能够发现新的能源存储方式，以及找到能很容易地将机械能转换为电能的机械存储系统，如微型和小型飞轮、弹簧或高压液体。

注释

[1] 测量的平均温度与个体密切相关。

[2] 由当前室内墙表温度和物体表面温度的平均权重给出，其中权重是墙表和物体表面。

[3] 与体力活动、运动和其他个体因素相关。

[4] 相对湿度被定义为空气中现存蒸汽分压（依赖于空气中现存蒸汽的数量，也就是说绝对湿度×g/kg 的表达）与气温条件下饱和温度的压力之间的比率。

[5] 或者，像实际发生的一样，它将空气冷却到 T_D，空气的一部分发生了变化，随后与未冷却的空气混合，将混合气体带到温度 T_E，从能量角度来看，这两个过程是等价的。

[6] 必须观察到能量系数与来自热辐射情况下的能量系数如何不同，因为照明工程只考虑了与可见波段相关的反射系数。

[7] 这种情况发生在表面凹凸大小数量级与入射光波波长相同的情况下。

[8] 白昼视觉由视网膜球体的活动产生，发生在照明水平"正常"，并且允许识别色度差异的情况下。

参考文献

1. ISO regulation 7730. Moderate thermal environments –determination of the PMV and PPD indices and specification of the condition for thermnal comfort.

2. Nucara A., Pietrafesa M.（2001）Elementi Di Illuminotecnica, Uniersita' Degli studi "Mediterranea" di Reggio Calabria facolta' di Ingegneria Dipartimento Di Informatica Matematica Elettronica e Trasporti.

3. Jokem E.（2000）Energy End Use Efficiency, World Energy Assesment: Energy and the Challenge of Sustainability, Chapter 6, UNDP and World Energy Council, New York.